한 권으로 보는
그림 한국사 백과

글 지호진 · 그림 이혁 | 신해순(성균관대 사학과 교수) 추천

차례

차례 2   추천사 4   머리말 6

선사 시대
생활 10   도구 12   옷 14   음식 16   집 18

고조선
왕 22   영토와 도읍지 24   정치 26   사회와 경제 28   전쟁 30   유물 32

고조선 이후의 여러 나라들
부여 38   옥저 39   동예 40   삼한 41

삼국 시대 - 고구려
왕 44   영토와 도읍지 48   정치 49   사회와 경제 50   생활과 풍습 52   예술과 문화 54
전쟁 57   유물 60   옷 62   음식 63   집 64   과학과 기술 65   인물 66

삼국 시대 - 백제
왕 70   영토와 도읍지 73   정치 74   사회와 경제 76   생활과 풍습 78   옷·음식·집 81
예술과 문화 82   전쟁 84   유물 86   과학과 기술 89   인물 90

삼국 시대 - 신라
왕 94   영토와 도읍지 97   정치 98   사회와 경제 100   생활과 풍습 103   예술과 문화 104
전쟁 106   유물 107   옷·집 108   과학과 기술 109   인물 110

통일 신라
왕 114   영토와 도읍지 116   정치 117   사회와 경제 118   예술과 문화 120
전쟁 122   유물 123   옷·집 126   과학과 기술 127   인물 128

발해
왕 132　　영토와 도읍지 134　　정치 135　　사회와 경제 136　　생활과 풍습 138
예술과 문화 139　　전쟁 140　　인물 141　　유물 142

고려
왕 146　　영토와 도읍지 148　　정치 150　　사회와 경제 153　　생활과 풍습 156　　예술과 문화 158
전쟁 160　　유물 162　　옷 164　　음식 165　　집 167　　과학과 기술 168　　인물 170

조선
왕 174　　영토와 도읍지 177　　정치 178　　사회와 경제 181　　생활과 풍습 184　　예술과 문화 186
전쟁 190　　문화재 194　　옷 198　　음식 200　　집 202　　과학과 기술 204　　인물 206

개화기 – 대한 제국
왕 210　　영토와 도읍지 211　　정치 212　　사회와 경제 216　　생활과 풍습 218　　예술과 문화 221
전쟁 222　　문화재 224　　옷·음식·집 226　　과학과 기술 227　　인물 228

일제 강점기
정치 232　　사회와 경제 236　　생활과 풍습 238　　예술과 문화 240　　문화재·옷 241
전쟁 242　　인물 244

대한민국
정치 248　　영토 251　　사회와 경제 252　　생활과 풍습 254
예술과 문화 255　　전쟁 256　　과학과 기술 258

한국사 연표 260　　찾아보기 266

추천사

쉽고 재미있게 이해하는
우리 역사

  초등학교 어린이들은 우리의 역사를 포함한 옛날 이야기에 많은 흥미를 갖고 있습니다. 그러나 어린이들의 지적 수준에 맞게 편집된 한국사 책이 그다지 많지 않았던 터에, 《한 권으로 보는 그림 한국사 백과》의 출간은 무척 반가운 일입니다. 어린이들의 눈높이에 꼭 맞는 한국사 책이기 때문입니다.

  지금 우리나라는 이웃 나라인 일본과 중국의 역사 왜곡에 시달리고 있습니다. 일본은 역사 교과서에서 일제의 우리나라에 대한 침략 사실을 왜곡하고 있고, 중국은 소위 동북 공정이라 하여 우리 민족의 고대사인 고구려·발해를 자국의 역사에 편입시키려는 역사 침탈 작업을 진행하고 있습니다. 이러한 이웃 나라들의 역사 왜곡에 대응하기 위해서는 어릴 때부터 우리 역사를 올바르게 아는 것이 필요합니다.

  한편 우리 정부에서는 이웃 나라들의 역사 왜곡에 적극 대응하기 위해 근래 경시되어 왔던 국사 교육을 강화하고 있습니다. 현재 중·고교에서 사회 과목에 통합되어 있는 국사와 세계사를 별도의 역사 과목으로 독립시키고 대학 수학 능력 시험에서도 국사를 필수 과목으로 지정하는 동시에, 국사가 시험 과목에서 제외되어 있는 특정 공무원 선발 시험에도 모두 국사 과목을 포함하는 방안을 추진 중입니다. 또한 국사 편찬 위원회에서는 한국사 능력 검정시험을 실시하여 급수별로 합격증을 발급하기로 하였습니다. 따라서 이에 대비하는 차원에서라도 어릴 때부터 간단하고 초보적인 역사 사실을 알아두는 것이 필요할 것입니다.

  《한 권으로 보는 그림 한국사 백과》는 어린이들이 우리 역사와 친숙해질 수 있도록 그림과 함께 쉬운 글로 꾸몄다는 것이 큰 특징입니다. 아무쪼록 어린이들에게 이 책이 우리의 역사를 이해하는 데 좋은 길잡이가 되기를 바랍니다.

신해순(성균관대학교 사학과 교수)

알고 싶은 역사적 사실을
쉽게 찾아서 공부할 수 있는 책

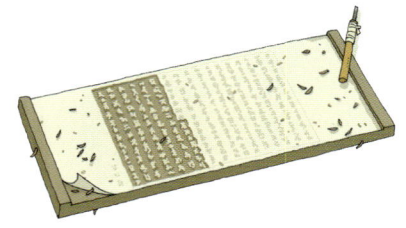

　역사란 이전에 살았던 사람들의 흔적을 돌아보는 일입니다. 그리하여 내가 어떤 시간적, 공간적 의미 속에 살아가고 있는지를 알게 되지요. 곧, 역사 공부란 나를 찾아가는 공부라고 말할 수 있습니다. 하지만 요즘 아이들은 지금 당장 자신의 삶을 살아 내기도 버거운 것 같습니다. 경쟁에 떠밀려 너무나 바쁜 나머지, 다른 시간 속에 다른 여건 속에 살았던 사람들을 돌아볼 겨를이 없습니다. 하지만 역사를 가르치지 않을 수는 없는 노릇이고 보니, 좀 더 쉽고 가볍게 다가갈 수 있는 방법이 없을까 고민하게 됩니다.

　그런데 마침 컴퓨터 검색을 하듯, 내가 알고 싶은 역사적 사실을 쉽게 찾아 공부할 수 있는 책이 만들어졌습니다. 이 책은 문장을 읽기보다 그림으로 받아들이는 것에 더 익숙한 요즘 아이들의 감각에 맞게, 깔끔하고 화사하며 친근한 느낌의 그림으로 내용을 축약해 보여 줌으로써 단박에 내용을 이해할 수 있도록 구성되었습니다. 내용 또한 대단히 폭넓어 초등학생들이 궁금해하는 것 이상으로 다양하고 상세한 역사 내용이 수록되어 있습니다. 특히 요즘 이슈가 되는 우리 고대사 수난 시대를 감안해서인지 고대사의 비중을 높였습니다. 또한 학교에서 시간상의 이유로 잘 가르치지 않는 생활사도 상세히 기록되어 있어 어린이들의 호기심을 이끌어 내기에 충분합니다. 정치, 사회, 경제, 문화 등의 연관 관계에 의한 구조적인 이해를 보충한다는 면에서 중·고등생들이 보아도 손색이 없습니다. 물론 역사적 해석의 문제라든지, 논쟁점은 피하고 있는데 이것은 일단 사실 이해에 익숙해진 다음, 비교력과 통찰력을 갖추고 차근히 해 나갈 수 있다고 판단됩니다.

　《한 권으로 보는 그림 한국사 백과》는 드라마를 보다가, 책을 읽다가 의문이 나면 바로바로 궁금한 것을 찾아볼 수 있는 책, 굳이 앞쪽부터 읽어야 하는 부담감이 없는 책, 그림부터 보고 본문의 글로 보다 자세한 내용을 배울 수 있는 그런 책입니다.

이순임(용화여고 국사 담당 교사)

머리말

그림을 통해 알 수 있는
우리 역사의 참모습

　'한반도에 처음 생겨난 나라의 이름은 무엇이고 그 도읍지는 어디였을까요?', '고구려를 세운 주몽은 어떤 인물이었을까요?', '백제의 문화를 왜 우수하다고 말하는 걸까요?', '골품제와 화백 제도는 어떤 것일까요?', '고려는 팔만대장경을 왜 만들었을까요?', '조선은 도읍지를 왜 한양으로 옮겼을까요?', '임진왜란과 병자호란은 왜 일어났을까요?', '대원군은 왜 쇄국 정책을 펼쳤을까요?', '제국주의란 무엇이며 조선은 왜 일본제국주의의 침략을 막을 수 없었을까요?', '3·1 운동은 왜 일어났으며, 그 결과는 어떠했을까요?', '해방 후 남과 북이 갈리어 따로 정부를 세운 이유는 무엇일까요?', '6·25 전쟁은 왜 일어난 것일까요?', '4·19 혁명이란 무엇일까요?', '5·16 군사 정변은 어떻게 일어났으며 군인들이 왜 정치를 하려고 했을까요?', '민주주의란 무엇이며 광주에서 일어난 민주화 운동은 또 무엇일까요?'

　이렇듯 아이들은 우리 역사에 대해 궁금한 것이 참으로 많습니다. 그리고 그 궁금한 것들을 학교에서 사회 과목을 통해 배우기도 합니다. 〈문화재와 박물관〉이라는 단원에서는 우리 민족이 세운 나라들과 도읍지, 그리고 그 나라들의 우수한 문화재에 대해, 〈우리 겨레의 생활 문화〉라는 단원에서는 우리 조상들의 슬기와 멋이 담긴 여러 생활 도구와 민속·생활 모습을, 〈우리 민족이 걸어온 길〉이란 단원에서는 선사 시대부터 현대까지 이어져 온 우리 민족이 역사적인 발자취를, 〈대한민국의 발전〉에서는 변화되어 가는 우리나라의 현대 사회의 모습을 배우지요.

　우리 역사를 다루는 책들은 참으로 많습니다. 또한 요즘에는 어느 때보다 역사에 대한 관심이 높아져 역사 드라마도 많이 방영하고 있습니다.

　이렇듯 '역사'에 '지대한' 관심을 쏟는 듯 보이는 현실이지만, 좀 더 깊이 들여다보면

실상은 안타깝기만 합니다. 역사 인식 없이 드라마로 연출·각색된 내용을 마치 실제 역사적 사실인 양 여과 없이 그대로 받아들이고 있으며, 그것조차 나라와 인물들, 사건들이 온통 뒤엉켜 역사의 조각조각만 알고 있을 뿐입니다.

이에, 저와 이혁 선생은 우리 역사를 한눈에 살피고, 쉽게 이해할 수 있는 책을 엮어 보고 싶었습니다. 암기식 공부를 위한 읽기가 아닌, 순전히 흥미와 재미가 동해 읽을 수 있는 역사책을 말이지요.

그런 생각을 진선출판사의 편집팀과 함께 나누며 초등학생에게 꼭 필요한 우리 역사를 중심으로 '그림 백과' 형식의 새로운 역사책을 만들어 보자고 뜻을 모았으며, 열심히 틀을 짜고 글을 쓰고 그림을 그려 드디어 3년 만에 결실을 보게 되었습니다.

《한 권으로 보는 그림 한국사 백과》는 어린이들이 우리 역사와 친숙해질 수 있도록 그림과 함께 쉬운 글로 꾸몄습니다. 내용도 어린이들의 눈높이에 맞추어 선사 시대를 시작으로 대한민국에 이르기까지 13개의 시대 및 나라로 분류하고, 이를 다시 왕, 영토와 도읍지, 정치, 사회와 경제, 생활과 풍습 등 10여 가지의 주제로 체계 있게 나누었습니다. 그리고 각 주제는 다시 여러 개의 간결한 소제목으로 정리하여 그림을 곁들인 쉬운 글로 설명하고, 특히 역사적으로 중요한 사건들은 만화로 꾸며서 어린이들이 쉽게 이해할 수 있도록 구성하였습니다.

힘든 작업 내내 함께 해 주신 진선출판사 편집팀께 다시 한 번 깊은 감사의 마음을 전하면서, 우리 어린이들에게 이 책이 역사에 한 걸음 더 다가설 수 있는 좋은 길잡이가 되었으면 합니다.

쌀쌀한 어느 초겨울 날, 지호진·이혁

선사 시대

한반도에는 언제부터 사람들이 살기 시작했을까요? 그리고 어떤 모습으로 살았을까요?
한반도는 원시 시대부터 사람들이 살기 시작했어요. 원시 시대는 아직 문화가 발달하지 않은 시대를 말해요. '선사 시대' 라고도 하며, 일반적으로 문자가 만들어지고 생활의 모습이 기록되기 전의 시대를 말하지요. '선사' 란 '역사 이전' 이라는 뜻이에요. 그 선사 시대를 다시 구석기 시대와 신석기 시대, 그리고 청동기 시대로 나누는데, 그렇게 시대를 나누는 기준이 되는 것은 도구예요.
구석기 시대는 말 그대로 원시적인 옛날 석기를 만들어 썼던 시대이며, 신석기 시대는 그보다 조금 발달한 석기를 사용했던 시대, 청동기 시대는 청동을 사용해 도구를 만들어 썼던 시대를 말한답니다.

[선사 시대] 생활

동굴이나 바위틈, 때로는 나무 위에 살던 원시인들의 생활 모습이 변하기 시작했어요. 불을 발견하고 도구를 만들면서 가축을 기르거나 농사를 짓게 되었고, 이동 생활을 그만 두고 살기 좋은 곳에 집을 짓고 정착 생활을 시작했어요.

구석기인들의 사는 방식 사냥

구석기 시대 사람들은 사냥을 해서 먹고 살았어요. 들소나 멧돼지 같은 짐승을 주로 사냥했지요. 무엇으로 그렇게 큰 짐승들을 사냥했냐고요? 바로 **창과 활, 화살**이에요. 거리를 두고 화살을 쏘아 짐승을 맞히고, 좀 더 가까이 가서 창을 사용했을 거예요. 창과 화살의 촉은 돌을 때려서 일부를 떼어 내어 만들었지요.

물고기를 잡던 낚시 도구

선사 시대 사람들에게는 물고기도 좋은 식량이었어요. 그래서 신석기 시대 사람들은 물고기를 잡기 위한 편리한 여러 도구를 만들어 낚시를 해서 물고기를 잡았지요. **그물과 작살**로 물고기를 잡기도 했어요.

신석기 시대 사람들은 **동물의 뼈**로 낚싯바늘을 만들어 낚시를 해서 물고기를 잡기도 했어요.

청동기 시대에는 **통나무로 배**를 만들어 물 위에서 낚시를 하기도 했지요.

신석기 시대부터 시작한 가축 기르기

신석기 시대부터는 가축을 기르기 시작했어요. 사냥을 해서 잡은 짐승 중에 먹고 남은 짐승을 **가두어 기른** 것이지요. 우리에 있는 가축이 새끼를 낳고, 그 새끼가 다시 새끼를 낳아 가축이 점점 불어나며 힘든 사냥을 덜 해도 되었어요. 청동기 시대부터는 본격적으로 가축을 기르게 되었고요.

원시인들의 생활 모습을 바꾼 농사

씨앗을 땅에 심어 기르면 **곡식**을 얻을 수 있다는 놀라운 사실을 알게 된 신석기 시대 사람들은 드디어 농사를 짓기 시작했어요. 농사를 지으려면 한 곳에 머물러야 했고, 그래서 집을 짓게 되었답니다. 남는 시간에는 토기와 같은 여러 도구들을 만들기도 했어요. 그래서 생활을 변화시키고 문명을 발달시키기 시작하였지요.

[선사 시대] 도구

선사 시대 사람들의 생활에 가장 큰 영향을 미친 것은 불의 발견과 도구의 발달이에요. 도구를 발달시켜 짐승 같은 원시인에서 사람다운 원시인으로 변화를 거듭했고, 결국 문명을 이루어 냈어요.

돌을 떼어 만든 뗀석기

주로 **구석기인**들이 사용하던 도구예요. 돌을 때려서 그 일부를 떼어 내어 만든 도구여서 뗀석기라고 불러요.

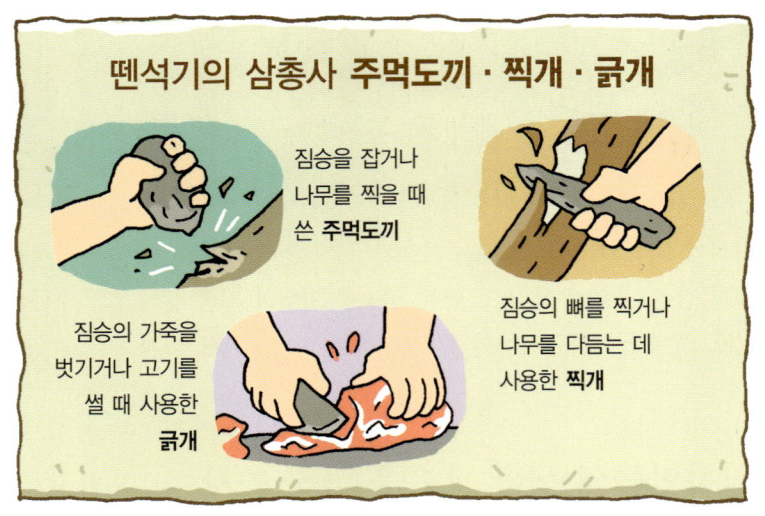

돌을 갈아 만든 간석기

구석기인들보다 지능이 발달했던 **신석기인**들은 돌을 단순히 깨뜨리는 데서 더 발전해 사용하기 편리하도록 갈아서 썼어요. 이를 간석기라고 부르지요. 돌뿐만 아니라 동물의 뼈도 갈아서 날카롭게 만들어 사용했는데, 이것은 골각기라고 불러요. 밭을 갈 때 사용한 돌괭이나 물고기를 잡을 때 사용한 작살이 바로 신석기인들이 사용했던 대표적인 도구이지요.

인류 최초로 만든 금속 청동기

신석기 시대와 구석기 시대는 모두 돌을 도구로 사용한 시기였어요. 그런데 시간이 흐르면서 사람들은 돌보다 더 발달한 재료를 찾아냈어요. 바로 **청동**이에요. 청동은 구리에 주석을 섞어 만든 인류가 최초로 사용한 **금속**이에요.

청동으로 만든 도구 무기와 장신구

청동으로 칼이나 창 같은 **무기**, 거울이나 **장신구** 등을 만들었는데, 누구나 만들 수가 없고 귀한 물건이어서 신분이 높은 사람들과 부자들만 사용할 수 있었어요.

선사 시대의 여러 가지 도구들

주먹같이 생긴 **주먹도끼**

손으로 쥐고 짐승을 잡거나 나무 등을 찍어 낼 때 사용한 도구예요. 꼭 주먹 만한 크기에 주먹같이 생겼답니다.

쟁기의 할아버지, **따비**

풀뿌리를 뽑거나 밭을 가는 데 사용한 도구예요.

※쟁기 : 작물을 재배하기 위해 소나 말에 씌워 땅을 갈게 하는 농기구

곡식을 수확할 때 썼던 **반달돌칼**

돌칼 구멍에 끈을 끼워 손에 잡고 이삭을 훑거나 꺾는 데 사용한 도구예요.

청동으로 만든 칼이니까 **청동검**

구리에 주석을 섞어 청동을 만들고 그 청동으로 만든 칼이에요. 칼은 실제로 사용하기보다는 신분이 높은 사람들이 자신의 지위와 힘을 드러내기 위해 장식용으로 쓰거나 제사 도구로 사용했다고 해요.

신석기인들의 멋진 발명품, **토기**

토기는 농사를 짓고 가축을 기르면서 한 곳에 머물러 살게 되었던 신석기인들의 발명품이에요. 생활이 안정되어 음식이 남게 되었고 그 남은 음식을 저장하는 도구가 필요했어요. 그래서 흙으로 그릇을 만들었는데 그것이 바로 토기였어요. 진흙과 모래를 섞어 그릇을 빚은 다음 불에 구워 만들었지요.

【선사 시대】

옷

원시인들은 아무것도 입지 않고 살다가 자연으로부터 몸을 보호하기 위해 옷을 입기 시작했어요. 그리고 점점 지능이 발달하며 형태를 갖춘 옷을 만들었지요. 옷은 멋을 표현하고 신분을 상징하는 수단으로 사용하기도 했어요.

구석기 시대 사람들이 입은 나무껍질과 나뭇잎, 동물가죽이나 털

구석기 시대 사람들은 **나뭇잎**이나 **풀잎**으로 몸의 약하고 중요한 부분을 가렸어요. 그러다가 **나무껍질**을 벗겨 옷을 만들어 입었지요. 몸에 상처를 내는 뾰족한 풀이나 나뭇가지 같은 주위의 위험으로부터 몸을 보호하기 위해서였어요. 여름에는 알몸으로 다녀도 괜찮았는데, 겨울이 되고 날씨가 추워지자 맨몸으로 겨울을 견뎌 내기 어려워졌어요. 그래서 돌로 만든 긁개라는 도구로 사냥한 동물의 **가죽**을 벗겨 내 옷처럼 입고 다녔어요. 동물의 털도 무척 따뜻해 옷으로 사용하였지요.

신석기 시대 사람들이 발명한 바늘과 실

신석기 시대 사람들은 많은 생각을 해서 옷을 활동하기에 편리하게 만들었어요. 나무껍질이나 동물의 가죽을 그냥 걸치지 않고 **꿰매서 형태를 갖춘 옷**을 만들었지요. 더 편리한 옷을 만들기 위해서는 나무껍질이나 동물의 가죽 조각을 붙여야 했어요. 그래서 바늘과 실을 발명해 내게 되었지요. 주위의 풀들을 잘 관찰해 잘 끊어지지 않는 질긴 식물의 껍질을 찾아냈고, 그 껍질을 다시 가늘게 쪼개거나 서로 꼬아서 더 튼튼한 줄로 만들었어요. 이것을 실이라고 해요. 그리고 뼈를 갈아 바늘처럼 만들어서 사용했답니다.

신석기 시대 사람들이 겨울에 입은 가죽옷

실과 바늘을 발명하자 동물의 **가죽**을 쉽게 **옷의 형태**로 만들어 입을 수 있었어요. 몸에 잘 맞아 활동하기도 편리한 옷을 말이에요.

신석기 시대 사람들이 여름에 입었던 삼베옷

실의 발명은 질기고도 시원한 여름 옷을 만드는 데도 큰 도움을 주었어요. 실만을 엮어 옷을 만들 수도 있었거든요. 신석기 시대 사람들이 **실의 재료**로 사용한 것은 '**삼**'이라는 식물이었어요. 그리고 그 삼을 엮어 만든 삼베옷을 입고 다녔지요.

청동기 시대 사람들이 입은 저고리와 바지

청동기 시대 사람들도 동물의 가죽과 털로 만든 옷이나 삼베옷을 입고 생활했어요. 그리고 청동기 시대 후기에는 옷 짓는 방법과 모양이 발전하여 위에는 **저고리**, 아래는 **바지**를 입게 되었지요. 위와 아래 입는 옷을 구분해서 말이에요.

신분을 구분하고 권력을 상징한 장신구

청동기 시대 사람들에게 옷은 장신구와 함께 멋을 표현하고, 자신의 권력을 과시하는 수단이었지요. 신분과 계급에 대한 구별이 생겨나면서 옷과 장신구가 **신분을 구분**하는 중요한 기준이 된 것이에요.

시대별 장신구들

조개껍질로 만든 목걸이와 팔찌

몸에 잘 맞는 옷을 입기 시작한 신석기인들은 옷에 어울리는 장식을 하고 싶어졌어요. 그래서 무늬도 예쁘고 색깔도 고운 조개껍질 등을 이용해 몸에 장식할 것을 찾거나 만들어 냈어요. 이처럼 몸에 장식하는 물건을 '장신구'라고 해요.

동물의 뼈와 이빨로 만든 발찌

신석기 시대 사람들은 조개껍질뿐 아니라 동물의 뼈로도 장신구를 만들었어요. 목이나 팔에 차는 목걸이나 팔찌뿐 아니라 발에 차는 발찌도 있었어요.

청동으로 만든 청동 거울

청동기 시대는 청동을 사용한 시대예요. 그래서 청동으로 여러 장신구를 만들어 몸에 두르고 다녔어요. 청동으로 거울을 만들어 자신의 모습을 비추어 보기도 하고, 가슴에 매달고 제사 의식을 치르며 권위를 높이기도 했어요.

[선사 시대]
음식

원시 시대 사람들은 처음에는 나무 열매나 힘이 약한 동물을 날것으로 먹었을 거예요. 그러다가 불을 발견하고 불에 익혀 먹으면 먹기도 좋고 맛도 좋다는 것을 알게 되었고, 도구가 발달하면서 가축을 기르고 농사도 지어 곡식을 먹게 되었지요.

원시인의 밥, 나무 열매와 식물의 뿌리

원시인들은 맨 처음 주변에서 쉽게 구할 수 있는 것을 먹었을 거예요. **나무 열매나 풀뿌리, 작은 벌레** 같은 것을 말이에요. 약한 인간이 자연 속에서 쉽게 구할 수 있는 것들은 많지 않았을 테니까요. 자연 속에서 쉽게 구할 수 있는 것 중에는 도토리도 있었어요. 질겅질겅 씹어 먹을 수 있는 칡이나 더덕, 도라지 같은 식물의 뿌리도 구석기 시대 사람들이 즐겨 먹는 음식이었을 거예요.

구석기 시대의 중요한 식량, 고기

사냥은 구석기 시대 사람들에게 무척 중요한 일이었어요. 식량을 구하는 가장 중요한 수단이었으니까요. 특히 들소나 멧돼지 같은 **짐승**을 운 좋게 잡으면 며칠은 힘들고 위험한 사냥을 나가지 않아도 되었어요. 잡은 짐승의 고기로 며칠간은 거뜬히 살 수 있었으니까요.

신석기 시대 사람들의 특별한 양식, 생선

빙하가 녹으면서 물속 생물을 잡을 수 있게 되었어요. 신석기 시대 사람들은 생선을 무척 좋아했나 봐요. **물고기**를 잘 잡기 위해 많은 궁리와 노력을 했으니까요. 여름에는 작살과 그물을 이용해 물고기를 잡고, 겨울에는 얼음을 깨고 낚시를 해서 물고기를 잡았어요. 동물의 뼈로 만든 낚싯바늘 같은 물고기를 잡는 도구들이 신석기 시대의 유적지에서 발견되었거든요.

불에 구워 먹어요

구석기 시대 사람들은 즐겨 먹던 도토리나 생선을 불에 구워 먹는 것을 좋아했어요. 불에 익히면 도토리의 떫은맛과 생선의 비린내가 싹 사라지거든요. 물론 짐승의 고기도 불에 구워 먹었지요.

신석기인들이 주로 먹은 곡식은 조, 수수, 콩 같은 **잡곡**

신석기 시대 사람들은 **씨앗**을 땅에 심어 기르면 곡식을 얻을 수 있다는 위대한 발견을 했어요. 그래서 **농사**를 짓기 시작했지요. 주로 재배하기 쉬운 조, 피, 수수, 기장, 콩 같은 잡곡들이었어요. 농사를 시작하면서 사람들은 떠돌이 생활을 끝내고 한 곳에 모여 살게 되었으며, 생활에도 큰 변화가 생겼어요. 드디어 완전한 정착 생활을 시작하게 된 것이지요.

신석기 시대 사람들에게 식량이 된 **가축**

사냥 도구를 발달시켜 더 많은 짐승을 잡게 된 신석기 시대 사람들은 먹고 남은 **짐승**을 집에서 **기르기** 시작했어요. 소와 양, 멧돼지 같은 동물들을 말이에요. 그 동물들을 '집에서 기르는 동물'이란 뜻으로 '가축'이라고 불러요.

음식을 저장한 **토기**

농사를 짓고 가축을 기르면서 먹을 것이 남게 되자 남은 음식을 저장할 도구가 필요해졌어요. 그래서 신석기 시대 사람들은 흙으로 그릇을 만들어 남은 **음식물을 저장**해 두었어요. 흙으로 만든 그릇, 토기가 바로 그것이지요.

청동기 시대 사람들이 먹기 시작한 **쌀**

신석기 시대 사람들이 농사를 지어 조, 수수, 콩 같은 잡곡을 양식으로 삼았다면 청동기 시대 사람들은 **벼농사**를 짓기 시작했어요. 쌀이 부드럽고 맛있다는 것을 청동기 시대 사람들도 알았던 것이겠지요? 그래서 벼를 따는 반달돌칼 같은 도구를 만들어 내기도 했어요.

고래는 원시인들의 최고 음식

덩치가 무지무지 큰 고래는 원시인들이 가장 좋아하는 사냥감이었어요. 고래 한 마리를 잡으면 몇 달 동안 많은 사람들이 풍족하게 먹을 수 있었으니까요. 물론 맛도 최고였지요. 고래의 뼈로는 다양한 생활 도구들을 만들어 썼어요.

[선사 시대]
집

선사 시대 사람들은 처음에는 동굴이나 바위틈, 나무 위에서 살았어요. 마치 동물처럼 말이에요. 그러다가 불을 발견하고 도구를 사용할 줄 알게 되면서 점차 사는 모습이 변하게 되었고, 사는 곳도 바뀌게 되었지요.

구석기인들은 동굴, 바위틈이나 나무 위에서 생활

구석기 시대 사람들은 **동굴**에서 살았어요. 더운 여름에는 서늘하고, 겨울에는 추위를 막을 수 있었거든요. 불을 피우면 맹수들의 접근도 막을 수 있었지요. 동굴이 없는 곳이라면 큰 바위 아래 그늘이나 바위들 사이 즉, **바위틈**에 살았어요. 이곳 역시 동굴처럼 맹수를 피할 수 있고 더위도 피할 수도 있었어요. 맹수를 피해 나무 위에 올라가서 잠을 자기도 하였답니다.

신석기 시대 사람들이 살았던 움집

신석기인들은 농사를 짓기 시작하면서 식량을 찾아 이리저리 헤매지 않고 한 곳에서 계속 살려고 했어요. 힘들여 일구어서 곡식이 잘 자라는 땅을 떠나기가 아쉬웠기 때문이지요. 더 이상 이사 가지 않고 한 곳에서 살기로 결심을 한 신석기인들은 살 곳을 만들기로 했어요. 그래서 **나무와 갈대로 지붕을 엮어** 비와 바람을 막을 수 있는 아늑한 집을 지었지요. 바로 움집이라는 것이에요.

움집은 이렇게 만들었어요

1. 땅을 파서 바닥을 다지고
2. 그 위에 기둥을 세우고
3. 나뭇가지나 갈대 같은 것으로 지붕을 엮어 형태를 만들었어요.
4. 땅을 움푹하게 파서 지은 집이어서 '움집'이라고 하지요.

청동기 시대 사람들이 지은 땅 위의 집

움집이 아늑하고 좋기는 하지만 비가 내리면 빗물이 스며들기 일쑤였어요. 집 안은 축축하고 사람들의 마음은 눅눅하고…. 그래서 청동기 시대 사람들은 땅 위에 집을 짓기 시작했어요.

흙과 돌, 나무같이 주변에서 쉽게 구할 수 있는 것들을 재료로 삼았지요. 나무로 **기둥과 벽을 세운 후** 바람이 통하게 구멍도 만들고, 나뭇가지와 갈대, 억새 등을 엮어 지붕을 올렸답니다.

고조선

한반도를 중심으로 우리 민족이 처음 세운 나라는 어떤 나라일까요? 바로 청동기 시대에 단군왕검이 세운 조선이라는 나라예요.

조선은 '아침이 신선하다' 또는 '해가 뜨는 자리'라는 뜻을 지닌 멋진 이름이지요. 그런데 단군왕검이 세운 조선을 지금으로부터 2,200년 전 위만이라는 인물이 세운 조선, 그리고 600년 전 이성계라는 인물이 세운 조선과 구분해야 했어요. 그래서 역사학자들은 우리 조상이 세운 첫 나라인 조선을 '옛날 조선'이라는 뜻으로 옛 고(古) 자를 붙여 '고조선'이라고 불렀어요. '단군 조선'이라고 부르기도 하고요.

[고조선] 왕

고조선의 역사는 여러 부족을 모아 고조선이라는 국가를 세운 단군왕검으로부터 시작해요. 위만에게 왕위를 **빼앗긴** 준왕, 한나라와 전쟁을 벌인 우거왕까지 오랜 역사를 이어 왔지만 너무나 오래된 이야기여서 다른 왕들에 대한 기록은 남아 있지 않아요.

고조선을 세운 단군왕검

단군왕검은 우리 민족의 시조예요. 시조란 한 겨레의 맨 처음이 되는 조상을 말해요. 단군왕검이 왕위에 오른 기간이 1,000년 이상으로 기록되어 있어 단군왕검을 **제사장**이면서 **통치자**인 고조선 최고 권력의 이름으로 보아야 한다는 이야기도 있어요.

《삼국유사》에 기록된 단군 신화

옛날 하느님의 아들 환웅은 늘 천하에 뜻을 두어 인간 세상을 다스리고 싶어 했어요.

하느님은 환웅의 뜻을 이해하여 비와 구름, 바람을 다스릴 수 있는 능력을 주어 인간 세상을 다스리게 했어요.

환웅이 3,000명의 신하와 백성들을 거느리고 세상에 내려와 인간들에게 여러 지혜를 가르치며 다스리고 있었는데,

곰 한 마리와 호랑이 한 마리가 환웅에게 찾아와 사람이 되게 해 달라고 빌었지요.

환웅은 쑥 한 줌과 마늘 20쪽을 주며, 이것을 먹고 100일 동안 햇빛을 보지 않으면 사람이 된다고 말했어요.

곰과 호랑이는 마늘과 쑥을 먹으며 굴속에서 살기 시작했어요. 그렇지만 호랑이는 참지 못해 뛰쳐나오고,

곰은 꿋꿋하게 참아 사람이 되었어요. 여자라서 웅녀라고 했지요.

그런데 웅녀는 혼인해 주는 사람이 없어 아이를 가질 수 없었어요. 그래서 신단수 아래에서 간절하게 기도를 드렸지요.

웅녀의 기도를 듣고 환웅이 잠시 사람으로 변해 웅녀와 혼인하여 아이를 낳았는데, 그가 바로 '단군왕검'이에요.

단군왕검은 왕위에 오르고 아사달에 도읍을 정한 후, 나라 이름을 '조선'이라 하였어요.

위만에 왕위를 빼앗긴 준왕

약 2,200년 전, 준왕은 **부왕의 아들**로 고조선의 왕위를 계승했어요. 그러나 왕위에 오른 지 얼마 되지 않아 중국 대륙의 혼란을 피해 연나라에서 온 위만에게 왕위를 빼앗기고 말았지요. 위만에게 쫓겨난 준왕은 신하들을 거느리고 뱃길을 이용해 남쪽 한(韓)나라 지역으로 도망하여 그곳에 살던 사람들을 모아 왕이 되었다는 이야기가 전해져요.

준왕을 몰아내고 새 왕이 된 위만

진나라에 이어 한나라가 중국 대륙을 통일하며 연나라 지역을 점령하자, 연나라에서 온 위만이 1,000명의 무리를 이끌고 고조선으로 왔어요. 그는 준왕에게 고조선 땅의 서쪽 경계 지역을 지키며 살게 해 달라고 하였지요. 그러나 속마음은 자신이 고조선을 차지하려는 것이었어요. 준왕은 이를 믿고 허락해서 관직까지 주며 고조선의 서쪽 변방을 지키게 하였는데, 위만은 이곳에서 세력을 키워 **준왕을 몰아내고 정권을 빼앗아** 고조선의 새로운 왕이 되었어요. 이때가 기원전 194년이에요.

고조선의 마지막 왕 우거왕

위만의 손자인 우거왕은 막강한 군사력과 경제력으로 기원전 2세기 초 사방 수천 리의 영토를 지배했어요. 중국 대륙을 통일한 한나라 무제가 기원전 109년 고조선을 침입하자, 조약을 맺자고 주장한 대신들의 권유를 뿌리치고 한나라에 맞서 싸웠고요. 그러나 기원전 108년 니계상과 참 등의 신하에게 암살을 당하고, 고조선도 멸망하고 말았지요.

[고조선]
영토와 도읍지

고조선의 영토에 대해서는 아직 정확히 알 수 없어요. 많은 역사학자들이 발견된 유물을 통해 만주 지역에서 한반도 서북 지역까지라고 추측하고 있지요.

고조선의 중심 무대는 한반도 서북부와 만주 지역, 지배한 영토는 사방 수천 리

고조선은 만주 전 지역과 한반도 서북부에 이르는 **드넓은 지역에 세력을 뻗치고** 그곳을 지배한 국가였어요. 청동기 문화를 바탕으로 크게 성장하여 기원전 4세기에는 요령 지방을 중심으로 만주와 한반도 북부를 잇는 넓은 지역을 다스리는 연맹 왕국으로 발전한 것이지요. 기원전 2세기 초 우거왕 때에는 막강한 군사력과 우수한 무기를 갖추고 사방 수천 리에 달하는 영토를 지배하였지요. 중국 대륙을 통일한 한나라와 맞서면서 말이에요.

고조선의 첫 도읍지 아사달

《삼국유사》의 기록에서 보면 아사달은 단군이 고조선을 세우며 도읍, 즉 수도로 삼은 곳이에요. 그 위치에 대해서 '평양 부근이다', '중국의 요령 지방이다', '처음에는 요령 지방이었다가 평양 부근으로 옮겼다' 라는 여러 주장이 있지만, 아직 정확히 그곳이 어디인지는 알 수 없고 다만 짐작만 할 뿐이에요. 아사달에서 '아사'는 우리말로 아침을 뜻하고, '달'은 땅을 뜻해요. 즉 아사달은 **'아침 땅'**을 의미하는 우리의 옛말이지요. 이 말이 중국과 교류를 하면서 한자로 표기하여 '조선'으로 칭했을 것이라는 주장도 있답니다.

고조선 후기(위만 왕조)의 수도였던 **왕검성**

왕검성은 위만이 왕위에 오르며 새로 정한 고조선의 수도예요. 왕검성의 위치를 알려 주는 분명한 흔적이 남아있지 않아 정확히 어디인지는 알 수 없어요. 그러나 고조선이 멸망한 후 설치된 낙랑군의 통치 구역이 왕검성이 있던 곳이었다는 기록과 낙랑토성(평안남도 대동의 토성으로, 낙랑군의 주둔지였을 것으로 추측함) 주변에 그조선 시기의 지배자 무덤으로 보이는 나무곽무덤이 있는 점으로 보아 **낙랑토성**이 왕검성이었을 가능성이 크다고 짐작하고 있어요. 낙랑토성은 지금의 **평양 부근**이에요.

한나라가 고조선에 설치한 **한사군**

한사군이란 중국의 한나라가 고조선을 무너뜨리고 고조선의 영토에 설치한 4개의 행정 구역을 말해요. **낙랑군·임둔군·현도군**은 고조선이 멸망한 기원전 108년에, 그리고 **진번군**은 바로 그 다음 해에 설치했지요. 모두 한나라의 중앙 정부에서 관리를 파견하여 다스렸어요.

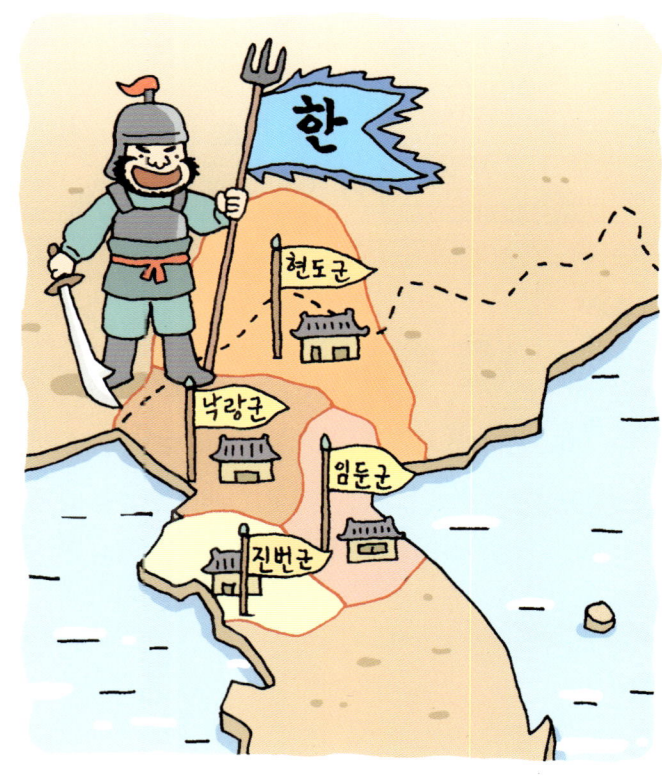

한사군의 마지막 진영 **낙랑군**

낙랑군은 한사군 가운데 한 곳이에요. 한사군 중 가장 오랫동안 남아 있다가 고구려와 백제가 힘을 합해 공격해서 **313년**(고구려 미천왕 14년)에 **고구려에 병합**되어 완전히 사라지게 되었어요.

[고조선] 정치

청동기 문화를 바탕으로 세워진 고조선은 단군왕검이라는 통치자가 있었고, 전쟁에서 패한 나라의 사람들을 노비로 삼는, 귀족과 노비가 존재하는 계급 사회였어요. 그 사회를 다스리기 위한 정치 제도와 방법이 있었답니다.

무시무시한 법! 8조금법

고조선에는 **8개 조항의 법률**이 있었어요. 어떤 행동을 금지하는 내용의 법률이어서 '8개 조항의 금지 명령'이라는 뜻으로 '8조금법'이라고 불러요. 8개의 금지 내용 중 오늘날에는 3개의 조항만 전해지고 있는데, 죄를 지으면 무서운 처벌을 받는 법률이지요.

제사를 지내는 대표자가 곧 나라를 다스리는 **제정일치** 사회

고대 사회에서는 신에게 제사를 지내는 것이 가장 중요한 일이었어요. 제사를 통해 모든 큰일을 결정했거든요. 고조선 역시 그랬고요. 이처럼 **제사와 정치가 하나로 일치**하여 이루어진 것을 제정일치라고 해요.

그래서 제사를 지내는 것은 나라를 다스리는 일 중에서 가장 중요한 일이었고, 제사를 주관하는 사람이 정치, 곧 나라를 다스리는 우두머리가 되었어요.

단군의 통치 이념 **홍익인간**

홍익인간은 '**널리 인간을 이롭게 한다**'는 뜻이에요. 여기서 인간은 개인적인 사람이 아니라 인간 세상을 말하는 것이지요. 즉, 고조선의 통치자인 단군이 인간 세상을 널리 이롭게 하기 위해 나라를 세워 다스린다는 말이에요. 통치 이념은 나라를 다스리는 데 근본으로 삼았던 생각을 말해요.

종교 의식을 치르던 장소 **신시**

단군이 고조선을 지켜 주는 신들을 모셔 놓고 **제사를 지내던 곳** 즉, 종교 의식이 행해지던 장소를 신시라고 해요. 하느님을 비롯해 곰 신이나 호랑이 신 같은 동물 신과 자연 신도 고조선의 수호신이었어요.

고조선의 통치 제도를 그대로 이어받은 **위만**

위만이 준왕을 몰아내고 왕이 되어 새로 다스린 고조선을 '위만 왕조' 또는 '위만 조선'이라고 불러요. 위만은 왕위에 오른 후 왕검성을 수도로 정하고 준왕 때의 통치 체제를 그대로 이어받아 나라의 이름도 그대로 조선이라고 불렀어요.

왕위에 오른 위만은 왕권을 강화하고 외부로 세력을 키워 진번, 임둔, 옥저 지역을 모두 고조선의 영역에 포함시켰어요.

위만의 손자 우거왕 때에는 주변의 다른 나라들이 한나라와 직접 무역을 하는 것을 막고 중계 무역을 펼쳐 경제적으로 더욱 부강한 나라가 되었어요.

고조선의 성장을 두려워하고 못마땅하게 여긴 한나라는 108년에 고조선을 침략했고, 위만 조선은 멸망하게 되었지요.

[고조선] 사회와 경제

고조선은 농업이 가장 중요한 생활 수단인 농업 사회였고, 귀족과 노비 등이 있는 신분 사회였으며, 개인의 재산이 존재하는 경제 사회였어요. 8조금법과 여러 유적 및 유물을 통해 알 수 있지요.

청동 도구를 만들어 썼던 청동기 문화

고조선은 청동기 문화를 바탕으로 한 사회였어요. **청동으로 여러 물건들을 만들어** 사용하였으니까요. 그리고 나중에는 철기 문화를 받아들였지요.

농업의 발달을 가져온 철기 문화

고조선은 후기에 이르러 **철로 만든 도구**를 사용하는 철기 문화를 받아들였어요. 철기로 농기구나 무기가 많이 만들어져 농업과 사회에 큰 발전을 가져오게 되었지요.

농기구의 발달과 농사의 발전

고조선 사람들은 **농사를 짓는 도구**들도 더욱 **발달**시켜 농사의 발전을 꾀하였어요. 농사를 잘 짓기 위해 날씨를 미리 알아보려고 하늘의 별자리를 관측하기도 하였지요. 또한 농업뿐 아니라 가축을 기르는 **목축업도 발달**했답니다.

종류가 다양해지고 세련되어진 수공업

청동기로 여러 도구와 물건을 만들어 쓰면서 고조선 사람들은 점점 **청동**으로 물건을 만드는 **기술**이 좋아졌어요. 청동기가 널리 보급되어 다양하고 세련된 물건들이 많이 만들어졌지요.

고조선 후기에 드디어 철기 보급

고조선 후기에는 철로 도구를 만들어 쓰기 시작했어요. 철기의 보급은 **수공업**을 더욱 **발달**시켰고, 청동기보다 더 강하고 정교한 농기구를 만들 수 있어 **농업**도 빠른 속도로 **발달**하였지요.

고조선을 부자 나라로 만든 중계 무역

농업과 수공업이 발달한 고조선은 중국 황하 유역과 먼 남방의 나라들에게 활, 화살, 화살촉 같은 무기와 모피 의류나 모직 의류 등을 수출하여 **부자** 나라가 되었어요. 한강 이남이나 주변의 나라들과 한나라 사이에 끼어서 한나라까지 가지 않아도 한나라 물건을 살 수 있도록 **중간에서 상거래**를 하였는데, 이를 중계 무역이라고 해요.

철기 시대에 더욱 차이가 커진 개인 재산

철기 시대에 들어오면서 농기구와 무기가 더욱 발달했어요. 철기를 가진 사람들은 이를 잘 사용하여 점점 **부자**가 되었고, 그렇지 못한 사람들은 여전히 **가난**을 면치 못하였지요. 부자의 힘이 커지며 개인의 재산을 보호하는 사회 제도도 발달하게 되었답니다.

고조선 시대에 생겨난 신분 제도

귀족 – 전쟁에서 큰 활약을 한 장군, 부자였던 사람들은 귀족 세력을 이루며 높은 지위와 권력을 누렸어요.

평민 – 일반 백성들인 평민은 농사와 수공업은 물론 나라의 여러 일들을 해야 했어요.

노비 – 노비는 귀족들의 명령에 따라 집안일을 돕고, 나라 일에 동원되어 노동을 하기도 했어요. 안타깝게도 권력자나 귀족이 죽었을 때 함께 무덤에 묻히는 순장의 대상이 되기도 하였지요.

8조금법으로 알 수 있는 고조선 사회

'곡식으로 보상해야 한다'와 '남의 물건을 도둑질한 자'에서 개인의 재산이 존재했으며, 법으로 지켜지고 있었다는 것을 알 수 있어요.

'노비로 삼는다'에서 노비 제도가 있었다는 것을 알 수 있어요.

'곡식으로 보상해야 한다'에서 곡식으로 죄의 대가를 치렀던 것을 알 수 있는데, 이는 당시가 농업 사회였다는 것을 짐작하게 해 주지요.

'남의 물건을 도둑질한 자'에서 빈부의 격차 즉, 부자와 가난한 사람이 있었음을 알 수 있어요.

[고조선] 전쟁

주변의 여러 부족 국가를 정복해 연맹 왕국을 세운 고조선은 중국 대륙의 북서쪽에 있던 강한 나라들과 전쟁을 벌였어요. 특히 강대국인 한나라는 고조선의 눈부신 성장에 위협을 느꼈지요. 그래서 결국 고조선을 침략하여 전쟁을 일으켰어요.

중국 북방의 강대국 연나라와의 전쟁

기원전 3세기, 고조선이 아직 철제 무기를 갖추기 전에 중국 대륙의 북방에는 강대국으로 등장한 나라가 있었어요. '연'이라는 이름의 나라였지요. 연나라는 영토를 넓히고 세력을 키우기 위해 국경을 맞대고 있는 고조선과 전쟁을 벌였어요. 고조선은 **연나라**를 맞아 **대등하게** 닺서 **싸웠지만** 안타깝게 패하여 요동 지역에서 평양 지역으로 중심지를 옮기게 되었어요.

고조선의 운명을 뒤바꾼 **한나라와의 전쟁**

기원전 109년, 6만 명의 육군과 7,000명의 수군으로 구성된 한나라 군사가 고조선을 공격했어요.

그때 고조선은 위만의 손자인 우거왕이 다스리고 있었는데, 발달한 철기 문화를 바탕으로 강력한 군사력을 가지고 있었어요. 주변의 다른 나라들과 한나라 사이에서 중계 무역을 통해 점점 부자 나라가 되고 있었고요.

이 같은 고조선의 성장을 못마땅하게 여긴 한나라의 왕 무제는 고조선과 흉노가 연결되는 것을 막기 위해 전쟁을 일으켰어요.

한 무제는 누선장군 양박에게 수군을, 좌장군 순체에게 육군을 주어 수륙 양면 작전을 펼쳤어요. 그러나 예상과 달리 한나라는 수군과 육군 모두 고조선에게 패하고 말았지요.

한 무제는 사신을 보내 협상할 것을 제안했어요. 고조선도 역시 태자를 보내 협상할 뜻을 밝혔지만, 협상은 깨지고 한 무제는 다시 총공격을 감행했어요. 그러나 이 역시 실패로 돌아가고 전쟁은 1년이 넘게 계속되었어요.

장기간의 전쟁으로 지친 고조선의 내부에서는 분열이 일어났어요. 계속 대항하여 싸울 것을 주장하는 세력과 전쟁이 오래될수록 불리하니 평화적으로 해결을 하자는 세력으로 나뉘었지요.

그러나 우거왕이 강력하게 싸우겠다는 입장을 지키자, 신하였던 니계상, 참 등이 우거왕을 살해했어요.

고조선은 성기라는 대신을 중심으로 강력히 저항했으나 성기마저 살해되고, 마침내 기원전 108년에 멸망했어요. 그리고 한나라는 고조선의 땅에 4개의 군을 설치했지요.

[고조선] 유물

고조선은 청동기 시대와 철기 시대를 거치며 동아시아 지역의 강대국으로 등장해 여러 우수한 문화를 남겼어요. 고조선의 가장 대표적인 유물은 고인돌과 청동검, 토기 같은 것들이에요.

청동기 시대를 대표하는 고조선의 무덤 고인돌

고인돌은 청동기 시대를 대표하는 고조선의 **돌무덤** 중 하나예요. 고대 사회의 **권력자**나 **부자**들이 묻혔던 무덤이지요. 그래서 작은 크기의 무덤도 있지만 몇백 명이 돌을 움직여 만든 것도 있답니다.

고인돌 만들기

기둥 돌을 세우고 | 덮개 돌을 옮겨요. | 기둥 돌 위에 덮개 돌을 올린 후, | 흙을 파내면 고인돌 완성!

남방식 고인돌과 북방식 고인돌

한반도에서 발견된 고인돌은 크게 탁자 모양과 바둑판 모양, 받침 돌이 없이 덮개 돌만 있는 모양의 세 가지로 나뉘어요. **탁자 모양은 북방 지역**에서 많이 발견되어 북방식 고인돌이라고 부르기도 하고, **바둑판 모양은 남방 지역**에서 많이 발견되어 남방식 고인돌이라고 부르기도 해요.

고인돌 양식의 차이점은 **시신을 묻는 위치**
북방식은 시신을 땅 위에 묻고, 남방식은 땅을 파서 묻는답니다.

북방식 : 땅 위에 넓적한 돌을 세워 긴 직육면체의 무덤 칸을 만들고 그 안에 시신을 넣은 뒤, 위를 널빤지 같은 덮개 돌로 덮어요.

남방식 : 땅을 파서 돌로 방을 만들고 그 안에 시신을 넣어요. 그리고 그 위에 여러 개의 작은 받침 돌을 놓고 다시 커다란 덮개 돌을 얹어요.

개석식 : 남방식과 비슷하지만 받침 돌이 없이 덮개 돌을 직접 올려놓은 방식이에요.

고조선의 세력을 알 수 있는 **비파형동검**

비파형동검은 칼의 몸체가 우리 옛 악기인 **비파 모양**처럼 생긴 칼로, 중국의 랴오허 강 유역인 요령 지역에 분포했기 때문에 '요령식 동검'이라고 부르기도 해요.

칼 몸체의 아랫부분은 둥근 비파 모양이고 중앙에는 양면으로 뾰족하게 튀어나온 부분이 있으며, 손잡이 부분이 따로 제작되어 칼날을 손잡이에 끼워 쓸 수 있게 만든 조립식 칼이랍니다.

생긴 모양이 대우 장식적이어서 실제로 사용했던 칼이 아니라 상징적인 용도로 만든 칼이라는 주장도 있어요. 그러나 비파형동검은 조립식으로 만들어 사용하기 편리하고 칼날은 오히려 더 치명적인 상처를 주도록 설계되어 있으며, 손잡이 끝에 돌이 달려 있어 가까이 있는 사람을 공격할 때 효과적이에요.

이렇게 성능과 장식을 두루 갖춘 우수한 비파형동검은 세형동검으로 변화되기 전까지 **청동기 시대 고조선을 대표하는** 칼이었어요. 시베리아 초원의 북방식 동검과 중국 내륙의 중원식 동검과는 그 모양부터 큰 차이를 보이며, 발굴 범위가 청동기 시대의 중심 국가였던 고조선의 세력 범위와 일치하는 중요한 유물이지요.

한반도 지역에서만 출토된 세형동검

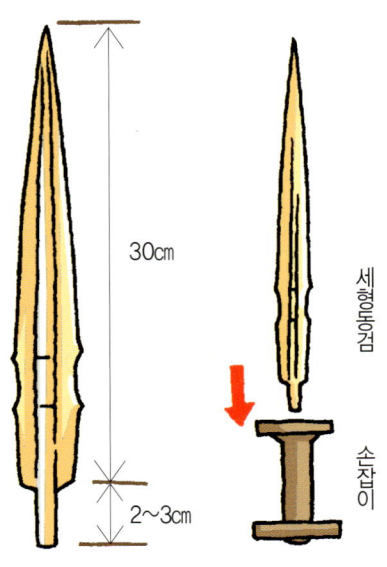

비파형동검보다 늦게 등장한 세형동검은 비파형동검보다 날렵하게 생겼고, 몸체에 긴 홈이 파였어요. **한국식 동검**이라고도 불러요.

비파형동검이 발전하여 생겨난 동검으로 보며, 보통 30센티미터 정도의 칼의 몸체에 2~3센티미터의 짧은 자루가 달려 있는 모양이에요.

만주 지방까지 널리 사용되었던 비파형동검과는 달리 한반도 청천강 이남의 평안도 지방을 중심으로 주로 **한반도 지역에서만 발견**되지요. 그래서 한국식 동검이라는 별명이 붙었답니다.

정교하게 만든 청동기 농경문청동기

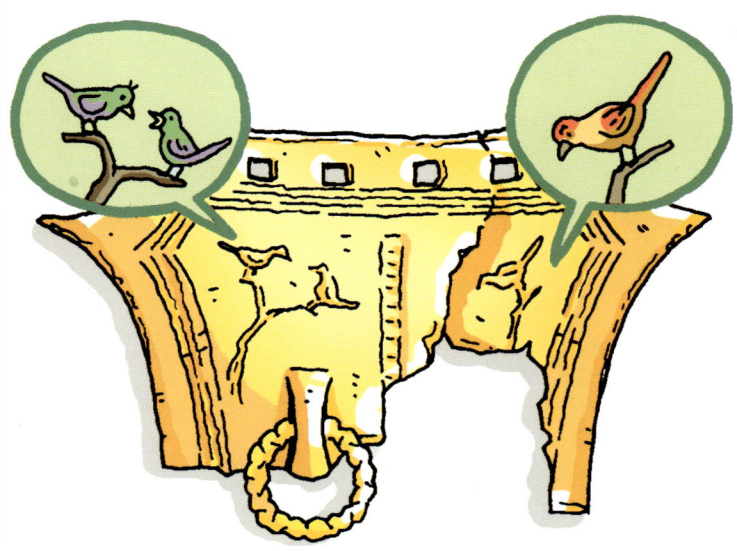

농경문청동기는 **농사를 짓는 그림**이 무늬처럼 새겨진 매우 정교하게 만든 청동기로서, 앞면에는 새를 새겨 놓은 그림이 있어요. 왼쪽에는 끈을 꼰 것 같은 둥근 고리가 한 개 붙어 있는데, 고리가 끼어 있는 반원 모양의 꼭지는 그 모양이 다뉴세문경의 손잡이 꼭지와 똑같이 생겼어요.

뒷면 오른쪽에는 머리채가 긴 사람이 두 손으로 따비를 잡고 한 발로 힘 있게 따비를 밟고 있는 그림이 새겨져 있고, 따비 밑에는 밭고랑으로 보이는 가는 선을 그어 놓았어요. 이 독특한 유물은 그 생김새와 무늬로 보아 **주술적인 도구**로 사용되었을 것이라고 추측한답니다.

청동으로 된 잔무늬거울 다뉴세문경

다뉴세문경은 청동 거울로 **잔무늬거울**이라고도 해요. 한 면은 거울로 비출 수 있도록 하고, 뒷면에는 끈을 꿰어 멜 수 있는 '뉴'라고 부르는 꼭지(고리)가 2개 이상 있어요. 그래서 '고리가 많은 잔무늬거울'이란 뜻으로 다뉴세문경이라고 부른답니다.

고조선 시대의 대표 토기 미송리형 토기

토기는 **흙을 구워 만든 그릇**으로 선사 시대를 구분하는 중요한 도구예요. 미송리형 토기는 한반도 서북 지역인 **평안북도 의주군** 미송리 동굴 유적에서 발견된 토기인데, 토기에 무늬가 새겨져 있지 않는 **민무늬토기**의 일종이랍니다. 고조선에서 유행했던 가장 대표적인 토기의 종류여서 발굴한 곳의 이름을 따 미송리형 토기라고 불러요. 크기는 대개 20~30센티미터로 겉면은 매끄럽고 색깔은 거의 회갈색, 흑갈색, 적갈색을 띠고 있지요.

고조선 후기 독무덤 옹관묘

우리말로 독(항아리)무덤이라고 해요. 크고 작은 **항아리** 두 개를 맞붙여서 죽은 사람의 관으로 쓰는 **무덤**의 한 양식이지요. 고조선 후기에 만들어진 무덤이에요.

고조선 이후의 여러 나라들

한나라의 침략과 내분으로 고조선이 멸망하고, 고조선의 영토에는 한나라에서 설치한 한사군이라는 것이 들어서게 되었어요.

한편, 고조선의 옛 영토인 만주와 한반도에는 새로운 여러 나라가 나름대로 고유한 특색을 가지고 성장을 하였어요. 강한 나라를 중심으로 뭉쳐 더 큰 나라를 이루면서요.

[고조선 이후의 여러 나라들]

부여

부여는 고조선 후기(기원전 3세기경)에 만주 땅을 중심으로 사방 2,000리의 큰 영토와 약 40만 명의 인구를 갖고 600여 년을 지속한 나라예요. 가축을 잘 기르고, 독특한 제천 의식을 갖고 있었으며, 엄격한 법률로 나라를 다스렸지요.

부여의 지방을 다스린 마가·우가·저가·구가

부여는 왕이 중앙을, 마가·우가·저가·구가라는 **4명의 부족장**이 지방을 다스렸어요. 마가의 마는 말, 우가의 우는 소, 저가의 저는 돼지, 구가의 구는 개를 뜻하는데, 부여 사회가 목축을 주로 하던 사회였음을 알려 주는 이름이에요.

부족 연맹의 모습 사출도

마가·우가·저가·구가 등 4가를 **제가**라고 하며, 제가들이 다스린 지역을 '사출도'라고 해요. 수도가 있는 중앙 지역을 제외한 **지방 4지역**을 제가들이 다스렸으며, 왕이 이를 인정한 부족 연맹의 모습이랍니다.

부여의 즐거운 축제 영고

부여는 해마다 농사가 잘 되길 바라며 하늘에 제사를 지내는 영고라는 의식을 치렀어요. 이를 **제천 의식**이라고 하는데, 《삼국지위지동이전》에 보면 '추수를 마친 12월에 온 나라 백성들이 동네마다 한 곳에 모여 하늘에 제사를 지낸다. 며칠 동안 계속 술 마시고 노래하고 춤을 추고 놀았으며, 죄가 가벼운 죄수를 풀어 주었다.'는 기록이 있어요.

고조선과 닮은 부여의 법률 1책 12법

고조선의 8조금법처럼 부여에서도 1책 12법이라는 무척 **엄격한 법률**이 있었어요. 도둑질을 하면 훔친 것의 12배를 갚게 하여 그런 이름이 붙었지요.

고구려·백제를 세운 인물은 부여 출신

부여는 비록 국력이 점점 약해져 고구려에 항복했지만, 삼국 시대의 두 주인공인 고구려와 백제의 뿌리가 되었던 나라예요. 고구려와 백제를 세운 왕들이 모두 부여 출신이지요.

[고조선 이후의 여러 나라들]

옥저

옥저는 부여에서 떨어져 나와 세워진 나라예요. 나라의 위치는 지금의 함경도와 강원도 북부의 동해안 지역이었어요. 고구려에게 멸망하고 말았지만, 고구려와는 다른 독특한 풍습을 지니고 있는 나라였어요.

옥저 사람들의 용맹

고구려 옆에 위치하고 있던 옥저는 사람들의 성품이 강직하고 용맹스러웠으며, 말이나 탈것을 타지 않고 걸어서 하는 전투에 뛰어났다고 해요.

옥저의 독특한 결혼 풍속 민며느리 제도

옥저의 결혼 제도는 신부가 10살에 약혼을 하고 미리 신랑의 집에서 자라다가, 성인이 되면 원래 여자의 집에 가서 혼례를 치르는 민며느리 풍속이었어요. 민며느리는 '며느리를 삼으려고 민머리인 채로 데려와 기른 계집아이'라는 뜻의 말이에요. **딸을 일찍 남자 집으로 보내** 그 집의 일을 거들게 하고, 딸이 시집갈 때 그동안 일한 대가를 남자 집에서 받는 결혼 풍속으로, 주로 가난한 사람들 사이에서 이루어졌어요.

부족을 다스린 부족장 삼로

옥저는 지금의 함경도 및 강원도 북부의 동해안에 있었는데, 부족이 여러 마을로 나뉘어 마을마다 **삼로**라는 **부족장**이 다스렸어요. 왕같이 나라 전체를 다스리는 강력한 지도력이 있는 통치자는 없었던 것 같아요.

죽어서도 한가족, 가족공동묘제

사람이 죽으면 바로 장사를 지낸 것이 아니라 시체를 다른 곳에 임시로 묻어 두고, 시간이 지나 뼈만 남으면 그 뼈를 거두어 목곽 안에 넣어 두었어요.

가족 중 다른 사람이 죽으면 또 그렇게 해서 모든 가족의 뼈를 한 목곽 속에 묻어요.

목곽의 입구에는 죽은 사람의 양식으로 쌀 항아리를 매달아 두었답니다.

바다를 끼고 있어 풍부한 해산물

옥저는 나라의 위치가 다른 나라들에 비해 변두리 지역이어서 발달한 문화를 많이 받아들이지 못했어요. 하지만 **동해를 끼고 있어** 어물과 소금 등 해산물이 풍부했고, 땅도 비교적 기름져 농사가 잘 되었답니다.

[고조선 이후의 여러 나라들]

동예

동예는 옥저처럼 한반도 동쪽에 위치해 바다를 끼고 있어 해산물이 풍부했으며, 농사짓기에 기름진 땅을 갖고 있었어요. 그러나 옥저처럼 고구려 옆에 있어 고구려의 지배를 받게 되었지요.

동예의 영토는 강원도의 강릉 일대

'남으로는 진한과 북으로는 고구려, 옥저와 이웃하고 있으며 동으로는 바다에 닿았다.'는 기록으로 보아 동예는 대관령 넘어 강원도 북부 지방인 **강릉 일대**에 자리 잡은 작은 나라였다고 짐작하고 있어요.

방직 기술이 발달, 특산물은 활과 말

동예는 특히 **명주와 삼베**를 짜는 방직 기술이 매우 발달한 나라였어요. 특산물로는 **단궁**이라는 활과 **과하마**라고 하는 산악 지형에서 주로 타는 말, 바다표범 가죽 등이 유명했어요.

다른 마을을 침범하면 주는 벌 책화와 생구

동예에서는 함부로 남의 마을에 들어갈 수 없었어요. 만약 그랬다간 소나 말을 물어 주어야 했지요. 물어 줄 수 있는 재산이 없다면 그 땅을 침범한 사람은 노비가 되어야 했어요. 이처럼 **영역 침범**에 대한 벌로 소나 말을 대신 물어 주는 것을 책화라 하고, 침범한 사람이 노비가 되는 것을 생구라고 불렀어요.

동예의 부족장도 삼로

동예의 정치 제도 역시 옥저처럼 나라 전체를 다스리는 힘 있는 통치자는 없었어요. 대신 옥저와 마찬가지로 마을마다 삼로라는 부족장이 다스렸지요.

같은 부족끼리는 결혼을 할 수 없는 족외혼

동예는 같은 부족의 사람과는 절대 결혼하지 않는 풍습이 있었어요. **다른 부족 사람과 결혼**한다는 뜻으로 족외혼이라고 하지요. 결혼을 통해 다른 부족과 자연스럽게 교류했어요.

하늘을 향해 춤추는 제천 의식 무천

동예 사람들은 매년 10월에 하늘에 제사를 지내고 밤낮으로 음식과 술을 마시며 노래를 부르고 춤을 추는 **제천 행사**를 행했는데, 이를 무천이라 해요.

[고조선 이후의 여러 나라들]

삼한

고조선 때부터 한반도의 남쪽에는 한족(韓族)이 살고 있었어요. 크고 작은 여러 부족 국가를 이루면서 말이에요. 그중 마한·진한·변한이라는 나라가 다른 부족 국가들을 다스리며 성장했는데, 이 세 나라를 삼한이라고 부른답니다.

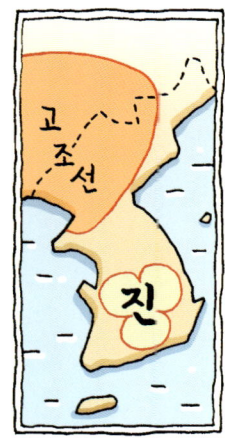

고조선 때 등장한 **삼한**

고조선이 만주와 한반도 북부 지방을 중심으로 세력을 펼칠 때, 한반도 남쪽에는 **진**이라는 나라에 한족(韓族)이 살고 있었어요. 그러다가 **세 개의 나라**로 나뉘어 각기 세력을 키우며 국가로 발전하였지요.

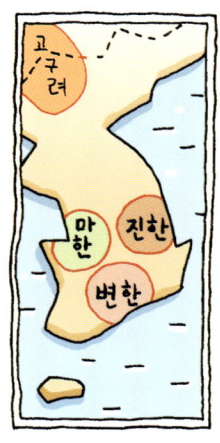

삼한은 **마한 진한 변한**

마한은 지금의 충청도와 전라도, 경기도 일부 지역을 차지하고 있었으며, 54개의 크고 작은 부족 국가들이 모여 만든 나라예요. **진한**은 지금의 강원도, 충청북도, 경상북도 지역을 중심으로 12개의 작은 나라들이 모여 세운 나라이지요. **변한**도 경상남북도 일대에 12개의 작은 나라들이 모여서 연맹을 이루었어요.

마한의 왕이 된 고조선의 **준왕**

위만에게 왕위를 빼앗기고 쫓겨난 고조선의 준왕은 무리를 이끌고 한반도의 남쪽으로 왔어요. 당시 한반도의 남쪽에는 한족이 세 개의 큰 나라로 나뉘어 각각 세력을 키우며 국가로 발전해 가고 있었지요. 준왕은 세 나라 중 마한의 왕이 되어 마한의 도읍지 **금마**(전라도 익산)라는 곳에서 나라를 다스렸어요. 그는 자식이 없어서 준왕이 죽은 후에는 다시 마한 사람이 왕이 되었지요.

천군과 소도

삼한에는 왕처럼 나라를 다스리는 정치적 통치자와 함께 나라의 제사를 담당하는 천군이라는 제사장이 있었어요. 제사장인 천군은 5월과 10월에 하느님께 제사를 드리는 의식을 주관하였지요. 천군이 제사를 지내는 곳을 소도라고 불렀는데, 마한에서는 소도를 특별한 지역으로 정해 놓고 제사장인 천군이 관리하게 하였어요. 통치자도 세력을 행사할 수 없는 신성한 곳으로 말이에요. 그래서 죄를 지은 사람이 도망쳐 소도로 숨으면 그를 잡아갈 수 없었다고 해요.

변한이 많이 생산한 **철**

변한에서는 **철**을 많이 **생산**하여 낙랑이나 왜(일본) 등 주변 국가에 수출하기도 하고, 철을 화폐처럼 사용하기도 했어요.

삼한 사람들이 살았던 **귀틀집**

굵은 통나무를 '井' 자 모양으로 맞춰 층층이 얹고 흙으로 메워 지은 **귀틀집**에서 살았어요.

공동 작업 **두레**

삼한에서는 두레라는 것을 조직하여 여러 사람이 힘을 모아 **공동 작업**을 하기도 했어요.

삼국 시대
고구려

한반도를 중심으로 우리 민족이 처음 세운 나라인 고조선이 멸망한 후 한반도는 어떻게 되었을까요? 지역에 따라 여러 부족이 모여 크고 작은 여러 나라를 세웠으며, 그중에 세 나라가 왕을 중심으로 크고 강한 왕국을 이루었어요.

세 나라는 새로운 법과 제도를 만들어 나라의 기틀을 마련하였으며, 나라를 발전시켜 저마다 힘을 키워 한반도의 주인공이 되려고 애를 썼지요. 그 세 나라는 바로 고구려 · 백제 · 신라!

그중 고구려는 중국의 앞선 문물을 받아들이고 제도를 정비하여 가장 먼저 고대 국가의 모습을 갖추었어요. 그 후 국력을 키우고 진취적인 기상으로 영토를 크게 넓혀 동북 아시아를 호령하는 강대국이 되어 우리 민족의 자존심을 높였답니다.

【삼국 시대-고구려】

왕

고구려를 세운 동명성왕을 시작으로 진대법을 실시한 고국천왕, 한사군을 몰아낸 미천왕, 법률을 반포한 소수림왕, 동북 아시아를 제패한 광개토대왕, 평양성으로 도읍을 옮긴 장수왕 등 모두 28명의 왕이 고구려의 역사를 이어 나갔어요.

고구려를 세운 동명성왕

동명성왕은 **고구려를 세운 왕**이에요. 이름은 **주몽**이며 부여에서 자신을 따르는 백성들을 이끌고 남쪽으로 내려와 **졸본**이라는 곳에 새로운 나라를 세웠는데, 그 나라가 바로 고구려예요. 이때가 기원전 37년. 고구려를 세운 동명성왕은 세력을 키워 비류국, 옥저 등 주변의 여러 나라를 정복하며 나라의 기틀을 다져 나갔어요.

고구려를 세운 동명성왕의 주몽 신화

주몽은 활뿐 아니라 무예에도 뛰어나고 머리도 총명하여 금와왕의 아들들에게 시기와 질투를 샀고, 결국 동부여를 도망치게 되었어요.

동부여의 두 번째 왕인 금와왕은 태백산 남쪽 우발수라는 곳을 지나다가 하백(물의 신)의 딸 유화를 만났어요.

이를 안 일곱 왕자와 군사들이 그를 뒤쫓았어요. 어느 큰 강 앞에 이르러 길이 막히자, 주몽은 강을 향해 소리쳤어요.

그녀는 해모수와 사랑에 빠져 도망을 쳤다가 해모수가 사라지자 아버지 하백에게도 쫓겨났어요. 금와왕은 유화를 데려와 궁중에서 살게 하였어요.

"나는 하느님의 아들이요, 하백의 손자다. 오늘 도망하고 있는데, 뒤쫓는 자가 있으니 어찌하면 좋겠느냐?"

어느 날 유화가 햇빛을 받고 임신하여 알 하나를 낳았는데, 그 알에서 남자아이가 태어났어요. 아이는 어려서부터 활을 무척 잘 쏘았고, 사람들은 '활을 잘 쏜다'는 뜻으로 아이를 주몽이라고 불렀어요.

그러자 강에 사는 물고기와 자라들이 다리를 만들어 강을 건너게 해 주었어요. 주몽은 졸본이라는 곳에 도읍을 정하고 나라의 이름을 고구려라고 했어요. 자신의 성도 고씨로 새로 지었고요.

진대법을 실시한 고국천왕

고국천왕은 고구려의 제9대 왕으로 고구려를 발전시킨 왕이에요. 키가 9척이나 되고 가마솥을 들 만큼 힘이 장사였으며 관용과 용맹을 펼친 왕이라고 해요. **을파소**라는 인물을 재상으로 등용하여 진대법을 실시하였으며, 아우에게 물려 주던 왕위 계승을 아들에게 물려 주는 **부자 상속**으로 바꾸었어요.

한사군(낙랑군)을 몰아낸 미천왕

고구려의 제15대 왕인 미천왕은 나라의 영토를 크게 넓힌 왕이에요. 고조선을 멸망시키며 한나라가 설치했던 한사군 중 남아 있던 **낙랑군**을 313년에 공격하여 **멸망**시키고, 다음 해인 314년에는 대방군을 공격하여 고구려의 영토로 삼았지요. 또 남으로 평양까지 세력을 넓히기도 하였어요.

불교를 받아들이고 율령을 반포한 소수림왕

고구려의 제17대 왕인 소수림왕이 왕위에 올랐을 때는 아버지인 고국원왕이 백제군에게 전사하는 등 나라가 큰 위기에 처한 시기였어요. 왕위에 오른 소수림왕은 불교를 받아들이고 주변의 나라들과 새롭게 외교 관계를 맺어 중국의 공격에 대비했어요. 또한 **태학을 설립**하여 학문을 발전시키고, **율령을 반포**하여 나라의 **법과 제도를 정비**하는 등 혼란한 나라를 안정시키고 고구려 부흥의 기틀을 마련했답니다.

고구려를 아시아 제국으로 만든 광개토대왕

광개토대왕은 고구려의 체제를 정비한 소수림왕의 조카이며 고국양왕의 아들로 이름은 **담덕**, 살아 있을 때의 칭호는 **영락대왕**이에요. 386년에 태자로 책봉되었다가 고국양왕이 죽자 18세에 왕위에 올랐어요. 여러 전쟁을 통해 고구려의 영토를 가장 크게 넓히며 고구려를 **동북아시아 최고의 강대국**으로 만들었답니다. 또한 신라에 원군을 보내 신라를 괴롭히는 왜구를 물리치는 데 큰 도움을 주었어요. 하지만 안타깝게도 413년, 39세의 젊은 나이로 세상을 떠나고 말았지요.

광개토대왕은 고구려의 영토를 어떻게 넓혔을까요?

백제를 정벌하여 남쪽으로 영토를 넓힘

392년 10월, 백제의 관미성을 일곱 방향에서 공격하여 20여 일 만에 어렵게 함락시켰어요.

395년, 백제가 고구려를 침공하자 광개토대왕은 친히 군사 7,000명을 거느리고 패수가에서 진을 쳐 백제를 크게 이겼어요.

396년, 백제 아신왕의 공격이 계속되자 광개토대왕은 수군을 이끌고 아리수(한강)를 건너 백제를 공격하였어요.

거란 정벌

395년, 광개토대왕은 친히 군사를 이끌고 거란 정벌에 나서 3개 마을, 600~700개의 병영을 격파했어요.

숙신(말갈족) 정벌

398년, 숙신(말갈족)을 정벌하고 막사나성, 가태라곡에서 남녀 300여 명을 잡아왔어요. 이때부터 다시 숙신은 고구려에 조공을 바치며 복종했답니다.

신라를 도와 왜 정벌

400년, 왜가 신라를 공격하자 신라는 고구려에 도움을 요청했어요. 광개토대왕은 군사 5만을 신라에 보내 왜(일본)를 무찔렀지요.

후연과의 대결 승리

402년, 후연의 숙군성을 함락시키고 요동 지역의 영토를 넓혔어요.

동부여 정벌

410년, 광개토대왕은 친히 군사를 이끌고 동부여를 정벌하여 64개의 성과 1,400개의 마을을 차지했어요.

영토 확장 지도

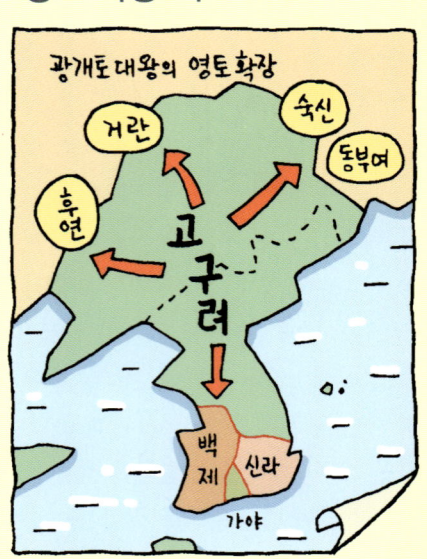

도읍지를 평양성으로 옮기고 남한강 유역을 확보한 **장수왕**

장수왕은 광개토대왕의 큰아들로 광개토대왕이 죽자 413년에 고구려의 제20대 왕이 되었어요. 414년에는 고구려 왕실의 정통성과 아버지 광개토대왕의 업적을 기리기 위해 광개토대왕비를 세웠고, 427년에는 국내성에서 평양성으로 수도를 옮겨 한반도 **남쪽으로의 진출**을 꾀했어요. 475년에는 3만의 군대를 거느리고 백제를 공격하여 백제의 수도 **한성(위례성)을 함락**시키고, 개로왕을 살해하기도 했지요.

수나라의 공격을 막아 낸 **영양왕**

고구려의 제26대 왕으로 평양왕이라고도 불러요. 왕위에 오른 뒤 중국 **수나라**와 두 차례 **전쟁**을 벌여 크게 승리했어요. 612년에 고구려의 명장 을지문덕이 수 양제가 이끄는 113만 대군을 물리친 살수대첩은 바로 수나라와의 두 번째 전쟁이었어요.

고구려의 역사서인 《유기》 100권을 편찬하게 하고, 《신집》 5권을 만들게 하는 등 **역사 편찬 사업**에도 노력을 기울였어요. 일본과도 교류하여 610년에는 담징, 법정 등을 보내 일본에 많은 문화적 영향을 주기도 했어요.

고구려의 마지막 왕 **보장왕**

고구려의 제28대 왕이에요. **연개소문의 추대**로 왕위에 올랐으나 권력을 가진 연개소문의 그늘에 가려 제대로 권력을 펴지 못했어요. 연개소문이 죽은 후 나·당 연합군의 공격으로 평양성을 빼앗긴 고구려는 멸망했고, 보장왕은 고구려의 마지막 왕이 되고 말았어요. 고구려의 유민을 모아 고구려 부흥 운동을 벌였으나 실패하고 유배되어 682년에 죽음을 맞고 말았어요.

【삼국 시대-고구려】
영토와 도읍지

졸본을 첫 도읍지로 삼아 나라를 세운 고구려는 진취적인 기상으로 영토를 크게 넓혀 동북 아시아를 주름잡았으며, 한반도 남쪽으로도 영토를 넓혀 갔어요.

고구려의 영토는 만주를 넘어서

졸본(현재 중국의 오녀산성)에 도읍지를 정한 고구려는 이후 **광개토대왕과 장수왕** 때 영토를 가장 크게 넓혔어요.

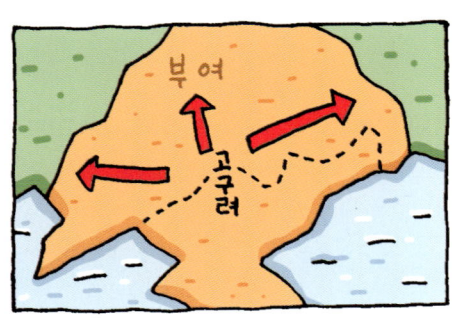

북쪽으로는 부여를 통합하고 북만주 지방까지, 서쪽으로는 랴오허 강 동쪽인 요동 지방까지, 동쪽으로는 지금의 연해주 지방까지 영토를 넓혔지요.

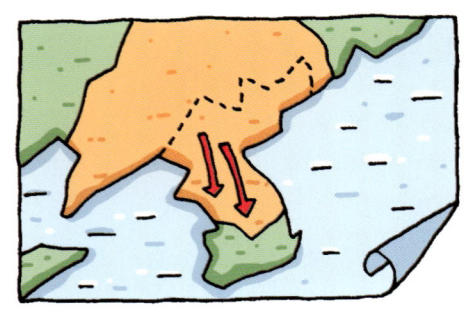

광개토대왕 때에는 한강까지 그리고 장수왕 때에는 한강 이남으로 진출해 지금의 충주 지방까지 영토를 확장했어요. 충주에 중원고구려비가 있답니다.

고구려의 첫 도읍지 졸본성

중국 **랴오닝성(요령성)의 환인**이라는 곳에 고구려의 첫 도읍지인 졸본성이 있어요. 중국에서는 이곳을 오녀산성이라고 부르는데, 정상이 뾰족하지 않고 편평하게 생긴 특이한 산이지요. 기원전 37년 주몽(동명성왕)이 고구려를 건국할 때부터 서기 3년 국내성으로 도읍지를 옮기기 전까지 고구려의 첫 도읍지였어요.

전성기의 도읍지 국내성

중국 **지린성(길림성) 남부**에 있는 **지안**은 고구려가 졸본성에 이어 도읍지로 삼은 곳으로 국내성이라고 불리던 곳이에요. 국내성으로 도읍지를 옮긴 후 고구려는 완전한 고대 국가의 모습을 갖추었고, 동북 아시아의 강대국으로 성장했어요. 지금도 광개토대왕비와 태왕릉, 장군총, 무용총 등 많은 고구려 유적들이 남아 있어요.

고구려의 마지막 도읍지 평양성

지금의 **북한 평양**에 고구려 후기의 도읍지였던 평양성이 있어요. 장수왕이 남쪽으로 영토를 넓히며 도읍지를 옮긴 것이지요. 대동강을 끼고 모란봉을 두른 기름진 곳으로, 고구려는 이곳에 성을 쌓고 도읍지로 삼았어요. 성문인 대동문과 을밀대 등 여러 유적지가 남아 있으며, 고구려가 멸망할 때까지의 도읍지였어요.

【삼국 시대 - 고구려】
정치

5개 부족의 우두머리가 모여 나라를 다스리던 고구려는 점차 왕이 여러 행정 기관을 두어 나라를 다스리는 방식으로 정치 제도가 변화했어요. 소수림왕 때 율령을 반포하며 나라의 통치 체제를 정비하여 전성기를 맞았어요.

초기의 정치 모습은 5부족 연맹체

고구려는 나라를 세우는 데 중심이 된 **5개의 부족**이 함께 **의견을 모아** 나라를 다스렸으며, 이를 5부족 연맹체라고 해요. 5부족의 부족장인 대가들은 각자 관리들을 두고 독립된 세력을 이어 갔는데, 점차 왕의 권력이 강해지며 연맹체의 성격은 약해졌어요. 5부족은 소노부, 계루부, 절노부, 관노부, 순노부인데 처음에는 5부족 중 가장 세력이 큰 소노부에서 왕위를 계승했고, 제6대 태조왕 때부터 계루부의 고씨가 왕위를 이어 갔어요. 고국천왕 때부터는 형에서 아우로 왕위가 계승되던 것이 아버지에서 아들로 이어지며 왕의 권력이 더욱 강해지게 되었지요.

부족장들의 제가 회의

고구려는 제가, 즉 **여러 부족의 족장이 모여** 제가 회의를 해 나라의 중요한 정책을 결정했어요. 귀족 회의라고 할 수 있지요. '나라에 감옥이 없으며, 죄인이 생기면 제가가 회의를 하여 곧 죽이고 그 처자는 노비로 삼았다.'는 제가 회의에 대한 기록이 남아 있어요.

5부족 연맹체에서 5부

후기에 들어와 영토가 넓어지자 중앙은 동·서·남·북·중(내)의 5부로 나누어 **대가**라는 부족장을 두어 다스리게 했으며, 지방 역시 5부 연맹체가 5부의 행정 구역으로 바뀌었어요.

지방의 장관 욕살과 도사

각 부 아래에는 여러 성이 딸려 있었어요. 부와 성마다 나라에서 관리를 보내 다스리게 했는데, 각 부의 최고 관리인 장관을 **욕살**, 성의 장관을 **도사**라고 불렀어요.

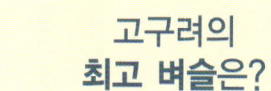

고구려의 최고 벼슬은 시대에 따라 달랐어요. 초기에는 좌보·우보라 하여 가장 높은 벼슬이 둘이었는데, 중간에 이것이 합쳐져서 국상이 되었고 후기에는 대대로라고 하였어요. 지금의 국무총리 같은 벼슬로 왕을 대신하여 나라의 행정을 맡아보았답니다.

[삼국 시대-고구려]
사회와 경제

고구려 사회는 귀족, 평민, 노비로 신분이 나뉘어 있었어요. 귀족들은 많은 땅과 재산을 갖고 노비를 부리며 농사를 짓게 하였고, 평민들은 경제적 형편에 따라 나라에 세금을 내야 했지요.

가난한 백성을 도와준 진대법

고구려에서는 가난한 백성들을 위한 특별한 제도를 실시했는데, 그것이 바로 진대법이에요. 식량이 부족한 3월부터 7월까지 나라가 백성들에게 곡식을 꾸어 주고 가을 추수 후인 10월에 갚도록 한 제도로, 우리나라에서 가장 처음 실시한 **빈민 구제 제도**였어요. **을파소**라는 재상이 임금께 건의하여 시행했으며, 진대법의 실시로 농민들은 보다 안정적인 생활을 할 수 있게 되었어요.

형편에 따라 낸 세금

조세는 나라의 살림을 위해 국가가 백성들에게 거두는 돈을 말해요. 즉 세금을 말하는 것이지요. 고구려에서는 1인당 베 5필에 곡식 5석, 유목민들은 3년마다 1번씩, 10인당 베 1필을 세금으로 내게 하였어요. 가구마다 **경제적 형편을 고려**하여 세금을 내게 했으며, 유목민에게는 생활 특성에 맞게 세금을 거두었답니다.

엄격한 고구려의 법률

고구려 사회는 **법률**이 무척 **엄격**하였어요. 기록에 의하면 반역자는 불로 태우고 목을 잘랐으며, 살인자와 전쟁에 패한 자는 목을 잘랐고, 도둑질을 한 자는 도둑질한 것의 12배를 물어야 했으며, 만약에 갚을 능력이 없거나 나라나 개인에게 빚을 갚지 못하면 그의 아들, 딸을 노비로 주어 보상하게 했다고 해요. 소나 말을 함부로 죽인 자는 노비로 삼았으며, 법률이 엄해서 길가에 떨어진 것도 함부로 줍지 않을 정도였대요. 그러다가 **소수림왕 때 율령이 반포**되어 보다 체계적으로 법이 집행되었어요.

나라를 위한 노동 부역과 군역

부역은 나라에서 백성들에게 **의무적**으로 나라를 위해 **노동**을 하게 하는 것이에요. 군역은 나라를 위해 군대에 복역하거나 군대에 관련된 노동을 하는 것이고요. 고구려는 평민들에게

일정 기간, 드는 전쟁 때와 같은 특별한 기간에 나라를 위해 부역과 군역의 책임을 지게 했어요.

신분은 귀족·평민·노비

고구려의 신분은 크게 귀족, 평민, 노비의 **3등급**으로 나눌 수 있어요. 귀족들은 원래 5부의 부족장 계층으로 중앙 집권화가 진행되면서 중앙 귀족이 되었지요.

평민은 세금을 내야 하는 의무가 있어 1인당 베 5필, 곡식 5석을 냈을 뿐만 아니라 각종 부역에도 동원되었어요.

노비는 귀족들이 소유한 재산처럼 취급받았으며, 귀족을 대신해 농사를 짓거나 귀족들이 시키는 일을 하였어요.

고구려의 농사와 철기 생산 및 직조

고구려가 처음 세워진 곳은 농사짓기에 적합한 곳이 아니었어요. 밭농사나 사냥, 가축을 키우며 생활했지요. 그러다가 군사력을 키워 옥저와 동예 등 서해를 끼고 있는 비옥한 지역을 점

령하여 **철로 만든 농기구**를 널리 보급하고, 많은 양의 소를 농사에 이용했어요. 농업과 함께 철제품의 수출과 옷감을 짜는 **직조 기술**의 발달도 산업에 도움을 주었어요.

[삼국 시대-고구려]
생활과 풍습

고구려가 나라의 첫 터전으로 삼은 도읍지는 산악 지역으로, 농사 짓는 땅이 부족해서 사냥과 전투가 중요한 삶의 수단이었어요. 사냥과 무예 모습이 벽화에 많이 그려진 것도 그 때문이랍니다.

독특한 혼례 풍속 데릴사위 제도

고구려의 결혼 제도는 데릴사위 제도예요. 남자가 결혼을 한 뒤 일정 기간 **처가에서 살다가** 남자 집으로 돌아와 사는 풍습을 말해요. 《삼국지위지동이전》에 보면 '고구려에서는 남녀 사이에 결혼 이야기가 이루어지면 여자의 집(친정) 뒤에 작은 집을 지어 딸과 사위를 살게 하고 거기서 자식을 낳아 자식이 크면 본가(남자의 집)로 가게 했다.'는 기록이 있는데, 이것이 바로 데릴사위 제도예요.

고구려에서는 노동력이 중요했는데, 신부가 결혼을 해서 갑자기 떠나면 신부의 집에서는 일손이 부족해지므로 이 같은 혼인 풍속이 생겼던 것이지요.

제천 의식이자 축제인 동맹

고구려에서 매년 10월에 연 제천 의식을 동맹 또는 동명이라고 해요. 제천 의식이란 하늘을 숭배하고 제사를 드리는 종교 의식을 말하는데, 농사를 생업으로 삼았던 부족 국가나 고대 국가에서 행해지던 중요한 행사였어요. 동맹은 고구려를 세운 주몽, 즉 동명성왕을 신으로 모셔 제사를 지내기도 하고 하늘과 땅과 곡식의 신에게 **제사**를 드리기도 했어요. 또한 노래와 춤, 놀이를 즐기는 **축제**이기도 하였고요.

동양의 고대 축구는 축국

축국은 **동양의 고대 축구**라고 할 수 있어요. 가죽 주머니 속에 동물의 털을 넣어 만들거나 돼지나 소의 오줌보에 바람을 넣어서 공처럼 차고 놀았지요. 고대 중국에서 임금이 병정을 훈련시키는 놀이로 축국을 시작했다는 전설이 있으며, 당나라 때 신라·고구려·백제에 전해져 일본에까지 퍼졌다고 해요. 당나라 책인 《당서》에는 '고구려 풍속에 사람들이 축국을 잘한다.'는 기록이 있고, 《삼국사기》, 《삼국유사》에 김춘추와 김유신이 축국을 했다는 기록이 남아 있어요.

남자들의 운동 경기 씨름

씨름은 우리나라의 전통적인 남자 운동 경기의 하나로 한문으로 각희, 각력, **각저**라고 해요. 넓은 마당에서 허리와 다리에 띠나 샅바를 두른 두 장정이 마주 꿇어 앉아 상대방 다리의 띠를 잡은 다음 심판관의 호령에 맞추어 동시에 일어나 먼저 상대방을 넘어뜨림으로써 승부를 결정하는 경기예요.

고구려의 벽화 고분에 남아 있는 씨름 모습

고구려의 두 번째 수도였던 중국 지린성 지안현에는 각저총이라는 벽화 고분(무덤)이 있는데, 이 무덤의 벽화에 씨름하는 그림이 그려져 있어 각저총이라고 부르게 되었어요. 이로 보아 씨름은 고구려 시대에 널리 행해지던 운동이었을 것으로 짐작하고 있답니다.

고구려의 교육 기관 태학과 경당

태학과 경당은 오늘날의 학교나 학원 같은 고구려의 교육 기관이에요. **태학**은 372년(소수림왕 2년)에 **국립 학교**로서 중앙에 설치되었는데, 우리나라 역사상 가장 처음 세워진 학교라고 볼 수 있어요. 상류 계급층의 자제들만이 입학할 수 있는 귀족 학교였으며, 유학과 문학·무예 등을 가르쳤어요.

경당은 고구려 때 평민의 자제들을 위하여 설립한 **사립 교육 기관**이에요. 혼인하기 이전의 지방 평민 자제들이 모여 경전을 외우고 사격술을 익히는 곳이었지요. 경당은 태학이 설립된 372년 이후, 특히 평양으로 도읍지를 옮긴 이후에 세워진 것으로 짐작하고 있어요.

장례 때 껴묻거리를 넣는 후장 풍속

고구려에서는 장례를 치를 때 여러 가지 껴묻거리(부장품)를 관 속에 넣는 후장 풍속이 있었어요. 후장이란 '**후하게 장례를 지내 준다.**'라는 뜻이며, 껴묻거리는 죽은 자를 매장할 때 함께 무덤에 묻는 물건을 말해요. 그 물건은 죽은 자가 생전에 입었던 옷이나 장신구, 평소에 아끼거나 좋아하던 물건 또는 죽은 자가 저승에서 필요하다고 생각되는 도구들이었어요.

[삼국 시대-고구려]

예술과 문화

고구려인들은 무예를 숭상하여 말 타기와 활쏘기를 무척 잘했어요. 그래서 고구려 미술에는 그런 고구려인의 씩씩한 정신과 기상이 담겨 있답니다.

힘차고 정열적인 고구려 예술

고구려인들은 무예를 숭상하여 말 타기와 활쏘기를 무척 잘했어요. 그래서 고구려 미술에서도 그런 고구려인의 **씩씩한 정신과 기상**이 담겨 있어요. 특히 지안에 있는 고분 벽화는 힘과 정열이 넘쳐 난답니다.

무용총의 수렵도

다른 민족들의 영향을 받아들여 발전시킨 고구려 특유의 미술

고구려는 삼국 중에서 가장 먼저 중국 대륙의 회화를 받아들였으며, 다른 여러 민족의 영향까지도 수용하여 고구려 특유의 미술을 발전시켰어요. 고구려의 미술 작품을 보면 활기찬 움직임과 씩씩한 기상, **풍부한 상상력과 자유로운 표현**을 느낄 수 있답니다.

오회분 제4호묘의 해신·달신도

고구려 예술을 대표하는 고분 벽화

'고분'은 옛 **무덤**, '벽화'는 **벽에 그린 그림**, 그러니까 옛날 무덤에 그려진 그림을 고분 벽화라고 해요. 고구려는 '고분 벽화의 나라'라고 할 정도로 고구려인들은 벽화를 그린 무덤을 많이 남겼어요. 자유롭게 상상력을 표현한 아름답고 뛰어난 벽화들이 많답니다.

오회분 제4호묘의 선인도

쌍영총의 인물도

주요 고분 벽화로는 중국 지린성에서 발견된 **무용총의 수렵도**, 평양직할시 호남리 **사신총**의 현무도, 황해도 안악 지방에서 발견된 **안악2호고분**의 비천도, 평안남도 대안시에 있는 **강서대묘의 사신도**, 남포직할시 용강군에 있는 **쌍영총의 인물도**, 중국 지린성의 **오회분 제4호묘**의 선인도, 해신·달신도 및 수레바퀴를 만드는 신 등을 들 수가 있어요.

강서대묘의 사신도 (현무)

고구려인의 소리 거문고

거문고는 오동나무와 밤나무를 붙여서 만든 울림통 위에 명주실을 꼬아서 만든 6줄을 매고 술대(막대)로 쳐서 소리를 내는 악기예요. 소리가 깊고 장엄하여 예로부터 '백악지장(백 가지 악기 중 우두머리)'이라 일컬었으며, 학문과 덕을 쌓은 선비들 사이에서 숭상되었어요. 《삼국사기》에는 중국 진(晉)나라에서 보내 온 칠현금을 **왕산악**이 본디 모양을 그대로 두고 그 제도를 많이 고쳐 만들었다고 기록되어 있는데, 1932년 지안에서 발굴된 고구려의 고분 벽화에 거문고의 원형으로 보이는 악기의 그림이 발견됨에 따라 거문고는 진나라 이전에 고구려에서 이미 만들어져 연주되었을 거라고 추측하고 있어요.

태양을 상징하는 새, 삼족오

쌍영총, 각저총, 덕흥리무덤, 안악3호고분, 장천1호고분, 무용총 등 고구려의 여러 벽화 고분에는 발이 세 개 달린 새 그림이 있어요. 그 새의 이름은 '삼족오'로 신화 속 상상의 동물이에요. 태양 속에 살면서 신과 인간을 연결해 주는 역할을 하는 신성한 새이지요. 옛날 동북아시아 사람들은 이 새를 태양이 인간에게 신비한 기운을 전해 줄 때 나타나는 태양의 다른 모습으로도 생각했어요.
특히 동북아시아의 강대국으로 군림했던 고구려는 건국 때부터 '천자의 나라' 즉 하느님의 아들의 나라라고 여겼기에 태양을 상징하는 삼족오를 무덤의 벽화에 그려 넣은 것이에요. 또한 벽화의 서쪽 면에는 달을 그렸고, 달에는 두꺼비를 주로 그려 넣었어요. 태양은 남성, 달은 여성을 상징한다고 생각하였지요.

고구려인의 미소를 보여 주는 금동 불상

지금까지 남아 있는 고구려 불상 가운데 가장 오래된 것은 **연가7년명 금동여래입상**이라는 금동 불상으로, 국보 제119호로 지정되어 있어요. 경남 의령에서 출토되었지만, 불상에 새겨진 '연가'라는 글자가 고구려의 연호라고 생각되어 고구려 불상이라고 짐작하고 있지요. 연가7년명 금동여래입상은 두꺼운 법의를 입어 몸이 전혀 나타나지 않으며 신비하면서도 은은한 미소를 띠고 있는데, 6세기 후반의 대표적인 고구려 불상이에요.

동양의 3대 미술품 중의 하나였던 금당벽화

일본 호류사에 그려져 있는 〈금당벽화〉는 동양 3대 미술품의 하나로 꼽히는 세계적인 걸작품이었어요. 이 금당벽화를 그린 사람이 바로 고구려의 이름 높은 화가이며 승려인 **담징**이지요. '벽화가 너무 아름답고 그 표현이 뛰어나 마치 살아 있는 부처님을 보는 듯했다.'는 평가를 받고 일본을 대표하는 문화유산이었던 금당벽화는 안타깝게도 1948년에 불에 타서 지금은 그 모습을 볼 수 없게 되었어요.

〈금당벽화〉를 그린 고구려 화가 담징 이야기

일찍이 출가하여 스님이 된 담징은 그림을 잘 그렸으며 많은 재능을 갖고 있었어요. 예술에 뜻을 둔 담징이 신라에 머물고 있을 때, 소문을 들은 일본이 담징 스님을 모셔 가려고 사람을 보냈어요.

담징은 망설인 끝에 백제를 거쳐 일본으로 건너갔어요. 예술에 대한 꿈을 품고 일본에 왔으나 담징의 마음은 언제나 조국인 고구려에 있었지요.

이즈음, 중국 수나라는 고구려가 돌궐에는 사신을 보내면서 수나라에는 사신을 보내지 않은 것을 핑계로 100만 대군을 이끌고 고구려를 공격했어요.

담징은 고구려로 돌아가고 싶었으나 일본과의 약속을 저버릴 수가 없었지요. 항상 조국을 위해 부처님께 기도하는데, 어느 날 일본 스님이 찾아왔어요.

"조금 있으면 일본에서 제일 큰 사원인 호류사가 완성됩니다. 부디 대사님께서 벽화를 그려 주십시오."

조국에 대한 걱정으로 아무 일도 할 수 없던 차에, 담징에게 고구려의 을지문덕 장군이 수나라를 크게 물리쳤다는 기쁜 소식이 전해졌어요.

담징은 온 정성을 다해 호류사의 벽화를 그렸지요. 그림에 그려진 부처의 모습은 모든 사람의 마음을 사로잡았어요.

"정말로 살아 있는 부처님 같아." "어쩌면 저렇게 훌륭할까!" 벽화를 본 사람들은 모두가 칭찬을 아끼지 않았고, 일본의 대표적인 문화유산이 되었지요.

그러나 안타깝게도 1948년에 호류사에 불이 나서 벽화는 불에 타 버렸어요. 지금의 금당벽화는 일본 화가가 담징의 금당벽화를 본떠서 그린 것이라고 해요.

[삼국 시대-고구려]
전쟁

고구려는 수나라와 당나라 등 중국 대륙을 통일한 강대국을 비롯해 주변의 여러 나라들과 크고 작은 전쟁을 치렀어요. 그렇지만 용감한 군사들, 뛰어난 작전, 우수한 무기들로 대부분의 전쟁들을 승리로 이끌고 나라를 지켜 냈지요.

30만 대군을 물리친
수나라와의 전쟁(1차)

국력을 키워 드넓은 만주 대륙의 주인이 된 고구려를 못마땅하게 여기던 나라가 있었어요. 300년 동안 남북으로 갈라져 있던 중국 대륙을 589년에 새로 통일한 수나라였지요. **수나라를 세운 문제**는 중국의 주인이 되자 그 세력을 넓히려고 했어요.

이때 고구려는 군사를 훈련시키고, 무기를 만드는 등 수나라의 침입에 대비를 하였는데, 평원왕에 이어 왕위에 오른 **영양왕**은 598년에 오히려 군사를 거느리고 요서 지방에 쳐들어가 수나라 군사와 맞붙었어요.

이에 수나라 문제는 30만 대군을 이끌고 고구려 원정에 나섰지만, 육군은 도중에 장마와 역병 등에 시달리고, 고구려의 평양성을 향하던 해군은 폭풍을 만나 모두 큰 피해만 입고 후퇴하고 말았어요.

113만 대군도 물리친 수나라와의 전쟁 (2차 : 살수대첩)

수나라의 문제에 이어 왕위에 오른 **양제** 역시 다시 고구려 원정에 나섰어요. 612년, 이번에는 113만이라는 어마어마한 대군을 거느리고서 말이에요. 그러나 수나라 군사들은 이번에도 을지문덕 장군의 뛰어난 지략과 고구려군의 철통 같은 방어에 고구려의 평양성을 정복하지 못했어요.

전쟁을 이기기 어렵다고 판단한 수나라는 군사를 돌렸어요. 한편 살수에서 기다리고 있던 을지문덕은 수나라 군대가 살수를 반쯤 건널 때까지 기다렸다가 공격을 퍼부었고, 수나라군 수십만 명이 목숨을 잃었지요. 이를 '**살수대첩**'이라고 불러요.

당나라 대군을 물리친 안시성 전투

고구려와의 전쟁에서 패한 수나라는 힘이 약해져 멸망을 하고, 중국에는 당나라가 들어섰어요. 수나라에 이어 중국 대륙을 통일한 당나라는 처음에는 고구려와 화친 정책을 폈지만, **당나라 왕 태종**이 아시아를 제패할 목적으로 645년에 대군을 이끌고 고구려를 공격했어요.

이때 고구려는 **연개소문**을 중심으로 군사들을 훈련시키며 당나라의 공격에 대비해 국방을 튼튼히 하고 있었어요. 당나라 대군은 새로 개발한 무기로 고구려의 여러 성을 함락시켰으나, **양만춘** 장군이 지키는 **안시성**은 함락시키지 못하고 있었어요.

안시성을 무너뜨리기 위해 50만 명을 동원해 60여 일 동안 흙으로 높은 산을 만들어 공격하였지만, 고구려 군사들의 눈부신 활약으로 모두 헛된 노력이 되고 말았지요.

【삼국 시대-고구려】
유물

고구려의 유물들 중 가장 대표적인 것은 큰 무덤이에요. 옛 무덤이라는 뜻으로 '고분'이라고 부르는데, 무덤 안에는 고구려인들의 우수한 예술성은 물론 생활과 생각까지도 엿볼 수 있는 소중한 유물들이 남아 있답니다.

동방의 피라미드 장군총

장군총은 고구려의 두 번째 도읍지였던 **국내성**(지금은 중국 지안시) 부근에 있는 많은 고구려 무덤 중에서 특히 눈길을 끄는 무덤이에요. 화강암을 **계단식**으로 네모나게 7층으로 쌓아 올려 마치 피라미드처럼 생겼기 때문이지요. 그래서 중국 사람들은 장군총을 '동방의 피라미드'라고 부른다고 해요. 높이가 12미터나 되고 맨 아래층의 길이가 30미터나 되는 거대한 장군총은 처음에는 광개토대왕의 무덤이라고 생각했는데, 광개토대왕비 옆에서 태왕릉이 발견되어 태왕릉을 광개토대왕릉, 장군총을 광개토대왕의 아들인 **장수왕의 무덤**으로 추측하고 있어요. 철근을 박아 넣었다거나 따로 기둥을 세운 흔적을 찾아볼 수 없는 고구려인의 우수한 건축술을 잘 보여 주는 문화재랍니다.

무용하는 그림이 그려져 있는 무용총

무용총 역시 고구려 두 번째 도읍지였던 **국내성 주변**에 있는 고구려 벽화 고분이에요. 벽화에 **무용하는 모습**이 그려져 있어 무용총이라고 부르게 되었지요. 무덤의 동쪽 벽에 그려진 악사들의 연주에 맞춰 무용수는 소매가 길고, 흰색 바탕에 검은색처럼 보이는 점무늬나 노란색 바탕에 붉은색 점무늬가 있는 옷을 입고 있어 당시 고구려인들의 옷차림새를 쉽게 짐작할 수 있어요.

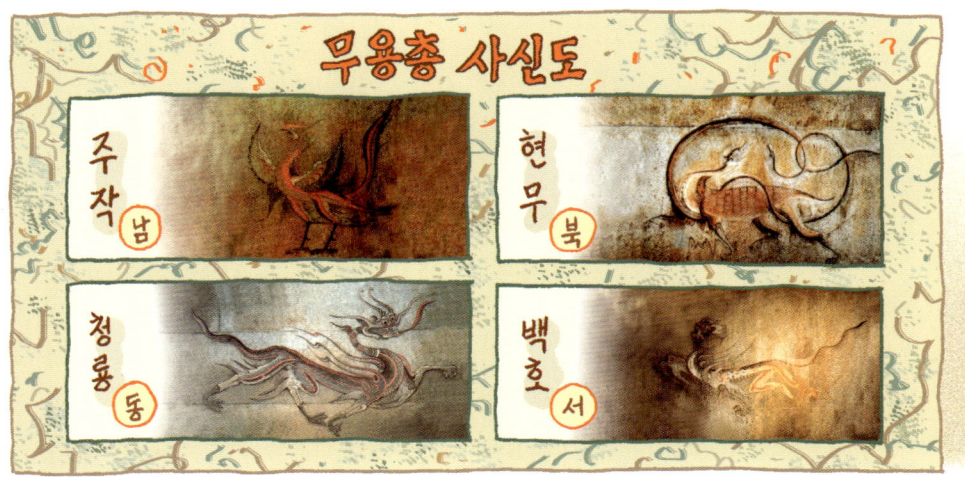

이 밖에 사냥을 하는 그림인 **수렵도**, 동서남북의 방위를 나타내고 우주를 지키는 네 마리의 상징적인 동물을 그린 **사신도**와 여러 인물과 풍속 그림들도 그려져 있어 고구려인들의 삶은 물론 그들의 정신 세계까지 엿볼 수 있답니다.

고구려인의 생활 모습을 생생히 보여 주는 안악3호고분

황해도 안악이라는 지방에서 발굴된 3개의 무덤 가운데 하나인 안악3호고분에는 무덤의 주인공이라고 짐작되는 사람과 그 사람 부인의 모습을 비롯해 부엌과 우물, 가축을 도살하는 도살실, 소를 키우던 우사, 마차를 넣어 두던 차고, 도끼를 든 무사의 그림, 수박이라고 부르는 고구려인들이 널리 행했던 격투기 그림과 기병과 보병, 악사 등이 행렬을 하는 그림이 무덤의 입구 벽이나 방의 벽마다 그려져 있어요.

고구려 역사를 알려 주는 광개토대왕비

광개토대왕비는 **국내성**이 있던 곳(태왕릉에서는 약 200미터, 그리고 장군총에서는 약 1킬로미터 정도 떨어져 있음)에 세워진 높이 6.39미터, 무게 37톤의 우리나라에서 가장 큰 비석이에요. 비석의 처음 부분은 고구려를 세운 주몽의 탄생에서 광개토대왕까지 왕위 계승에 대한 내용이 적혀 있고, 중간 부분은 광개토대왕이 영토를 확장하고 국경 정비 사업을 펼쳤다는 **광개토대왕의 업적**에 관한 내용이, 끝으로는 역대 왕의 왕릉을 지키는 무덤을 관리하는 사람에 대한 내용이 기록되어 있어요. 고구려 역사를 알려 주는 소중한 유물이지요.

고구려 남쪽 영토를 알려 주는 중원고구려비

1979년, 충청북도 **충주**에서 발견된 중원고구려비는 높이 203센티미터, 폭 55센티미터예요. 발견 당시에 비문이 심하게 훼손되어 있어서 그 비문을 탁본하여 내용을 살펴보았는데, 글자 중에 고려대왕(高麗大王)이라는 글자가 확실하게 나타났어요. 고려는 고구려를 뜻하며, 비문 중에는 고구려가 신라의 왕에게 의복을 보냈다는 내용도 있었어요.
글씨나 글에 고구려인의 독자적인 성격이 잘 나타나 있으며, 만들어진 시기는 423년 **장수왕 때**로 추측하고 있답니다.

【삼국 시대-고구려】

고구려인은 좋은 옷감으로 멋진 옷을 만들어 입었어요. 남자는 저고리와 바지, 여자는 저고리와 바지 그리고 치마를 즐겨 입었어요. 왕실이나 귀족층은 주로 화려한 색깔과 무늬의 비단옷을, 평민들은 무명과 삼베로 옷을 지어 입었지요.

일찍부터 발달한 옷감 짜는 기술

고구려는 일찍부터 상당한 수준의 옷감 짜는 기술을 지니고 있었어요. 또한 중국과의 무역을 통해 옷감을 수입하는 등 옷감에 많은 관심을 갖고 있었지요. **비단**을 생산하기 위해 왕이 직접 **누에 치는 일**을 권장했다는 기록도 있으며, 벽화에 베를 짜는 여인이 그려져 있는 것을 보아서도 이를 짐작할 수 있어요.

고구려 옷은 저고리와 바지가 기본

고구려 사람들은 남녀 모두 기본으로 저고리와 바지를 입었어요.

저고리는 남녀 모두 엉덩이를 덮을 정도로 길었으며, 너무 조이지도 헐렁하지도 않은 자연스러운 상태에서 허리띠로 매어 입었어요.

바지는 통이 약간 헐렁하여 자유로울 정도였고, 바지 끝을 잘록하게 좁혀 발목 부분에서 자연스럽게 매이게 했어요.

물방울 무늬나 마름모 무늬 등을 그려 멋을 표현하기도 했지요.

여성들은 저고리와 좁은 바지를 입다가 점차 저고리와 자락이 길고 폭이 넓은 치마를 입게 되었어요.

바지만 입거나 바지 위에 치마를 입기도 하고, 치마만 입기도 했어요. 치마의 종류도 짧은 치마, 주름치마 등 다양했으며 신분이 높을수록 긴 치마를 입었지요.

저고리 위에는 두루마기를 입기도 했어요. 두루마기는 저고리 위에 입는 겉옷이에요. 방한용, 예복용으로 입었는데, 주로 귀족들이 입었을 것으로 짐작하고 있어요.

귀족과 평민 옷의 차이점은 색과 통

고구려인은 귀족과 서민 모두 바지와 저고리를 즐겨 입었어요. 신분이 높을수록 저고리의 소매통이나 바지통이 넓어졌지요. **귀족**은 화려한 **비단옷**을 입었고, **평민**들은 단순한 **삼베옷**을 입었을 것이라고 벽화 등을 통해 짐작한답니다.

신분에 따라 다른 모자

고구려를 비롯한 삼국 시대에는 모자도 신분에 따라 차이가 있었어요. **왕족**들만 금관을 썼고, **귀족**들은 등급에 따라 푸른 비단, 붉은 비단으로 만든 모자 등을, **관리**들은 뿔이 난 듯한 모자 등을 썼으며 **평민**들은 검은 머릿수건을 했답니다.

[삼국 시대-고구려]

음식

고구려는 비옥한 영토가 많지 않았기 때문에 곡식만을 주식으로 하기보다는 사냥을 해서 잡은 고기를 곡식과 함께 먹었어요. 쌀은 매우 귀해서 주로 귀족들이 먹었으며, 일반 백성들은 콩·조·보리·밀 등을 먹었어요.

주로 먹은 것은 곡식과 고기, 가끔은 해산물

고구려는 백제나 신라와 비교할 때 비옥한 영토가 많지 않았기 때문에 사냥해서 잡은 육류, 즉 고기를 곡식과 함께 먹었어요. **곡식**으로는 쌀·보리·콩·조·밀 등이 있었으며, 사슴과 멧돼지 등의 야생동물 **고기**를 주로 먹었지요. 또한 고구려 초기에는 해안 쪽에 거주하는 부족을 정복해서 그들에게 공납으로 받은 **해산물**도 식생활에 이용했어요.

귀족들만 먹은 쌀

고구려에는 농사를 지을 만한 비옥한 땅이 많지 않아 귀한 **쌀**은 주로 **귀족**들이 먹었어요. 일반 **백성**들은 **콩, 조, 보리, 밀** 등이 주요한 곡식이었지요. 백성들 대부분은 보리나 조, 콩 등의 잡곡밥과 간단한 반찬 정도를 먹었지요.

식생활 도구 디딜방아와 시루

안악3호고분 벽화의 **시루**로 음식을 간드는 모습, **디딜방아**로 곡식을 으깨는 모습과 약수리고분 벽화의 키질하는 모습을 보면 곡식류가 고구려인에게 가장 중요한 식량이었고, 디딜방아와 시루 등이 중요한 식생활 도구였음을 알 수 있어요.

고구려인이 먹은 불고기 맥적

중국의 《수신기》라는 책에는 맥반이라는 식탁과 맥적이라는 음식이 귀족 집안과 부잣집 잔치에 즐겨 나왔다는 기록이 있어요. 여기서 **맥적**은 지금의 불고기 같은 것으로 고구려의 대표적인 고기 음식이라고 짐작하고 있어요.

김치도 먹지 않았을까?

고구려에서 재배된 채소로는 부루와 아욱이 전해져요. 부루는 천금채라고도 하며 수나라에서도 그 종자를 얻으려 했다는 기록이 있어요. 그 밖에 쑥, 무, 오이 등을 재배했어요. 또 삼국지 《위지 동이전》이라는 책에 '고구려인은 채소를 먹고 술빚기, 장·젓갈 담기에 능하다.'라는 기록으로 미루어 김치도 먹었을 것으로 짐작하고 있어요. 물론 고춧가루 없이 소금에 절인 것이었겠지요.

차좁쌀로 만든 술 곡아주

고구려인들은 평소에 **차좁쌀**로 밥을 지어 먹기도 했지만, **술**을 만드는 데도 차좁쌀은 좋은 재료가 되었어요. 차좁쌀로 만든 술을 곡아주라고 해요.

[삼국 시대-고구려]

집

고구려의 생활 무대는 주로 추운 지역이어서 추위를 이기기 위해 방 안 전체가 아니라 일부분에만 구들을 설치하는 쪽구들을 만들었어요. 귀족들은 기와집을, 서민들은 초가집을 짓고 살았고요.

귀족들이 살던 기와집

고구려의 귀족들은 화려한 기와집에서 살았어요. 집안에 부경이라는 창고를 두어 곡식과 식생활에 필요한 물품을 가득 보관했으며, 부엌, 우물, 고기 창고, 수레 창고, 방앗간 등 **용도에 따른 공간**이 있었어요. 남녀가 사는 건물이 구분되어 있었고, 연못과 활쏘기를 연습할 수 있을 정도의 마당, 노비들이 잠자는 장소도 따로 있었답니다.

서민들이 살던 초가집

귀족들은 기와집을, 가난한 사람들은 초가집을 짓고 살았어요. 북쪽 사람들은 겨울철 추위를 막기 위해 무덤처럼 굴을 파고 지하에서 살기도 하였지요. 그렇지만 고구려 서민들의 집에는 **쪽구들**이 있어서 집을 따뜻하게 했어요. 물론 집의 내부에는 여러 건물들이 없고, 마구간이나 창고 정도가 따로 만들어졌을 뿐이지요.

추운 겨울을 따뜻하게 해 준 온돌

고구려인들은 온돌이라는 것을 만들어 추위를 이겨 냈어요. 《구당서》의 〈고구려전〉에 '고구려에는 가난한 사람이 많았는데, 이들은 추운 겨울에 **긴 굴**을 만들고 밑에 불을 때어 따뜻하게 했다.'는 온돌에 관한 기록이 있어요.

귀족들은 평상과 마루

고구려인들이 처음부터 온돌을 사용한 것은 아니었어요. 고구려 귀족들의 생활을 보여 주는 벽화에 **평상이나 마루** 등에서 주로 생활하는 모습이 표현된 것을 보면 온돌이 그렇게 일반화되지 않았음을 알 수 있지요.

서민들의 온돌식 난방법

귀족들보다는 서민들이 온돌식 난방법을 사용했어요. 허름한 집에 사는 서민들에게는 추위를 이길 수 있는 난방이 절실했기 때문이에요. 온돌은 삼국 시대에 들어와 고구려에서 먼저 사용하였고, 점차 남쪽으로 퍼져 나갔지요.

고구려인들의 온돌 방법 쪽구들

고구려인들이 주로 사용한 온돌 방법은 쪽구들이었어요. 지금처럼 방 전체에 구들장을 놓은 것이 아니라, **잠을 잘 공간만 온돌**로 꾸몄는데, 이를 쪽구들이라고 해요.

【삼국 시대-고구려】
과학과 기술

고구려인들은 돌과 철을 다루는 기술이 뛰어났어요. 중국 대륙을 정복한 국가들이 고구려를 쉽게 꺾지 못한 것은 과학적으로 설계된 튼튼한 성 때문이었어요.

과학적으로 설계한 고구려의 성

중국 대륙을 정복한 나라들이 수많은 대군과 우수한 무기들을 갖고도 고구려를 쉽게 점령하지 못한 것은 고구려의 **튼튼한 성** 때문이었어요. 고구려의 성은 고구려인들이 지혜를 써서 만든 과학적으로 매우 뛰어난 성이었어요.

고구려성의 특징 – 치성·옹성

치성
치성은 성벽을 돌출시켜 전방 및 좌우 방향에서 접근하는 적과 성벽에 붙은 적을 방어하기 위한 요새로서 凸 모양으로 만들었어요. 꿩(雉:치)이 제 몸을 숨기고 엿보기를 잘하는 까닭에 치성이라고 이름 지어졌답니다.

옹성
성문은 적군에게 공격당하기 쉽기 때문에 성문 외부에 성문을 보호하기 위한 이중의 성벽을 쌓았어요. 이것을 옹성이라고 하는데, 반으로 쪼개진 항아리 같은 모양이라서 붙여진 이름이에요.

1,500년 동안 보존된 고구려 고분 벽화의 비밀

고구려 고분 벽화가 1,500년이 넘는 오랜 세월 동안 제 모습을 간직할 수 있었던 것은 고구려인들이 벽에 그림을 그리기 위해 사용했던 접착제와 색이 변하지 않는 염료 때문이라고 해요.

우리나라 벽화들은 대부분 돌로 된 벽면에 회를 칠하고 그 위에 그림을 그리는 방식으로 그려졌어요. 그런데 이처럼 회 칠한 벽에 그려진 그림들은 조금만 습기가 차도 회벽이 떨어져 나가 원래의 그림이 지워지거나 훼손되는 경우가 많았어요.

그래서 고구려인들은 **과학적인 지식**을 동원해 오래도록 **변하지 않는 방법**을 개발했어요. 무덤 안의 밝기, 습도, 그리고 겨울과 여름의 온도 차이, 돌로 된 무덤을 덮는 흙의 두께, 이슬이 맺혀도 지워지지 않는 재료 등을 연구했던 것이에요.

그렇게 연구에 연구를 거듭하여 습기가 차 있는 벽면에 칠한 색이 잘 달라붙도록 만드는 접착제를 발견했어요. 동물의 뼈로 만든 아교나 해초를 달인 것 등을 이용해서 말이에요. 그래서 지금까지도 원래의 색채를 그대로 유지하고 있는 것이지요.

오히려 현대에 와서 그림을 보수한다며 화학 약품을 사용하고, 무덤에 조명을 쓰거나 환경을 바꿔 그림이 훼손되었다고 하니, 요즘의 기술이 예전 우리 조상들의 솜씨와 과학에 못 미치나 봐요.

[삼국 시대-고구려]
인물

고구려에는 을지문덕·양만춘·연개소문 같은 영웅들과 을파소처럼 백성들을 잘 돌보고 나라를 잘 다스린 정치가, 거문고를 만든 왕산악과 세계적으로 뛰어난 그림을 그린 담징 같은 예술가 등 훌륭한 인물들이 많았답니다.

진대법을 실시한 명재상 을파소

살수대첩 승리의 주인공 을지문덕

612년(영양왕 23년)에 수나라가 113만의 대군을 이끌고 고구려를 공격했어요. 을지문덕 장군은 거짓으로 항복해 적진으로 들어가서 실상을 알아낸 후 탈출했는데, 도망가는 척하며 추격하는 적군을 유인했지요. 이때 장군은 적장 우중문에게 그만 수나라로 돌아가라는 내용의 시를 보냈어요. 우중문이 술수에 빠진 것을 깨닫고 군사를 돌리자, **살수**라는 곳에서 **수나라의 대군을 무찔러** 크게 승리했답니다.

호류사 〈금당벽화〉를 그린 담징

고구려의 **승려**이며 이름난 **화가**이기도 한 **담징**은 610년(영양왕 21년)에 백제를 거쳐 일본에 건너가 불법을 가르치고 그림을 그리며 맷돌, 종이, 먹 등의 제조법을 가르쳤어요. 그가 일본 호류사에 그린 〈금당벽화〉는 동양 3대 미술품의 하나로 꼽히는데, 1948년에 안타깝게도 불에 타서 사라지고 말았어요. 1989년에는 같은 호류사 5층탑 벽화의 덧그림 밑에서 그가 그린 화려한 〈관음보살상〉이 1,300년 만에 발견되었답니다.

고구려의 자존심을 지킨 연개소문

연개소문은 강화에서 태어나 자랐다고 하며 15살에 아버지에 이어 대대로의 벼슬에 올랐어요. 642년, 대신들이 자신을 제거하려 하자 잔치를 베풀어 대신들과 영류왕을 죽이고, 보장왕을 왕위에 오르게 한 뒤 스스로 대막리지라는 최고 벼슬에 올랐어요. 이를 빌미로 당나라 태종이 고구려를 침입하자, 양만춘을 시켜 안시성 전투에서 당나라 대군을 무찌르고, 당나라 군대의 보급로였던 장산군도(현재 대련 주위)의 해상을 장악해 승리를 이끌었어요. 그 후에도 4차례에 걸친 당나라의 침입을 모두 막아 내 **어려운 시기에 고구려의 자존심을 지킨 영웅**이 되었답니다.

실크로드를 지배한 고선지

고선지는 '**동양의 알렉산더**'라고 칭송 받는 고구려 출신의 당나라 장군이에요. 747년 3월에 5,000미터가 넘는 세계의 지붕 파미르 고원을 넘어서 소발률국을 점령하는 큰 승리를 거두었고, 제1차 원정으로 서역 72개 나라의 항복을 받아 냈어요. 그리고 750년에 제2차 서역 원정에 나서서 타시겐트를 정복했는데, 안녹산의 난이 일어나자 반란 진압에 나섰다가 당나라 신하들의 모함을 받아 755년에 처형당하고 말았어요. 영국의 역사학자 스타인은 고선지의 원정에 대해 '**파미르 고원을 넘은 것은 나폴레옹이 알프스를 넘은 것보다 더 위대한 일**'이라고 평가했지요.

거문고의 달인 왕산악

거문고를 만든 고구려의 왕산악, 가야금을 만든 신라의 우륵, 궁중 음악을 정리한 조선의 박연은 **우리나라의 3대 음악가**로 꼽혀요. 왕산악은 노래와 춤, 악기에 능할 뿐만 아니라 고구려 제24대 양원왕 때 국상에 올라 나랏일을 보기도 하였어요.

삼국 시대
백제

고구려와 함께 삼국 시대를 열어 간 백제는 고구려를 세운 동명성왕의 아들인 온조가 한강 유역에 세운 나라였어요.
일찍부터 불교와 앞선 문물을 받아들이고 기름진 땅에서 나라의 살림을 살찌워 과학과 기술을 발달시키고 우수한 문화를 꽃피웠지요. 바다 건너 외국들과 적극적인 외교 관계를 펼쳤으며, 일본에 우수한 문화를 전해 주기도 하였답니다.

[삼국 시대-백제]
왕

한강 남쪽 땅에 도읍지를 정하고 처음으로 나라를 세운 온조왕을 시작으로, 고대 국가의 기틀을 다진 고이왕, 영토를 크게 넓히고 일본에 문물을 전해 준 근초고왕, 약해진 나라의 힘을 다시 키운 무령왕 등 모두 31명의 왕들이 백제를 이끌었어요.

백제를 세운 온조왕

온조는 고구려를 세운 **동명성왕의 셋째 아들**이에요. 고구려에서 형인 비류와 함께 신하들을 이끌고 남쪽으로 향하다가 한강 남쪽 땅에 **위례성**이라는 성과 궁궐을 짓고 새로운 나라를 세웠어요. 후에 형인 비류왕이 죽자 비류왕을 따랐던 백성들이 온조에게로 와서 나라의 이름을 '모든 백성이 즐거워하는 나라' 라는 뜻으로 백제라고 지었어요.

온조왕의 백제 건국 신화

고구려를 세운 동명성왕에게는 두 아들이 있었어요. 큰아들은 비류이고, 둘째 아들은 온조였지요.

그런데 어느 날 불쑥 그들 앞에 '유리' 라는 그들의 형이 나타났어요. 친형이 아니라 아버지가 자신들의 어머니인 소서노와 결혼하기 전, 부여에서 살 때 결혼을 해서 낳은 아들이었지요.

얼마 후 유리가 태자의 자리에 올랐어요. 이에 비류와 온조 두 왕자는 남쪽으로 내려가서 새 나라를 세우기로 했어요.

남쪽으로 내려오던 두 왕자와 신하들은 북한산에 올라 새 나라를 세울 만한 곳을 찾아보았어요. 그러자 백성들이 살기도 좋고 나라를 세우기도 알맞은 강의 남쪽 땅이 한눈에 들어왔지요.

신하들은 이곳에 나라를 세우자고 했지만, 평소 바닷가에서 살고 싶어 했던 비류 왕자는 아우인 온조와 헤어지고 바다와 가까운 서쪽 미추홀(지금의 인천)로 향했어요.

아우인 온조는 열 명의 신하들과 함께 한강 남쪽 땅에 나라를 세웠어요. 성과 궁궐을 지어 위례성이라 했으며, 나라의 이름을 '십제' 라고 했지요. 열 명의 신하와 함께 와서 나라를 세웠다는 뜻으로 지은 이름이에요.

바다가 가까운 미추홀로 간 비류는 땅에 습기가 많고 물이 짜서 하루도 편하게 살 날이 없었어요.

고생하는 백성들을 생각하며 근심에 싸여 있던 비류가 동생 온조가 사는 위례성을 방문했어요. 온조가 나라를 세운 위례성은 도읍이 안정되고 백성들이 모두 편하게 잘 살고 있었지요.

비류왕은 미추홀에 돌아와 백성들을 힘들게 한 자신의 행동이 부끄러워 후회하다가 스스로 목숨을 끊고 말았어요.

비류가 죽자 그를 따르던 백성들이 십제의 위례성으로 향했고, 온조는 '백성들이 위례성으로 오면서 모두 즐거워했다.' 하여 나라 이름을 '백제' 라고 바꾸었어요. 이때가 기원전 18년이에요.

마한의 여러 부족을 통합한 고이왕

백제가 세워지기 전 한반도 남쪽에는 이미 마한이라는 나라 안에 여러 부족 국가들이 있었어요. 백제의 제8대 왕이었던 고이왕은 마한의 여러 부족 국가들을 통합하고 한강 유역을 차지하면서 백제를 **고대 국가로 성장**시켰어요. 넓어진 영토를 다스리기 위해 관직의 등급을 매기고 등급에 따라 옷의 색깔을 정했지요. 또 나라의 **법을 만들고 세상에 알려** 국가의 기틀을 마련하였어요.

영토를 크게 넓힌 근초고왕

근초고왕은 백제의 제13대 왕으로 고구려를 포함한 주변의 여러 나라들을 공격하여 사방으로 영토를 넓히고, **역사서 《서기》를 편찬**하는 등 **왕의 권한을 크게 강화**했답니다.

고구려의 평양을 공격하여 고국원왕을 전사시키고 고구려를 위기에 빠뜨렸어요. 또한 중국 동진과 국교를 맺고, 신라에는 여러 차례 사신을 보내며 말을 선물하기도 하였지요. 그리고 중국 남조의 문화를 받아들여 **문화를 발전**시켰으며, 발전된 백제의 문물을 일본에 전해 주었어요.

고구려에게 한강 유역을 빼앗긴 개로왕

개로왕은 백제의 제21대 왕으로 고구려에게 빼앗긴 땅을 되찾으려고 애썼어요. 하지만 광개토대왕의 아들 장수왕이 보낸 고구려의 첩자 도림의 말에 속아 대규모의 토목 공사를 벌이는 등 당장 급하지 않은 일에 힘을 쓰다가, 도성으로 쳐들어온 고구려군에게 크게 패해 죽임을 당하고 말았어요. 그 때문에 백제는 **수도인 한성(위례성, 지금의 서울)을 잃었고**, 개로왕의 아들 문주왕은 웅진(지금의 공주)을 새 수도로 삼았어요.

신라와 동맹을 맺은 동성왕

제24대 동성왕은 어수선한 나라를 바로잡기 위해 많은 노력을 했어요. 금강 지역의 새로운 세력을 등용하여 한성에서 이동해 온 귀족 세력과 힘의 균형을 이루게 했고, 고구려의 공격에 대비하여 **신라와 동맹**을 맺었어요. 또한 중국의 남제에 사신을 보내 중국 대륙과의 외교 관계를 개선했지요. 그렇지만 말년에 신하들의 말을 무시하고 궁궐 동쪽에 임류각이라는 정자를 화려하게 짓고 밤새도록 잔치를 벌이는 등 **방탕한 생활**을 하다가 왕에게 불만을 품은 신하 백가가 보낸 자객에게 죽임을 당하고 말았답니다.

무령왕릉의 주인 무령왕

무령왕의 이름은 **사마**. 동성왕에 이어 백제 제25대 왕위에 오른 인물이에요. 《삼국사기》에는 '키가 8척이고 얼굴이 그림 같았다.', 《양서》에는 '풍채가 아름답고 얼굴이 그림 같았다.' 라는 기록도 있지요. 백제의 국력을 키워 **기울어 가던 나라를 다시 일으켜 세운 왕**으로 평가하고 있답니다.

나라의 중흥을 위해 도읍지를 옮긴 성왕

무령왕에 이어 왕위에 오른 제26대 왕인 성왕은 백제의 중흥과 왕권 강화를 위해 사비(지금의 부여)로 도읍지를 옮겼어요. 그리고 **나라의 이름을 '남부여'로** 고쳐 부여족의 후손임을 강조하고, 중국 남조와 활발하게 교류하면서 문물을 받아들였어요.

서동요의 주인공 무왕

제30대 무왕은 왕위에 올라 신라의 서쪽 변방을 공격하여 신라를 괴롭혔으며, 귀족들의 세력을 눌러 **왕의 힘을 키우고** 백성들의 뜻을 모으기 위해 많은 노력을 기울였어요. 왕의 힘을 과시하기 위해 수도인 사비에 '궁남지' 라는 인공 호수와 섬을 만들고 '왕이 흥하라.' 는 뜻의 '왕흥사' 라는 절을 완성했지요. 또 익산에는 당시 동양 최대의 사찰인 미륵사를 짓도록 하였답니다.

백제의 마지막 왕 의자왕

백제의 마지막 왕은 제31대 왕인 의자왕이에요. 젊을 때는 직접 군대를 거느리고 전쟁터에 나가 미후성 등 여러 성을 함락시키고, 장군 윤충으로 하여금 군사 1만 명을 거느리고 신라의 대야성을 공격해 함락시키는 등 신라에게 빼앗긴 백제의 잃어버린 땅과 명예를 되찾기 위해 노력했어요. 하지만 늙어서는 충신의 말에

귀를 기울이지 않고 사치하며 방탕한 세월을 보냈지요. 그러다가 결국 660년, 신라와 당나라 연합군에게 항복해 **백제의 마지막 왕**이 되고 말았어요.

[삼국 시대-백제]
영토와 도읍지

한강 유역에 위례성을 쌓고 도읍지를 삼은 백제는 나라의 중흥을 위해 웅진과 사비로 두 번이나 도읍지를 옮기기도 하였어요.

백제의 영토는 한반도의 중부와 남서부

온조왕이 한강 지역에 위례성을 쌓고 나라를 세운 뒤, 주변의 마한 지역을 점령하며 고대 국가로 성장하기 시작했어요.

또한 근초고왕은 마한을 완전히 통합하여 그 세력이 오늘날의 전라도 남해안까지 미치기도 했지요. 그래서 경기도와 충청도, 전라도 전 지역과 황해도와 강원도 일부 지역을 영토로 삼았어요.

근초고왕(346~375년) 때 한사군의 하나인 진번군에 속했던 지금의 황해도 지역을 확보하고, 고구려의 평양성을 공격해 고국원왕을 살해하며 평양성 부근까지 백제의 영토를 넓히기도 했어요.

5~6세기를 지나며 고구려의 광개토대왕과 장수왕, 신라의 진흥왕에게 밀려 한강 유역을 빼앗기면서 충청도와 전라도 지역을 중심으로 영토를 유지하게 되었어요.

첫 도읍지 한강 위례성(한성)

백제의 첫 도읍지는 **한강 부근**에 세운 위례성이에요. 역사학자들은 위례성의 위치를 '경기도 하남시 춘궁리 일대', 올림픽공원 옆 '몽촌토성', 한강을 바로 옆에 끼고 있는 풍납동의 '풍납토성' 세 곳 중 한 곳이라고 예상하고 있었는데, 발견된 유물의 수와 종류를 통해 풍납토성이라는 주장이 큰 힘을 얻고 있어요.

중흥기의 도읍지 웅진

장수왕이 이끄는 고구려군에게 서울을 빼앗긴 백제는 도읍지를 웅진, 즉 **지금의 충청남도 공주**로 옮기게 되었어요. 금강의 줄기와 공주 시가지가 한눈에 들어오는 요새 같은 공산성에 바로 백제의 왕궁

터가 있었지요. 공산성과 공주는 64년이라는 짧은 기간 동안만 백제의 도읍지였지만, 무령왕릉을 비롯한 송산리 그분군을 중심으로 백제의 우수한 문화유산이 많이 남아 있답니다.

마지막 도읍지 사비

백제의 성왕이 고구려의 공격에 대비해 방어를 목적에 두고 다음 도읍지로 옮긴 곳이 바로 사비, **지금의 부여**예요. 공주처럼 금강을 끼고 있는 곳이지요. 무왕이 왕의 힘을 과시하기 위해 세운 인공 호수인 궁남지와 정림사지오층석탑 등 백제의 문화적 수준을 알 수 있는 유적들과 함께, 삼천 궁녀가 몸을 던졌다는 낙화암이 있는 부여는 백제가 신라와 당나라의 연합군에게 멸망할 때까지 160년 동안 백제의 마지막 도읍지였어요.

[삼국 시대-백제]

정치

백제는 처음에 고구려의 정치 체도를 따라 5부 체제로 나라를 다스렸지만, 영토를 넓히며 6좌평 제도와 16관등 제도를 두어 삼국 중 가장 앞서서 행정 조직을 정비하였어요.

초기의 정치 제도는 5부제

백제는 나라를 세우고 처음에는 고구려의 행정 제도를 따랐어요. 고구려의 5부족 연맹체가 발전하여 5부 체제로 행정 구역을 둔 것처럼 말이지요. 중앙은 재상 격인 **좌보와 우보**에 의해, 지방은 동·서·남·북부와 도성 주변의 중부를 합쳐 **5부 체제**로 나라를 운영했어요. 좌보와 우보를 비롯해 5부의 우두머리에는 왕족이나 귀족이 임명되었어요. 한번 임명되면 죽을 때까지 그 자리에 있었으며, 전임자가 죽은 후에 후임자가 그 뒤를 이었다고 해요.

삼국 중 가장 먼저 정비한 행정 조직

나라의 건국부터 시작된 좌·우보와 5부 체제는 고이왕 27년(260년)까지 223년 동안 지속되다가 고이왕 때 이르러 나라의 영토가 넓어지면서부터 바뀌게 되었어요. 중국 주나라의 육전 제도를 본떠 **6좌평 제도와 16관등 제도**를 두었지요. 삼국 중에서 백제가 가장 앞서서 제도를 정비한 것이에요.

나라의 중요한 일을 책임진 6좌평

왕명 출납을 담당하는 비서실장 격인 **내신좌평**

물자와 창고에 관한 일을 맡아 하는 **내두좌평**

예법과 의식을 주관하는 **내법좌평**

숙위병사 및 중앙 군사에 관한 일을 책임지는 **병관좌평**

대궐의 숙위와 병사를 맡아보던 **위사좌평**

형벌과 감옥의 일을 담당했던 **조정좌평**

관료들의 등급을 16단계로 나눈 16관등제

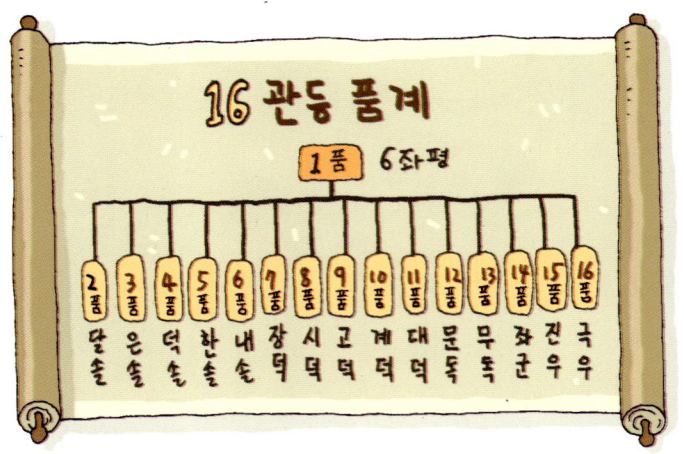

여섯 좌평을 1품으로 하여 그 아래 15품계가 설치되었는데 2품은 달솔, 3품은 은솔, 4품은 덕솔, 5품은 한솔, 6품은 내솔, 7품은 장덕, 8품은 시덕, 9품은 고덕, 10품은 계덕, 11품은 대덕, 12품은 문독, 13품은 무독, 14품은 좌군, 15품은 진무, 16품은 극우라 했어요. 이를 '16관등제'라고 불러요.

중앙의 행정 조직 22부

백제는 이와 같은 관등제를 기반으로 중앙과 지방의 행정 및 군사 조직이 짜였는데, 중앙의 22부와 지방의 22담로가 그것이에요. 중앙의 22부는 **내관 12부**와 **외관 10부**로 구성되었으며, 내관은 궁정과 왕실의 업무를 맡은 관청, 외관은 일반 행정 업무를 맡은 기관이었어요.

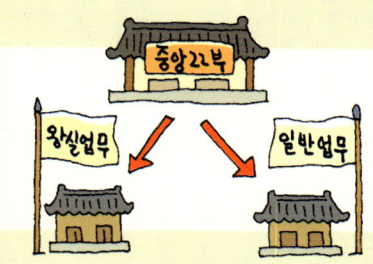

내관 12부

- 왕실 업무와 왕명 출납을 관장한 **전내부**
- 곡물과 관계되는 일을 맡은 **곡부**
- 육류와 관계되는 일을 맡은 **육부**
- 왕실의 창고 업무를 맡은 **내경부**와 **외경부**
- 왕실 및 궁궐에 이용되는 말을 관리하는 **마부**
- 궁 안의 무기 관리를 맡은 **도부**
- 불교 사원을 관리하는 **공덕부**
- 약의 제조와 치료를 관장하는 **약부**
- 궁궐 및 왕실에 소요되는 목재를 관리하는 **목부**
- 의장 관계 및 율령 관계를 담당하는 **법부**
- 왕의 후궁 및 궁녀에 관계되는 일을 맡아보는 **후궁부**

외관 10부

- 군사 및 병마 관계를 맡은 **사군부**
- 교육을 맡은 **사도부**
- 토목과 재정 관계를 맡은 **사공부**
- 형벌 업무를 맡은 **공관부**
- 호구 및 노동력 징발을 맡은 **점구부**
- 사신 접대를 맡은 **객부**
- 관료의 인사 관계를 맡은 **외사부**
- 직물 제조를 맡은 **주부**
- 천문 관계를 맡은 **일관부**
- 시장 업무와 도시간의 무역 관계를 맡은 **도시부**

지방의 행정 조직 22담로

지방의 22담로 제도는 5부 체제가 해체되고 6좌평 16관등제가 실시된 이후에 설치되었어요. 설치한 시기는 대체로 근초고왕 때로 보지만 고이왕 때 중앙 집권화를 목적으로 한 좌평 제도가 실시된 점을 감안하면 이미 고이왕에 의해 그 골격이 마련된 것으로 볼 수 있지요. 담로가 백제의 지방 행정 조직이었음을 알 수 있는 다음과 같은 기록이 있어요.

'읍을 일러 담로라 하는데 중국의 군현과 같은 말이다. 그 나라에는 **22개의 담로**가 있는데, 모두 자제와 종족을 분거하게 하였다.'

지방의 바뀐 행정 조직 5방과 군현 제도

담로 제도는 성왕 때에 이르러 큰 변화를 겪게 돼요. 성왕은 도읍지를 웅진(공주)에서 사비(부여)로 옮기고 나라의 이름을 남부여로 고치며 대대적으로 조직을 정비했어요. 전국을 크게 **동·서·남·북·중의 5방**으로 나누고 그 아래 **군·성·현**을 두어 지방을 다스리게 했지요. 방의 중심지인 치소(관청 소재지)를 **방성**이라고 하고 방성의 장관을 **방령**이라 했는데, 대개 2품인 달솔 품계를 가진 자가 방성의 성주가 되었어요. 성왕 당시에 백제 땅에 설치된 군은 총 37군이었고 현의 수는 200~250개였다고 해요.

[삼국 시대-백제]
사회와 경제

백제 사회도 다른 고대 국가들처럼 엄격한 신분 제도가 존재했어요. 농사가 산업의 기본이었고, 과학과 기술을 장려하여 수공업이 크게 발달하기도 하였지요.

엄격한 신분 제도와 옷 색깔

백제 사회에도 엄격한 신분 제도가 있었어요. 왕과 왕족을 비롯해 나라의 영토를 넓히고 고대 국가로 성장하는 데 도움을 준 각 지방 세력을 중심으로 **귀족층**이 있었으며, 일반 백성인 **평민**과 **노예**로 구분되었어요. 백제의 지배층이 어떻게 세분되었는지는 알 수 없으나, 관리들이 입던 **관복의 색깔과 관등제는 연결**되어 있었어요. 그래서 솔 계통의 관료들은 자주색 옷을 입었고, 덕 계통의 관료들은 붉은색 옷을 그리고 문독 이하의 관리들은 파란색 옷을 입었지요.

왕과 귀족의 지배를 받는 평민

왕과 귀족의 지배를 받는 평민은 주로 자유민인 **일반 농민**이었어요. 작은 규모의 토지를 가지고 있으며 농업·공업·상업에 종사했지요. 이들 중 **15세 이상**은 성인으로 분류되어 매년 세금을 냈고, 병역과 부역의 의무도 있었어요.

제일 아래 신분 천인과 노비

가장 아래 신분으로는 천인과 노비가 있었어요. 여기에는 정복 전쟁과 통일 전쟁에서 정복한 지역의 백성들, 포로 또는 범죄자, 간통한 여인 등이 포함되었지요. 노비는 국가 또는 관청에 속한 **관노비**와 귀족 등의 개인 소유인 **사노비**로 구분되고요.

백제 경제의 기본, 벼농사와 관개 시설

백제는 농업이 기반이 된 사회였어요. 고구려나 신라보다 기름진 평야가 많아 일찍부터 논농사가 발달하여 저수지를 만들고, 농기구 제작 기술을 크게 발전시켰어요.

백제가 차지한 영토는 드넓은 평야 지대를 끼고 있어 다른 지역보다 벼농사가 발달했어요. 또한 하천이 발달하여 하천의 물을 이용해 농사를 짓는 데 도움을 주는 관개 시설을 개발하기 위해 많은 노력을 기울였고요. 철기를 바탕으로 한 농기구의 보급은 농업의 생산력을 높이는 역할을 했으며, 특히 소 같은 가축을 이용하여 농사짓는 땅을 더욱 넓혀 나갔답니다. 비류왕 27년(330년)에 지은 김제의 벽골제는 백제의 대표적인 관개 시설이지요. 호남, 호서 등의 이름이 이 벽골제에서 비롯되었는데, 큰 저수지였던 벽골제를 경계로 남쪽을 '호남', 서쪽을 '호서'라고 부른 것이지요.

삼국 중 특히 발달한 수공업

백제 시대에는 기술을 장려하여 수공업이 발달했어요. 백제의 수공업과 관련된 중앙 관청으로 **궁중 업무**를 맡은 마부, 도부, 목부와 **일반 행정**을 맡은 사군부, 사공부, 주부 등이 있었어요.

 말과 수레의 부속품 제작 및 관리

 각종 칼의 제작과 관리

 토목에 관련된 일을 관리

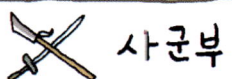 각종 무기의 제작 및 관리

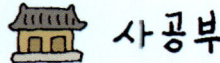 토목과 건축에 관한 사무

 직물 수공업과 관련된 부서

세금 제도는 조·조·역역

 세금으로 곡물을 거둬들이는 것

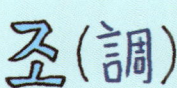  가내 수공업의 생산물이나 지역의 특산물을 거둬들이는 것

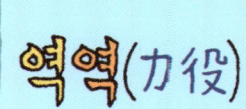  국가의 각종 사업에 강제적으로 노동을 하게 하는 것

《삼국사기》의 〈백제본기〉에는 '고이왕 15년에 가뭄의 여파로 겨울에 백성들이 굶주리자 창고를 열어 먹을 것을 내어 주고 1년간 조(組)와 조(調)를 면제해 주었다.'는 기록이 있어요. 또한 '진사왕 2년에 국내에 거주하는 자로서 15세 이상인 사람들을 징발하여 국경에 관문·방어 시설을 설치하였다.'는 기록도 있답니다.

【삼국 시대-백제】
생활과 풍습

백제의 생활과 풍습은 고구려와 크게 다르지 않았어요. 명절에 관한 풍습은 중국과 비슷하였고, 성인이 되면 성인식도 행해졌어요. 고구려의 영향으로 데릴사위 풍습이 전해지기도 하였어요.

학문과 기술을 발달시킨 박사 제도

백제는 일찍부터 학문과 기술 등 여러 전문 분야에 박사 제도를 두어 그 분야에서 **뛰어난 사람**에게 '박사'라는 칭호를 주고 벼슬도 내려 잘 대우해 주었어요. 박사라는 말이 이미 백제 때부터 있었던 것이지요.

백제의 박사들

- **오경박사** – 주역·시경·서경·예기·춘추 등 5가지 경전에 통달한 사람에게 준 칭호
- **의박사** – 의술에 뛰어난 사람에게 준 칭호
- **와박사** – 기와를 잘 굽는 사람에게 준 칭호
- **노반박사** – 금속 기술이 뛰어난 사람에게 준 칭호

성인이 되면 치르는 의식 관례

남자가 **스무살**이 되면 어른이 된다 하여 갓을 쓰게 하던 예식이 있는데, 이를 관례라고 해요.
백제에 관례에 대한 기록이 구체적으로 남아 있는 것은 아니지만, 머리에 쓰는 관모가 발달했다는 점에서 관례 같은 **성인 의례 풍습**이 있었을 것이라고 짐작하고 있답니다.

고구려의 영향을 받은 결혼 풍속 데릴사위 제도

고구려에서 행해졌던 데릴사위 제도는 이후에 한반도 전 지역으로 퍼져 전통 혼례의 한 모습이 되었어요. 따라서 백제에서도 이런 제도가 있었을 것이라고 짐작된답니다.

매우 깍듯했던 백제의 예절과 인사법

백제 사회는 법률과 관습이 엄격하였으며 예절을 무척 중요하게 여겼어요. 629년 중국 당나라에서 편찬한 양나라의 역사를 기록한 《양서》라는 역사책에 보면 '백제인들은 길을 다닐 때 팔짱을 끼지 않았으며, 또 길을 가다가 사람들끼리 마주치면 서로 먼저 길을 양보하였다. 인사법도 엄격하여 윗사람을 뵐 때에는 반드시 두 손을 바닥에 짚고 절을 하였다.'는 내용이 있어요. 그 내용으로 보아 백제 사람들은 예절을 중요하게 여겼고, 백제의 인사법은 오늘날 우리가 절을 하는 것과 비슷하였다는 것을 알 수 있어요.

평민들은 일부일처제

왕족이나 귀족들 사이에서는 여러 명의 부인을 두는 **일부다처제**가 행해지기도 했지만, 일반 백성들에게는 지금처럼 한 남편이 한 아내와 사는 **일부일처제**가 일반적이었어요. 《삼국사기》에 나오는 도미부인 설화를 보면 그런 풍속이 있었음을 짐작할 수 있지요.

부모나 남편이 죽으면 치른 삼년상

'부모나 남편이 죽으면 삼년상을 치르게 하고, 친척의 경우에는 장례가 끝나면 상복을 벗었다.'는 기록이 있는데, 이를 통해 백제가 **부모나 남편의 상(장례)을 중요하게** 여겼다는 것을 알 수 있어요. 그리고 상을 당했을 때 상복을 입고 곡을 했는데, 이는 유교식 장례 절차를 따르고 있는 현재와도 큰 차이가 없어요.

여름과 12월에 행해지던 명절

설
정월(1월)의 명절

복 伏
여름의 명절

랍 臘
한해가 끝나는 섣달 그믐날의 명절

백제인들이 즐기던 놀이

투호 – 일정한 거리에 단지를 놓고 나무로 된 화살을 던져 넣어 그 수의 많고 적음으로 승패를 정하는 놀이예요.

저포 – 주사위 놀이의 일종으로, 윷놀이와 비슷해요.

위기 – 바둑을 말하며, 왕실과 귀족 사회에서 즐겼던 대표적인 놀이지요.

악삭 – 두 개의 주사위를 던져서 말을 먼저 들여보내는 놀이예요.

【삼국 시대-백제】
옷·음식·집

백제인의 옷은 고구려인의 옷과 큰 차이가 없었어요. 신분에 따라 관복이 엄격히 구분되었지요. 또한 백제인들은 기와집이나 벽돌집에서 주로 살았고, 귀족들은 정원 꾸미는 것을 좋아했어요.

금으로 장식한 화려한 왕의 차림

백제의 왕은 소매가 큰 자주색 도포에 푸른 비단 바지를 입고, 흰 가죽 띠에 까만 가죽 신을 신었으며, 오라관을 **금꽃으로 장식**했어요. 무령왕릉에서 출토된 왕과 왕비의 금제 관식(금으로 만든 관모의 장식)을 보면 알 수 있지요.

은으로 장식한 화려한 귀족의 차림

귀족이라고 할 수 있는 관인들은 붉은색 옷을 입었고, 관은 **은꽃으로 장식**했어요. 은제 관식(은으로 만든 관모의 장식)은 충청남도 논산이나 전라북도 남원, 전라남도 나주의 백제 고분에서 출토되어 지금까지 실물이 전해지고 있답니다.

일반 백성들이 입은 흰 옷

일반 서민은 자주색이나 붉은색 옷을 못 입게 했어요. 이러한 색깔이 높은 신분을 상징했음을 뜻하지요. 그래서 일반 백성들은 주로 **흰옷**을 입었답니다.

왜에 정원사를 보낼 정도로 발달한 정원 꾸미기

백제인들은 주로 기와집과 벽돌집에 살았어요. 정원 꾸미기가 발달해 왜(일본)에 정원사를 보낼 정도였는데, 이는 무왕 때 만든 **궁남지**를 보아도 그 뛰어난 솜씨를 알 수 있어요. 통일 신라의 안압지는 바로 백제의 궁남지를 본떠 만든 것이라고 해요.

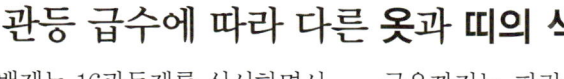

관등 급수에 따라 다른 옷과 띠의 색

백제는 16관등제를 실시하면서 **그 품계에 따라 옷의 색을 구별**해서 입게 했어요. 좌평에서 6품 내솔까지는 자주색, 7품 장덕에서 11품 대덕까지는 붉은색, 12품 문독에서 16품 극우까지는 파란색이었지요. 또 7품 이하에서는 장덕은 자주색, 시덕은 검은색, 고덕은 붉은색, 계덕은 푸른색 등 띠의 색에 의해서도 관등이 구분되었어요. 머리에 쓰는 관모의 장식도 임금은 금으로 만든 금제, 좌평에서 내솔까지는 은으로 만든 은제를 써서 구분했답니다.

음식 중 발달한 술·장·젓갈

백제인들의 음식도 고구려와 큰 차이가 없었을 것으로 여겨져요. 오곡과 채소로 밥과 반찬을 만들고, 떡을 쪄 먹었으며, 차도 마셨다고 해요. 또 **술이나 장, 젓갈이 발달**했는데, 그런 발효술을 왜(일본)에 전해 주기도 하였지요.

김장독으로 추측되는 토기

지금의 전라북도 익산에 있는 백제 후기의 대표적 사찰인 미륵사지에서 출토된 토기 중에는 100센티미터가 넘는 대형 토기들이 있어요. 이것은 겨우살이에 대비한 김장독과 같은 것으로 추측되며, 삼국 시대에 김치의 흔적을 찾아볼 수 있는 유일한 유물이랍니다.

【삼국 시대-백제】

예술과 문화

백제 예술의 특징은 백제인의 온화하고 섬세한 면이 예술품 곳곳에 배어 있다는 것이에요. 탑과 기와를 만드는 솜씨는 삼국 중 제일이었어요.

백제 예술의 특징은 온화와 세련

백제 예술의 특징은 힘과 정열이 넘쳐 활달한 민족적 기상이 드러나는 고구려의 예술과 달리 **온화하고 섬세**한 면이 예술품 곳곳에 배어 있다는 거예요. 중국 남조의 문화를 적극적으로 받아들이면서 백제만의 독특하고 새로운 예술의 세계를 개발한 것이지요. 그리고 그런 우수한 예술을 왜(일본)에 전해 일본의 **아스카 문화**를 꽃피우는 데 큰 영향을 끼쳤어요.

고분 벽화로 보는 백제의 회화

백제의 많지 않은 유적지 중 공주 송산리 무덤과 부여 능산리 무덤의 벽에는 **사신도**와 연꽃 무늬, 인동 무늬 등의 그림이 그려져 있는데, 이 그림들은 고구려 고분 벽화처럼 생동감이 넘치지는 않지만 온화하고 단아한 느낌이 있어요. 또 일본 법륭사의 벽화와 옥충주자의 칠화를 백제인이 그렸다고 전하며, 백제의 **아좌태자**는 일본 성덕태자의 초상화를 그려 주었고, 백제의 화가 백가와 하성 등이 일본에서 크게 활약했다고 해요.

백제 예술을 대표하는 석탑

백제인의 **건축과 조각 기술**은 삼국 중에서도 가장 뛰어났어요. 그래서 금동대향로 같은 우수한 조각품을 만들었으며, 탑을 오래도록 보존할 수 있게 돌로 만드는 **석탑**을 만들어 냈어요. 나무로 만드는 목탑은 오래 보존할 수가 없었거든요. 600년 경에 익산 미륵사에 목탑을 본떠서 석탑을 만들었고, 부여 정림사에도 오층 석탑을 만들었어요. 고구려는 석탑을 남기지 않았고, 신라는 634년에 벽돌로 쌓은 전탑을 모방하여 분황사 석탑을 만들기도 했어요. 하지만 삼국 중 목탑만큼 아름다운 석탑을 가장 처음 만든 것은 백제였답니다.

최고의 솜씨를 자랑한 기와

신라 황룡사 구층 목탑도 백제 솜씨

백제인이 만든 석탑은 경쾌하고 기교 넘치는 조형미의 아름다움을 잘 발휘한 훌륭한 작품으로 높이 평가받고 있답니다. 신라의 황룡사 구층 목탑도 백제의 기술자 아비지가 만들었고, 우리나라의 탑 중 가장 뛰어난 탑으로 손꼽히는 불국사의 석가탑도 아사달이라는 백제인이 만들었어요.

백제는 기와를 만드는 **와박사**라는 기술자가 있었을 만큼 기와 만드는 솜씨가 뛰어났어요. 부여에서 연꽃 무늬 수막새와 상자형 전돌 등이 발굴되어, 백제 중에서도 특히 사비 시대에 기와 만드는 솜씨가 매우 우수했음을 알 수 있지요.

금동불과 마애불의 백제 불상

현재 백제의 불상은 금동불이 대부분이지만 석불이나 마애불도 전하고 있어요. **금동불**이란 불상의 표면을 금색으로 칠하여 엄숙함과 장엄미를 갖추도록 한 것이지요. **마애불**이란 노출된 바위 면에 부조나 전각으로 새긴 불상을 말해요.

백제 불상의 최고봉 마애 삼존 불상

백제의 대표적인 마애불은 태안과 서산의 마애 삼존 불상이에요. 서산 마애 삼존 불상은 당당한 체구와 둥글고 넓적한 얼굴에 환한 미소를 머금고 있는 모습으로, 인자하고 순수한 그 표정에 감탄한 사람들이 그 미소를 '백제인의 미소'라고 부르기도 해요.

석가탑(불국사 삼층 석탑)을 만든 백제인 아사달 이야기

불국사를 창건할 때 김대성은 당시 가장 뛰어난 석공이라고 알려진 백제의 후손 아사달을 불렀어요. 아름다운 탑을 짓기 위해서였지요.

아사달은 온 정성을 기울여 탑을 조각했고, 그러는 동안 한 해 두 해가 흘렀어요.

아사달의 아내인 아사녀는 남편의 일이 하루빨리 끝나고 만날 날을 기다렸지만, 약속한 시간이 지나도 남편 아사달이 고향으로 돌아오지 않자 불국사로 찾아갔어요.

그러나 탑이 완성되기 전까지는 여자를 들일 수 없다는 금기 때문에 아사녀는 아사달을 만날 수 없었어요. 아사녀는 남편을 만나려는 뜻을 포기하지 않고, 날마다 불국사 문 앞을 서성거리며 멀리서나마 남편을 보려고 하였지요.

이를 안타깝게 여긴 한 스님이 아사녀에게 "여기서 얼마 떨어지지 않은 곳에 자그마한 연못이 있소. 지성으로 빈다면 탑 공사가 끝나는 대로 탑의 그림자가 연못에 비칠 것이오. 그러면 남편도 볼 수 있을 것입니다."라고 말해 주었어요.

스님의 말을 듣고 그 다음 날부터 아사녀는 연못을 들여다보며 탑의 그림자가 비치기를 기다렸어요. 그러나 시간이 지나도 연못에는 탑의 그림자가 떠오르지 않았어요.

크게 실망한 아사녀는 고향으로 되돌아갈 기력조차 잃고, 연못에 몸을 던지고 말았어요.

탑을 완성한 아사달이 아내의 이야기를 듣고 그 연못으로 달려갔지만, 아내의 모습은 볼 수 없었지요.

아내를 그리워하며 연못 주변을 방황하고 있는데, 그때 홀연히 아내의 모습이 앞산의 바윗돌에 겹쳐지는 것이었어요. 웃는 듯하다가 사라지는 그 모습은 인자한 부처님의 모습이 되기도 했어요.

아사달은 그 바위에 아내의 모습을 새기기 시작했고, 조각을 마친 아사달은 고향으로 돌아갔어요. 후에 사람들은 이 못을 '영지'라 부르고, 끝내 그림자를 비추지 않은 석가탑을 그림자가 비치지 않는 탑이라는 뜻으로 '무영탑'이라고 불렀다고 해요.

[삼국 시대-백제]
전쟁

백제는 고구려, 신라와 여러 차례 전쟁을 치러야 했어요. 평양성 전투와 대야성 전투처럼 승리를 거두어 영토를 넓힌 전쟁도 있지만, 관산성 전투처럼 패해서 어려움을 겪은 전쟁들도 있었지요.

고구려를 꺾은 평양성 전투

369년

369년, 고구려의 고국원왕이 2만 명의 군사를 이끌고 치양(지금의 황해도 배천)에 주둔하자, 근초고왕은 태자인 근구수에게 고구려군을 공격하도록 했어요. 백제군은 크게 이기고 5,000명의 포로를 사로잡았어요.

371년

371년, 고구려의 고국원왕은 지난 패배를 갚고자 다시 백제를 공격했어요. 백제는 예성강 위에 군사를 숨기고 있다가 고구려 군사들이 넘어오자 곧바로 공격해 고구려군을 물리쳤지요.

371년

371년 겨울, 근초고왕은 직접 3만 명의 군사를 이끌고 고구려의 평양성을 공격했어요. 백제군의 기습 공격을 받은 고국원왕은 화살에 맞아 전사했으며, 백제군은 고구려의 도읍지인 평양성 앞에서 고구려군을 크게 물리쳤어요.

신라를 곤경에 빠뜨린 대야성 전투

의자왕은 642년(의자왕 2년) 7월에 직접 군사를 거느리고 신라 서쪽의 미후성 등 40여 개의 성을 함락시켰어요. 8월에는 고구려군과 연합하여 신라에서 당나라로 가는 길목인 당항성을 공격했지요.

그리고 그해 8월, 장군 **윤충**에게 군사 1만을 거느리고 신라의 **대야성**을 공격하게 하였지요. 이때 대야성은 김춘추의 사위인 도독 김품석이 지키고 있었는데, 백제의 공격이 있기 전 김품석은 검일의 아내를 빼앗아 검일이 김품석에게 앙심을 품고 있었어요.

백제군이 대야성을 공격할 계획을 세우자 검일은 백제군과 내통하여 창고에 불을 질렀어요. 이 때문에 성안의 사기가 떨어지고 신라군은 백제군에 항복하였지요. 그러나 백제군의 속임수에 빠져 항복하러 성 밖에 나간 군사들은 모조리 죽임을 당했어요.

김품석과 그의 부인은 이 광경을 보고 함께 자살했으며, 그 휘하의 부하인 죽죽과 용석 등은 끝까지 싸우다가 성이 함락되면서 전사했지요.

신라는 대야성 전투의 패배로 서부 국경 지역을 대부분 잃었고, 김춘추는 고구려에게 도움을 청했어요. 648년(진덕여왕 2년)에 **김유신**은 백제 군사를 대야성 밖으로 유인하여 백제군을 격파하고, 아울러 백제 장군 8명을 사로잡아 대야성 전투 때 죽은 김품석 부부의 유골과 바꾸었답니다.

백제의 마지막 결전 황산벌 전투

660년, 신라는 당나라와 나·당 **연합군**을 결성해 백제를 공격했어요. 김유신이 이끄는 군대는 탄현(대전 동쪽 마도령)으로, 당나라의 소정방이 이끄는 부대는 백강으로 쳐들어왔지요. 이에 백제의 **계백 장군**은 결사대 5,000명을 이끌고 황산벌(충청남도 연산)로 나가 싸웠어요.

그렇지만 **김유신**이 이끄는 신라군은 쉽게 백제의 군사들을 이길 수 없었어요. 계백 장군은 군대를 세 갈래로 배치해 적군을 유인하면서 대병력의 분산을 유도하고, 적절하게 주변의 지리적 정세를 이용해 열 배가 넘는 군사들을 네 번의 전투에서 모두 물리쳤기 때문이에요. 그런데 신라의 **화랑 관창**의 죽음으로 신라군들 역시 비장한 각오로 마음을 다지고 백제군을 공격했고, 마침내 백제의 마지막 영웅 계백 장군과 5,000 결사대는 모두 전사하고 말았어요.

이 전투의 패배와 계백 장군의 죽음으로 고구려와 함께 삼국 시대 한반도에서 가장 강력한 힘을 자랑하던 백제는 **멸망의 길**을 걷게 되었지요.

【삼국 시대-백제】
유물

백제는 삼국 중에서 가장 화려하고도 우수한 문화를 이룬 국가였지만, 안타깝게도 유물은 그리 많이 남아 있지 않아요. 그래도 대표적인 몇몇 유물로 백제의 우수한 문화와 뛰어난 기술을 짐작할 수 있지요.

고구려의 장군총과 닮은 백제의 초기 무덤 적석총

백제 초기의 도읍지였던 한강 위례성 부근인 송파구 **석촌동 고분군**에는 적석총이라는 이름처럼 돌을 쌓아 올린 큰 무덤이 두 개나 있어요. 3층 계단 모양으로 쌓다 만 사각형 피라미드 모양 같은 돌무덤이에요. 돌을 피라미드 모양으로 층을 만들어 쌓아 올린 형식이 중국 지안에 있는 장군총을 비롯해 돌을 쌓아 만든 **고구려 고분들과 많이 닮아** 있어요. 이는 《삼국사기》에 나오는 백제 건국 신화의 내용처럼 '백제는 고구려에서 내려온 사람들이 세운 나라'라는 것을 말해 주는 것이지요.

수많은 백제 유물이 발굴된 무령왕릉

백제 제25대 왕인 무령왕의 무덤인 무령왕릉은 1971년 공주 송산리 고분군에서 발견한 백제의 보물 창고예요. 왕과 왕비의 금관, 금 목걸이와 귀걸이, 청동 거울 등 백제의 유물들뿐 아니라 중국 남조 시대의 자기, 고대 유럽의 벽돌 문양, 인도식 유리 구슬 등 세계 곳곳의 당시 문명을 알 수 있는 보물들까지 **약 3,000점**에 이르는 **유물**들이 발견되었어요. 이 유물들 중 국보로 지정된 것만 무려 12개예요. 또한 연꽃 무늬 벽돌로 가로 쌓기와 세로 쌓기를 반복하여 벽을 쌓아 세련된 아름다움을 풍기는 무령왕릉은 무덤 자체로도 건축적으로나 예술적으로 매우 우수하고 소중한 보물이에요.

웅진 시대의 왕궁 터가 있던 공산성

공산성은 웅진 시대에 쌓은 성으로, 위례성에서 웅진으로 도읍을 옮긴 475년부터 사비로 도읍을 옮기기 전인 538년까지 64년 동안 백제의 **도읍지를 지켰던 산성**이에요. 해발 110미터의 능선에 위치하며 북으로는 금강이 흐르는 **천연의 요새**로, 원래는 흙으로 쌓은 성이었는데 조선 초기에 돌로 다시 쌓았다고 해요. 성문인 진남루와 왕궁 터, 연회를 열었던 백제 건축의 진수를 엿볼 수 있는 임류각, 백제 시대 연못의 원형이 잘 보존된 공산 연지와 강변 누각인 만하루 등이 자리하고 있어요.

백제인의 모습과 생각이 조각된 세계적인 걸작품 금동대향로

1993년에 부여의 능산리 고분군에 있는 한 왕궁 절터에서 발견한 금동대향로는 이름처럼 겉면이 금동으로 된 큰 향로예요. 향로는 향을 피우는 도구이고요.

향로의 뚜껑 부분 꼭대기에는 봉황처럼 보이는 새가 턱 아래에 여의주를 끼고 있고,

그 아래로 폭포수가 떨어지는 시냇물에 벌거벗은 채로 긴 머리를 감고 있는 사람, 말을 타고 달리는 사람, 책을 읽는 사람 등 신선처럼 보이는 사람들의 모습이 조각되어 있으며

악기를 연주하는 악사 다섯 명을 비롯해

74개의 산봉우리와 봉황, 용 등 상상의 짐승들과 현실에 있는 호랑이, 사슴, 코끼리 등 여러 종류의 동물이 새겨져 있지요.

이 밖에도 나무와 바위, 산 중턱을 가르며 난 산길, 산 사이로 흐르는 시냇물 등이 조각되어 있어요.

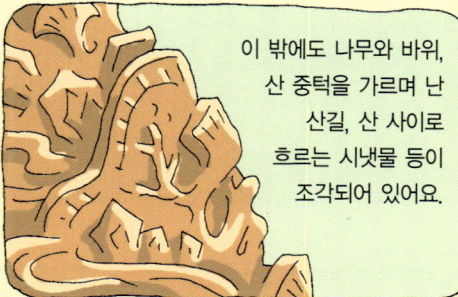

또 향로의 몸체 부분은 연꽃잎이 3단으로 층을 이루며 새겨져 있고, 연꽃잎 사이에도 두 명의 신선 같은 사람과 날개 달린 물고기 등이 새겨져 있어요.

향로의 받침은 한 다리를 생동감 있게 치켜들고 있는 용이 활짝 핀 연꽃 봉오리를 입으로 받치고 있는 모습이랍니다.

한편 봉황의 몸체는 그 속을 비우고 구멍을 뚫었고 또한 악사의 앞뒤에도 구멍을 내, 향 연기가 자연스럽게 피어오를 수 있도록 하였어요.

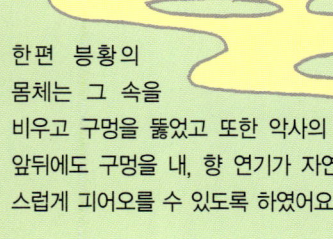

이 향로 하나로 백제인들의 눈부신 금속 기술을 충분히 짐작할 수 있으며, 향로에 새겨진 다양한 장면들은 당시 백제인의 생활 모습과 생각을 알게 해 주어 백제 시대의 가장 소중한 유물로 손꼽히고 있어요.
향로 자체의 아름다운 모양은 말할 것도 없고 향로 전체에 정교하게 새겨진 조각 하나하나까지, 향로의 완벽함에 감탄하여 이 향로를 보는 사람마다 세계적인 걸작품이라는 칭찬을 아끼지 않는답니다.

유물 87

우리나라에서 가장 오래된 석탑
미륵사지 석탑

미륵사지 석탑은 백제 제30대 무왕 때 미륵사에 세워진 탑으로 우리나라에서 **가장 오래된 석탑**으로 전해지고 있어요. 1980년부터 미륵사 터에 대한 본격적인 조사가 시작되어 많은 유물을 발굴했으며 최근 현대 기술로 동쪽 탑을 새로 만들어 놓았고, 서쪽 탑은 2010년까지 공사를 하고 있는 중이에요.

목조 건축 양식의 석탑
부여 정림사지 오층 석탑

부여 정림사지 오층 석탑은 백제의 사비 시대에 건립된 탑으로 국보 제9호로 지정되어 있어요. 탑의 재료는 모두 돌로 되어 있어 건립 후 1,000년이 넘는 세월이 흘렀지만, 원형을 유지하고 있어요. 익산의 미륵사지 석탑과 함께 **백제의 석탑이 목조 건축을 따르고 있음**을 보여 주고 있어, 우리나라 석탑의 발전 과정을 알 수 있는 아주 중요한 탑이랍니다.

백제인의 미소 서산 마애 삼존 불상

서산 마애 삼존 불상은 충청남도 서산시 가야산 북쪽 자락 암벽에 있는 백제 후기에 만들어진 불상이에요. 석가여래입상을 중심으로 보살입상과 반가사유상 세 불상이 조각되어 있어 삼존 불상이라고 하지요. 우리나라에서 발견된 **마애불 중 가장 뛰어난 작품**으로 평가받고 있어요. 빛이 비치는 모습에 따라 웃는 모습이 달라지는데, 빛과의 조화에 따라 작품의 아름다움을 다양하게 느끼게 한 백제인의 슬기가 엿보이는 작품이기도 해요.

백제 초기의 왕궁 터 풍납토성

백제 초기 한성 시대의 유적지인 풍납토성은 둘레가 4킬로미터에 달하는 큰 규모의 토성이었는데, 1925년에 한강의 큰 홍수로 일부가 파괴되고 현재는 약 2.7킬로미터만 남아 있어요. 풍납토성은 **한강 유역에서 가장 규모가 큰 토성**이라는 것이 특징이며, 백제의 첫 왕궁이 있던 위례성이 바로 풍납토성이었을 것이라고 짐작하고 있어요.

[삼국 시대-백제]

과학과 기술

백제는 과학과 기술의 발달에 국가적으로 큰 관심과 노력을 기울였어요. 기와, 금속, 의학 등 각 분야의 전문가들에게 박사 호칭을 수여하고, 학문과 기술 연마에 전폭적인 지원을 하기도 했지요.

수리 시설을 만들기 위해 발달한 **토목 기술**

백제 시대에는 농업이 발달하고 철기를 본격적으로 사용하면서 과학 기술도 크게 발전했어요. 특히 **벼농사**와 관련하여 **수리 시설**을 만들기 위한 토목 기술이 크게 발달하였지요.

백제의 대표적인 수리시설 **벽골제**

수리 시설은 **저수지** 등 농사를 짓기 위해 물을 끌어들이고 모으고 이용하는 시설을 말해요. 대표적인 유적지는 김제의 벽골제로, 330년(비류왕 27년)에 만들어진 것으로 짐작돼요. 제방의 길이가 약 3킬로미터나 되는 커다란 저수지랍니다.

천체 관측을 전담하던 **일관부**

백제는 또 농업과 밀접한 관계가 있는 **천문·기상·역법**에도 관심을 기울여 일식과 월식·유성·혜성·지진·우뢰 등 천체 기상 현상을 관측하고 기록했어요. 이 같은 천문 지식은 농사에도 필요했으나 정치적인 면에서도 매우 중요하였지요. 이에 백제는 일관부라는 부서를 두어 천체 관측을 전담하게 하였어요.

금동대향로에서 보듯 뛰어난 **금속 기술**

백제는 금의 제련과 금·동의 세공 및 도금과 같은 **금속 가공 기술**에 있어서도 상당한 수준에 이르렀어요. 칠지도와 여러 고분에서 출토된 환두대도, 특히 부여 능산리에서 발견된 금동대향로에서 백제의 뛰어난 금속 기술을 알 수 있지요.

중국 의학의 영향을 받아 발달한 **의학과 약학**

백제 시대에는 약학과 의학 지식이 발달하여 인삼과 같은 **약초가 재배**되기 시작했으며, 중국 의학의 영향으로 **침질과 뜸질**로 병을 고치는 이른바 침구술과 같은 질병 치료법이 보급되었어요. 또한 온천을 병 치료에 이용하기도 하였답니다.

【삼국 시대-백제】
인물

백제에는 계백 장군, 흥수처럼 나라를 위해 목숨을 바쳐 싸운 영웅들도 있었으며, 문화와 기술을 발달시키고 그것을 외국에 전해 준 인물들도 있었어요. 아비지나 아사달처럼 위대한 예술품을 남긴 예술가들도 있고요.

 백제의 마지막 영웅 계백 장군

660년, 신라와 당나라 연합군이 백제를 공격하자 사치와 향락에 빠져 있던 의자왕은 사태의 위급함을 느끼고 계백 장군에게 적을 막게 하였어요.

계백 장군은 군사 5,000명을 이끌고 출전하면서, 이미 나라를 지키기 어렵다는 것을 직감하여 자신의 아내와 자식들을 모두 죽이고 비장한 마음으로 전쟁터로 나갔어요.

황산벌에서 신라의 김유신이 이끄는 5만의 군사를 맞아 네 차례나 격파했으나, 화랑 관창의 죽음으로 사기가 오른 신라군에 패해 전사하고 말았어요.

  왜(일본)에게 학문을 가르친 아직기와 왕인 박사

근초고왕 때 **아직기**는 왕명을 받아 좋은 말 두 필을 가지고 왜로 가서 **왜**의 왕에게 선물하고 말 기르는 일과 승마술을 전했어요. 그 뒤 왜 왕은 그가 유학에 뛰어난 것을 알고 태자의 스승으로 삼았어요.

왜 왕이 그에게 "너희 나라에 너보다 나은 박사가 있느냐?"고 묻자, 그는 "**왕인**이라는 학자가 있는데 나보다 훌륭하다."라고 왕인을 추천하였지요. 이 말을 들은 왜 왕은 백제에 사신을 보내 왕인을 초청했고 왕인도 나라의 이익을 생각해 왜로 건너갔어요.

아직기의 추천으로 왜로 건너간 왕인 박사는 **왜 태자의 스승**이 되었고, 왜 왕의 요청으로 여러 신하도 가르쳐 일본 사람들은 비로소 유교 사상과 정치, 법률에 관한 지식을 가질 수 있게 되었어요. 왜인들은 그러한 왕인을 지극히 존경하여 오늘날까지 우러러보고 있으며, 왕인의 후손들에게 대대로 벼슬을 주고 융숭한 대접을 했다고 해요.

 백제 말기의 충신 흥수

흥수는 백제 말기의 충신으로 외적의 침입에 대비하고 **백성을 위한 정치**를 펴야 한다고 임금께 아뢰었다가 간신들의 모함으로 옥에 갇히게 되었어요. 의자왕 20년(660년)에 신라와 당나라의 연합군이 백제를 공격해 오자, 왕에게 적군을 막을 수 있는 작전을 알렸으나 무시되었지요. 결국 그의 말을 따르지 않아 위험에 처한 백제는 계백이 거느린 5,000명의 결사대가 황산벌 전투에서 패하고 백강의 수군이 패하면서 멸망하고 말았답니다.

 일본 미술계의 아버지가 된 아좌태자

아좌태자는 백제 제27대 왕인 위덕왕의 아들로 597년에 일본으로 건너가 쇼토쿠 태자의 스승이 되었어요. 그는 쇼토쿠 태자의 초상화를 그렸는데, 그의 화법은 **일본 미술계의 바탕**이 되었지요. 쇼토쿠 태자가 가운데 크게 그려져 있고, 양쪽에 두 왕자의 모습이 삼각구도를 이루는 이 초상화는 최근까지 일본의 호류사에 전해 오다가 안타깝게도 1949년에 불에 타 없어지고 말았어요.

 당나라의 장수로 이름을 떨친 흑치상지

흑치상지는 660년(의자왕 20년), 백제가 나·당 연합군에게 멸망할 위기에 놓였을 때 임존성에서 연합군을 공격하여 200여 개의 성을 되찾는 등 **백제 부흥 운동**에 앞장섰던 인물이에요. 그러나 백제군 내부에서 싸움이 일어나고 연합군의 총공격으로 주류성이 함락되자, 당나라 군사에게 항복하고 말았어요. 그 뒤 의자왕의 아들 융과 함께 **당나라의 장군**이 되었고 토번과 돌궐 정벌에 공을 세워 높은 벼슬에 올랐어요. 그러나 안타깝게도 당나라 신하들의 모함으로 옥에 갇혀 생을 마쳤다고 해요.

삼국 시대
신 라

고대에 한반도를 주름잡았던 삼국 중 신라는 가장 늦게 고대 국가로서의 모습을 갖추어 갔어요. 골품 제도처럼 신라만의 독특한 정치 제도로 국가를 운영하기도 하였지요.
그렇지만 화랑 제도를 통해 훌륭한 인재를 키우고 그 인재들의 뛰어난 활약으로 앞선 문화를 자랑했던 고구려와 백제를 물리쳐 삼국 통일의 주인공이 되었답니다.

[삼국 시대-신라]
왕

여러 부족 국가들을 통일하여 새로운 나라를 세운 박혁거세를 비롯하여 고대 국가의 모습을 마련한 지증왕, 법률을 정하고 튼튼한 국력을 갖춘 법흥왕, 한강을 차지한 진흥왕, 위기를 기회로 만든 선덕여왕 등 여러 왕들이 신라의 역사를 이끌었어요.

신라의 역사를 연 박혁거세

북쪽의 (고)조선이라는 나라에 살던 사람들이 다른 나라의 침입을 받자, 가족들을 이끌고 남쪽으로 와서 남쪽의 사람들과 어울려 살았어요.

그 중 진한에는 12개의 나라가 있었는데, 그 중 하나가 사로국이었어요. 사로국은 여섯 마을로 이루어진 작은 나라였지요.

사로국은 한 가지 소원이 있었어요. 그것은 나라를 잘 다스릴 훌륭한 지도자를 갖는 것이었어요.

여섯 마을의 우두머리들은 새로운 지도자를 바라며 고민하고 있었는데, 여섯 마을 중 한 곳인 양산마을의 한 우물에서 신비한 알을 얻게 되었어요.

곧 그 알에서 사내아이가 태어났고, 여섯 마을의 우두머리는 이 아이를 훌륭하게 키워 나라의 지도자로 만들기로 하였지요.

때맞춰 여섯 마을 중 고허 마을이란 곳의 알영정이란 우물가에서 또 하나의 알을 얻었고, 이 알에서는 여자아이가 태어났어요.

알에서 태어난 사내아이는 '세상을 온통 밝게 한다.'는 뜻으로 '혁거세'라는 이름을, 박처럼 생긴 알에서 나왔다고 '박'이라는 성을 지어 주었어요. 여자 아이는 알영이라는 연못에서 발견했다고 해서 '알영'이라고 불렀지요.

후에 이 둘을 왕과 왕비로 세우고 그들의 궁궐도 지어 주었어요. 또 나라 이름을 서라벌이라고 지었는데, 서라벌은 나중에 신라가 되었답니다.
(서라벌은 신라의 수도인 경주를 말하기도 해요.)

나라 이름을 신라로 바꾼 지증왕

신라 제22대 왕인 지증왕은 500년에 왕위에 올라 나라의 기틀을 갖춘 왕이에요.

 소를 이용해 농사를 짓는 우경을 실시하여 농업을 발전시켰고

 사라·사로·신라 등으로 불리던 **나라의 이름을 신라**로 확정지었으며

 마립간이라고 부르던 임금의 명칭을 중국식으로 '왕'이라고 부르게 했어요.

 나라의 영토를 주·군·현으로 나누어 **지방 행정 조직을 새롭게** 해 왕의 통치력을 키우는 제도를 마련하고,

 산 사람을 함께 무덤에 묻는 순장 제도를 없앴어요.

 동북 지역에 12개의 성을 지어 나라를 튼튼히 하고

 이사부에게 지금의 울릉도인 **우산국을 정벌**하게 하였으며

 신라의 도읍지에 **동시(서라벌 동쪽의 시장)를 설치**하였어요.

불교를 공인하고 율령을 만든 법흥왕

법흥왕은 신라 제23대 왕으로 **율령**을 만들고, 관직의 등급을 나누었어요. **불교를 공인**하고 건원이라는 연호를 쓰며 왕의 통치력을 강화하고, 금관가야를 신라의 지배 아래 두며 신라가 고대 국가의 도습을 갖추는 기틀을 마련하였어요. 율령이란 지금의 법 제도와 같은 것으로, 나라를 다스리는 데 필요한 행정적인 법규와 형벌에 관한 법률을 말해요.

한강을 차지하고 신라의 전성기를 이룬 진흥왕

제24대 왕인 진흥왕은 7살에 왕위에 올라 어머니의 섭정을 받았으나 20살에 나라의 연호를 개국으로 바꾸고 직접 나라를 다스렸어요.

밖으로는 **한강 유역을 차지**하는 등 활발한 전쟁을 통해 신라 역사상 가장 큰 영토를 차지했고,

안으로는 거칠부에게 《국사》라는 역사책을 편찬하게 했으며, 불교를 적극적으로 보호했어요.

화랑도를 발전시켜 인재를 길러 신라가 삼국 통일을 이루는 기반을 마련했어요.

행정 조직을 정비한 진평왕

진평왕은 왕위에 올라 인사를 담당하는 위화부, 나라의 세금을 관장하는 조부, 문화와 교육·의례를 담당하는 예부를 설치하는 등 나라의 행정 조직을 정비하여 진흥왕에 이어 **왕권을 지속적으로 발전**시킨 왕이에요. 그리고 원광법사 등 여러 이름난 스님들을 중국으로 유학 보내고 불교를 적극적으로 지원하여 불교를 통해 국가와 왕실의 번영을 이루고자 하였어요.

삼국 통일의 터를 닦은 우리 민족 최초의 여왕 선덕여왕

선덕여왕은 아들이 없던 진평왕의 뒤를 이어 신라 제27대 왕이 되었어요. 여성으로서 가장 처음 왕위에 오른 인물이지요. 밖으로는 고구려와 백제의 거센 공격을 막아 내고 안으로는 내분의 위기를 극복하며, **김유신과 김춘추 같은 훌륭한 인재를 등용**해 불안했던 왕권을 안정시켜 삼국 통일의 기반을 다졌어요. 여왕의 즉위를 반대한 귀족들의 반란과 백제 의자왕의 침공을 받아 대야성 등 신라 서쪽의 40여 개 성을 잃는 국난과 당나라와의 외교적 갈등을 겪었지만, 종교와 문화를 발전시키고 선정을 베풀어 백성들의 신임을 얻었던 왕이랍니다.

삼국 통일에 힘쓴 태종 무열왕

태종무열왕 김춘추는 김유신과 함께 선덕여왕의 왕위 즉위를 반대하던 귀족들을 몰아내고 선덕여왕이 왕위를 이어 가는 데 큰 도움을 주었으며, 목숨을 걸고 고구려와 당나라를 넘나들며 활발한 **외교 활동**을 펼쳤어요. 또한 선덕여왕과 진덕여왕의 곁에서 반란의 무리들을 진압하며 왕실의 큰 힘이 되어 주었지요. 진덕여왕이 죽자 마침내 신라 제29대 태종무열왕이 되어 김유신과 함께 백제를 멸망시키며 **삼국 통일**의 기반을 닦았어요.

[삼국 시대-신라]

영토와 도읍지

신라는 지금의 경주를 도읍지로 한 작은 나라였어요. 그 후 힘을 키워 한강 유역을 차지하면서 영토를 넓히기 시작하였고, 결국 삼국을 통일하였지요.

신라의 영토 확장

하나 박혁거세가 서라벌이라는 이름으로 세운 신라는 처음에는 경주 평야에 자리 잡은 여섯 부족이 이룬 작은 나라였어요. 초기의 왕들은 박(朴)·석(昔)·김(金)의 3성 중에서 추대되었는데, 이들은 6부족 중 특히 우세하고 서로 밀접한 혈연 관계를 가진 3개의 부족들이었지요.

둘 4세기 중엽, 부근에 있는 진한의 여러 작은 나라들을 차례로 통합하면서 연맹 왕국으로 발전하기 시작하여, 6세기 초에는 중앙 집권적인 귀족 국가로서의 통치 체제를 갖추어 큰 발전을 이루었어요.

셋 532년(법흥왕 19년), 김해에 있던 금관가야를 병합하여 국가의 영토를 넓히고, 이어 562년(진흥왕 23년)에는 고령의 대가야를 멸망시킴으로써 낙동강 유역을 차지하게 되었어요.

넷 한편 백제와 연합해서 고구려가 차지하고 있던 한강 유역을 빼앗았어요. 처음에는 한강 상류 지역을 점령했으나 553년에는 백제군이 점령하고 있던 한강 하류 지역을 빼앗아 한강 유역 전부를 신라의 영토로 만들었어요.

다섯 진평왕 후반기에 한강 유역을 빼앗긴 고구려·백제 두 나라의 침략이 계속되었어요. 선덕여왕이 즉위한 뒤 신라는 이를 막기 위해 중국 당나라와 외교를 강화하고, 당나라와 연합하여 660년(무열왕 7년)에 백제를, 668년(문무왕 8년)에는 고구려를 멸망시킴으로써 삼국을 통일하였어요.

여섯 그렇지만 안타깝게도 당나라의 힘을 빌려 삼국을 통일했기 때문에, 고구려의 영토에는 당나라 군사가 주둔하게 되었지요.

신라의 천년 도읍지 서라벌(경주)

신라의 첫 도읍지는 서라벌, 지금의 **경주** 지역이에요. 그리고 삼국을 통일한 이후에도 줄곧 신라의 도읍지는 경주였어요. 거의 1,000년 동안이나 말이죠. 경주는 한반도 동남쪽에 치우쳐 있지만 주변이 산으로 둘러싸인 분지이며, 북쪽에는 형산강을 따라 넓은 평야가 펼쳐져 동해에 이르는 곳이에요. 신라는 삼국 시대의 국가 중 유일하게 한 번도 도읍지를 옮기지 않아서 지금도 경주에는 왕들의 무덤으로 짐작되는 수많은 고분, 첨성대와 석빙고 같은 과학 문화재, 석굴암과 불국사 같은 사찰 등의 **문화재**가 많이 남아 있어요. 그중 불국사와 석굴암, 그리고 곳곳이 귀중한 유적지인 경주의 역사 유적 지구는 유네스코 세계 문화유산으로 등록되어 있답니다.

[삼국 시대-신라]

정치

고대 삼국 중 신라는 귀족의 힘이 가장 센 나라였어요. 그렇기에 정치 제도도 귀족 중심으로 이루어졌고요. 화백 회의는 모든 각 부족의 대표인 귀족들이 회의를 거쳐 만장일치로 나라의 중요한 일을 결정하는 신라만의 특별한 정치 제도랍니다.

만장일치 제도 **화백 회의**

신라는 고구려나 백제에 비해 왕의 권한이 막강한 중앙 집권 국가로 발전한 시기가 늦었어요. 그래서 여러 부족들의 대표가 회의를 해서 나라를 다스리는 기간이 길어졌고, 그러다 보니 부족 대표들의 힘이 컸지요. 그것을 잘 보여 주는 것이 바로 '화백 회의'예요. 화백 회의는 **각 부족의 대표가 모여 회의**를 해서 나라의 중요한 일을 결정하는 제도로, 한 사람이라도 반대하면 그 결정이 이루어지지 않는 만장일치로 회의가 운영되었어요. '전쟁을 할 것이냐, 말 것이냐.', '불교를 받아들일 것이냐, 말 것이냐.' 와 같이 나라의 운명에 큰 영향을 끼치는 일뿐 아니라 왕을 새로 세우거나, 왕위에서 쫓아내는 일도 화백 회의를 통해 결정했어요. 이렇게 막강한 힘을 지닌 화백 회의는 집사부의 설치로 그 영향력이 줄어들기 시작해, 왕의 권한이 커질수록 상대적으로 힘을 잃게 되었어요.

화백 회의의 우두머리 **상대등**

화백 회의에 참여하는 귀족을 대등이라고 하며, 왕도 귀족 중의 한 명으로 화백 회의에 참가했어요. 그런데 531년 법흥왕 때부터 왕은 회의에서 빠지고 그들 중 상대등이라는 최고의 우두머리를 뽑아 **화백 회의를 주관**하게 했어요. 상대등은 왕이 임명했고요. 이는 왕의 권한이 그만큼 강해진 것을 의미해요. 하지만 상대등은 전적으로 왕의 지배를 받은 것이 아니라 **귀족들을 대변**하는 직위이기도 했어요.

최고 행정 기관 **집사부**

651년 진덕여왕 때는 왕이 군사력을 장악하는 등 그 권한이 더욱 커져서 집사부라는 새로운 행정 기관을 설치했어요. 집사부는 **국가의 기밀과 정사를 관장**하던 최고의 행정 기관으로, 지금의 국무총리에 해당하는 중시를 비롯하여 전대등, 대사, 사지, 사 등의 직책을 두었어요. 이는 상대등으로 대표되는 귀족 연합 세력의 정치적 권한이 약해지고, 집사부로 대표되는 왕의 통치력이 더욱 커졌다는 것을 의미하지요.

지방 행정 조직은 **주군 제도**

지증왕 때부터(505년) 지방 통치 제도로 주군 제도가 만들어졌어요. **중앙 집권적 통치 체제를 수립하기 위해서였지요.** 큰 성에 설치한 주의 장관을 군주, 중간 정도 규모의 성에 설치한 군의 장관을 당주라고 했는데, 뒤에 군주는 총관이나 도독으로, 당주는 태수로 그 이름이 바뀌었어요.

신라 왕의 호칭 거서간 · 차차웅 · 이사금 · 마립간

거서간 – 신라를 세운 박혁거세가 알에서 나와 처음 한 말이 '거서간 알지'여서 임금의 호칭으로 신라에서 처음 사용한 말이에요.

차차웅 – '무당'을 뜻하는 말로 제사를 드리는 사람으로서 당시 가장 높은 권위를 상징하는 말이었어요.

이사금 – '이가 많은 사람', 즉 나이가 많은 사람을 뜻하는 말이에요. 유리와 석탈해가 왕위를 놓고 이가 많은 사람이 왕위를 계승하자고 하였는데, 그때부터 임금을 이사금이라고 불렀대요.

마립간 – 왕과 신하가 조정에 서 있는 차례를 말해요. 왕과 신하의 자리를 정해 최고 권력자와 신하를 구분했어요. 또 '마루'는 우두머리를 나타내는 우리말로 '으뜸가는 지배자'란 뜻이에요.

유리왕과 석탈해 중 이(이빨)가 많은 사람을 왕으로!

신라를 세운 박혁거세에 이어 왕위에 오른 제2대 왕인 남해왕에게는 아들인 유리와 사위인 석탈해가 있었어요.

어느 날 남해왕이 죽자 태자인 유리가 당연히 왕위에 오르게 되어 있었으나, 유리는 석탈해가 덕망이 있다고 하여 왕위를 양보했어요.

석탈해는 이를 사양했는데, 그래도 유리가 왕위를 양보하자 이렇게 제안했어요.

"제가 들으니 성스럽고 지혜가 많은 사람은 이가 많다고 합니다. 떡을 물어 이의 개수를 알아 보아 왕위를 정합시다." 유리와 석탈해는 떡을 깨물었어요.

유리의 이가 더 많았고, 그에 따라 유리가 이사금이라는 칭호를 받으며 신라의 제3대 왕이 되었어요.

이사금이란 '이가 많은 사람'이란 말로 왕과 같은 칭호이며, 나이와 경륜이 많은 사람을 뜻한답니다.

[삼국 시대-신라]
사회와 경제

신라는 골품 제도라는 신라만의 독특한 신분 제도를 가지고 있는 나라였어요. 수공업과 상공업의 발달을 위해 도읍지에 시장을 설치하기도 했으며, 수공업자들을 왕궁에서 직접 관리하였지요.

신라의 신분 제도 골품 제도

신라에서는 태어난 **혈통의 높고 낮음에 따라** 관직이나 결혼, 의복과 장신구, 사는 집의 모양과 크기 등을 규칙으로 정한 독특한 신분 제도가 있었어요. 이를 '골품 제도'라고 부르는데, 왕족을 대상으로 한 **골제**와 일반 사람들을 대상으로 한 **두품제**로 구분되었지요. 신라가 국가를 이루기 시작한 뒤부터 정치와 사회의 중심을 이루는 제도로 발전하였어요.

신라인 모두에게 적용된 신분 제도, 골품 제도

골제와 두품제, 골품제

골품제는 신라만의 독특한 신분 제도로, 태어난 핏줄의 높고 낮음에 따라 사회 활동과 정치 활동을 엄격하게 제한한 제도예요. 왕족을 칭하는 골족의 '골'과 왕족이 아닌 사람들을 나누는 두품제의 '품'을 합쳐 모든 신라인을 '골품'으로 신분을 나눈 것이지요.

성골과 진골, 1두품~6두품

골족은 성골과 진골, 두품은 1두품에서 6두품까지 6단계로 그 신분을 나누었어요. 숫자가 클수록 신분도 높았으며, 1~3품은 백성 즉, 평민으로 간주했어요.

가장 높은 계급 성골

성골은 골품 중에서 가장 높은 신분으로 아버지와 어머니가 모두 순수한 왕족 혈통이며 왕족 중에서도 극히 일부만 성골이 될 수 있었어요.

골품에 따라 사는 모습이 결정

신라 사회는 골품을 따져서 벼슬에 오르는 것은 물론 사는 집의 크기, 옷의 색깔 등 일상 생활에까지 적용되었어요. 아무나 높은 벼슬을 할 수 없었고 크고 좋은 집에 살 수도, 화려한 옷을 입을 수도 없게 한 것이지요. 결혼도 같은 신분 안에서만 할 수 있었답니다.

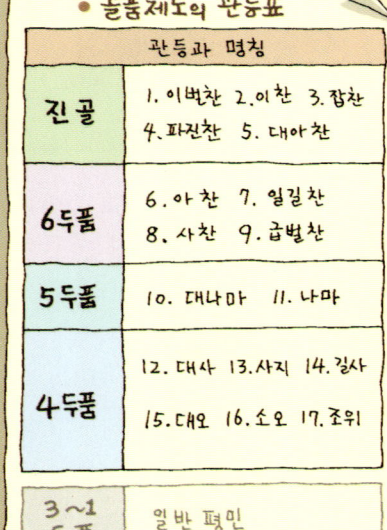

● 골품제도의 관등표

	관등과 명칭
진골	1. 이벌찬 2. 이찬 3. 잡찬 4. 파진찬 5. 대아찬
6두품	6. 아찬 7. 일길찬 8. 사찬 9. 급벌찬
5두품	10. 대나마 11. 나마
4두품	12. 대사 13. 사지 14. 길사 15. 대오 16. 소오 17. 조위
3~1두품	일반 평민

귀족 계급 진골

진골은 성골 다음의 신분이에요. 아버지와 어머니 중 한쪽이 왕족이고 한쪽은 귀족인 경우를 말하며, 최고 벼슬에 오를 수 있었지요.

삼국 통일에 큰 힘이 된 청소년 조직 화랑도

화랑이란 '꽃처럼 아름다운 남성'이라는 뜻으로, 화랑을 우두머리로 한 신라 시대의 **청소년 수련 단체**를 화랑도라고 해요. 화랑도는 단체 정신이 매우 강한 청소년 집단으로, 교육적·군사적·사교적·단체적 기능을 가지고 있었어요.

《삼국유사》에서 나온 화랑에 대한 기록을 보면 화랑은 15~18세의 청소년으로 구성되어 있으며, 이들은 경주 남산을 비롯해 금강산이나 지리산 등 명승지를 찾아다니면서 국토에 대한 애착심을 기르고 도의를 연마했다고 해요. 562년 신라가 대가야를 정벌할 때 사다함이 화랑의 자격으로 참전했다는 기록이 있어 그 이전부터 있었을 것으로 짐작하고 있어요. 화랑도에서는 많은 **인재를 배출**하여 신라의 삼국 통일에 크게 이바지하였답니다.

화랑도들이 지켜야 했던 세속오계

진평왕 때 원광법사는 화랑도에게 세속오계라는 계율을 지키게 했어요. 이는 뒤에 화랑도의 신조가 되어 화랑도가 발전하여 삼국 통일의 기초를 다지는 데 크게 기여하였지요.

- 사군이충(事君以忠 : 충성으로써 임금을 섬긴다)
- 사친이효(事親以孝 : 효도로써 어버이를 섬긴다)
- 교우이신(交友以信 : 믿음으로써 벗을 사귄다)
- 임전무퇴(臨戰無退 : 싸움에 임해서는 물러남이 없다)
- 살생유택(殺生有擇 : 산 것을 죽임에는 가림이 있다)

신라의 조세 제도 조·용·조

신라에서도 왕족이나 귀족을 제외한 일반 백성들은 나라에 세금을 내야 했어요. 세금의 형태는 고구려와 백제와 마찬가지로 **곡식**(조, 組)이나 **특산물**(조, 調)을 바치고 **노동력**(용, 庸)을 제공하는 것이었지요.

조(組) 땅에서 거둔 곡식이나 직물의 원료를 냄.

용(庸) 산성이나 궁궐을 짓는 데 노동력을 제공함.

조(調) 해당 지방의 특산물을 냄.

신라의 기본 산업 농업

신라의 기본적인 산업은 농업이었어요. 백제처럼 평야 지역이 많지 않아 쌀은 그리 흔하지 않았고, 주로 보리·조·수수·콩·마 등의 농산물을 재배하였지요. 철기가 보급되면서 농기구가 발달해 쌀농사를 비롯한 농업이 발달하게 되었고요.

귀족들이 받은 땅, 식읍·녹읍

나라의 일과 군사를 관리하는 귀족들은 그에 대한 공로로 나라로부터 **식읍**이라는 이름의 많은 땅을 받았고, 일반 관료들은 **녹읍**이라는 이름의 땅을 지급받았어요. 녹읍에는 그 땅에 딸린 노동력과 공물의 일부를 얻을 수 있는 자격이 주어졌답니다.

공장이 생겨 발달한 수공업

신라의 수공업은 관청과 왕실 및 귀족들이 필요로 하는 물품을 만들어 내기 위한 **관영 수공업**의 형태로 더욱 발달하였어요.

특히 외국과의 교역품을 전문적으로 생산하기도 했던 관영 수공업은 왕궁 안에 작업장을 두고 전문 수공업 장인인 공장과 노비들에 의해 생산되었으며, 이런 작업장을 관리하는 행정 부서가 내성이라는 관청 아래 많이 설치되어 다양한 물품을 생산했답니다.

서라벌에 설치된 시장 동시

수공업의 발달은 자연스럽게 **상업의 발달**로 이어져 509년에 서라벌에는 동시라는 **시장**이 설치되었어요. 동시는 동시전이라는 관청에서 관리하였지요.

[삼국 시대-신라]

생활과 풍습

신라는 여왕이 있었던 나라예요. 그를 통해 다른 나라들과는 달리 여성의 지위가 높았음을 짐작할 수 있지요. 우리 민족의 가장 큰 명절인 추석은 신라의 풍습에서 유래되었어요.

여성의 지위를 말해 주는 **여왕과 원화**

우리 역사에서는 세 명의 여왕이 등장하는데, 세 명 모두 신라의 여왕이랍니다. 고구려나 백제에는 없었던 여왕이 신라에서만 세 명이 존재했던 이유는 부모가 다 성골이어야만 왕이 될 수 있는 신라의 특수한 신분 제도인 골품 제도 때문이기도 했지만, 신라 사회가 **여성들의 활동**이 다른 나라들보다 활발했다는 것을 의미하기도 해요. **원화**는 화랑도가 생기기 전 화랑도와 같은 역할을 하던 청소년 조직으로, 귀족 출신의 처녀 두 명을 뽑아 우두머리로 삼고 300여 명의 젊은이를 거느리게 하였어요. 그러나 서로 시기하는 폐단 때문에 없애고 남성을 우두머리로 하는 화랑도로 바꾸었어요.

여성들의 전국적 행사 길쌈놀이

신라에서는 가배라는 지금의 추석과 같은 명절이 있었는데, 가배는 신라 여섯 부족의 여성들이 길쌈놀이를 하는 것에서 시작되었다고 해요. 길쌈이란 삼베, 모시, 명주 같은 섬유에서 실을 뽑아 **옷감을 짜는 것**을 말하지요. 여섯 부족의 여성들이 길쌈 솜씨를 겨루었다는 것은 여성들의 사회 활동이 비교적 활발했다는 것을 의미해요.

추석의 유래는 신라의 **가배**

한 민족이 전통적으로 해마다 일정하게 지켜 즐기는 날을 명절이라고 하죠. 우리 민족이 지금까지 지켜 행하는 가장 큰 명절로는 설날과 추석이 있어요. 그중 추석은 **음력 8월 15일**에 행하는 명절로 조상의 묘를 찾아가 벌초와 성묘를 하고, 차례를 지내며 다양한 음식을 만들어 먹고, 여러 민속놀이를 즐기는 날이에요. 이 추석은 한자어이고 우리말로는 '**한가위**' 또는 '가위'라고 해요. 8월의 가운데 즉 8월 15일이라는 뜻의 말로 바로 신라의 가배라는 말에서 유래된 것이며, 추석은 신라의 가배라는 풍속에서 비롯된 명절이랍니다.

【삼국 시대-신라】
예술과 문화

신라의 예술은 초기에는 소박하다가 주변 나라의 영향으로 차차 화려하고 섬세한 귀족 사회의 예술이 등장해요. 그러다가 삼국 통일 후, 엄격하고도 조화로운 신라 고유의 특징이 나타나지요.

대표적인 미술품 〈천마도〉와 〈기마인물상〉

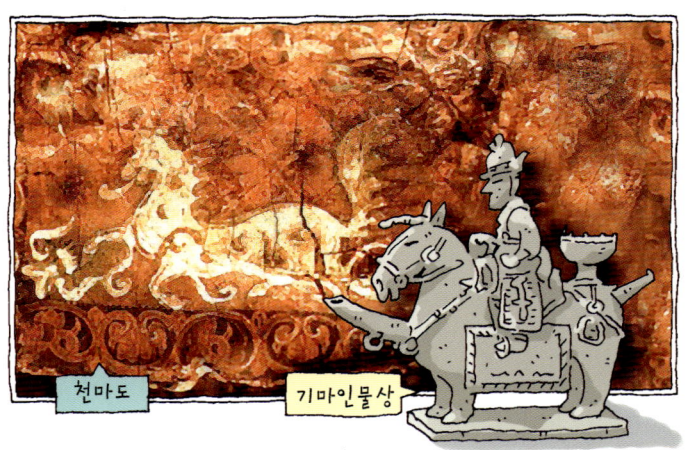

신라 미술은 불상과 조각, 토기 등 **공예가 발달**했어요. 회화는 전해지는 작품이 적어 아쉬움을 주는데 〈천마도〉와 토기인 〈기마인물상〉 등이 당시의 대표적인 미술품이라고 할 수 있어요.

뛰어난 화가 솔거와 김충의

황룡사의 노송도를 그린 솔거라는 화가에 얽힌 전설과 당나라에서 크게 활약한 김충의라는 화가에 대한 기록으로 보아 훌륭한 화가들이 많이 배출되고 회화가 크게 발전했다고 보여요.

특히 솔거가 황룡사의 벽에 그린 노송은 너무나 훌륭해 까마귀, 제비, 참새 등의 새들이 종종 날아들다 떨어지곤 했다는데, 이러한 기록을 보면 솔거는 매우 사실적이면서 기운이 넘치는 채색화에 뛰어났고 불교 회화에도 능했던 것을 알 수 있어요.

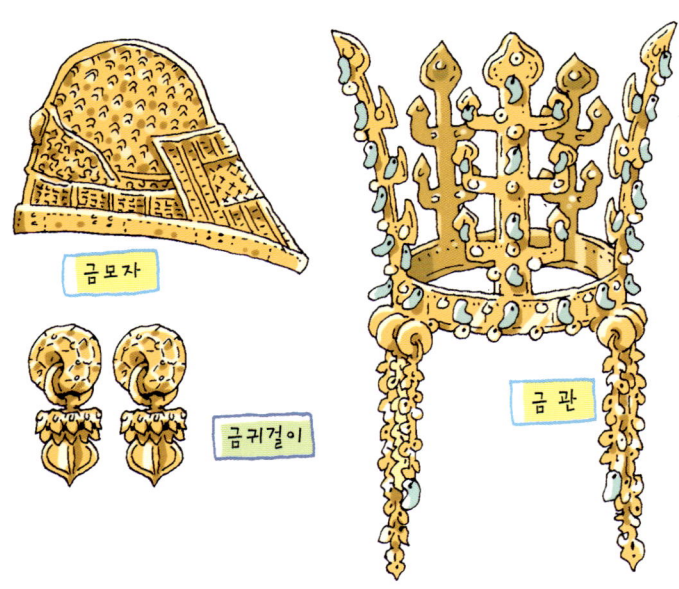

신라 미술을 대표하는 금속 공예 기술

신라는 특히 금속 공예가 발달했어요. 왕의 무덤인 고분에서 쏟아져 나온 **금관**을 비롯한 금속 공예품 등에서도 이를 잘 알 수 있어요. 금관을 비롯한 신라의 금속 공예는 매우 정교하고 호화로우며 또 어떤 것들은 현대적인 감각이 있어 우리를 깜짝 놀라게 하기도 해요.

불상으로 엿보는 신라의 조각 수준

신라는 삼국 중 가장 늦게 불교를 받아들였어요. 그렇지만 불교를 받아들인 후에는 무척 적극적이어서 6세기 후반에는 다른 나라의 수준에까지 이르렀어요.
삼국 시대 신라의 가장 대표적인 불상의 형태는 앉아서 생각하는 모습의 **미륵반가사유상**이라는 불상이에요.

신라인의 과학 기술을 알 수 있는 건축

아쉽게도 신라가 통일을 하기 전 세운 건축물 중 지금까지 남아 있는 것은 궁 터나 절터 외에 **첨성대**와 **분황사탑** 정도예요. 그렇지만 돌을 벽돌처럼 잘라서 쌓아 만든 분황사탑과 과학의 원리를 응용하여 건축한 첨성대를 통해 신라인들의 과학적이고 예술성 높은 뛰어난 건축술을 잘 알 수 있지요.

신라의 역사책 《국사》

한강 유역을 차지하며 신라의 전성기를 연 진흥왕은 **거칠부**에게 《국사》라는 역사책을 편찬하게 했어요. 고구려는 영양왕 때 **이문집**이 《신집》이라는 역사책을, 백제는 근초고왕 때 박사 **고흥**이 《서기》라는 국사책을 편찬했다는 기록이 전해지지만 안타깝게도 이들 모두 지금은 전하지 않고 있답니다.

신라의 음악 향가와 음악 기관 음성서, 악기 가야금

삼국 시대 신라의 음악은 가야금으로 연주하던 음악과 향가가 있어요. 가야금은 가야에 살던 **우륵**이라는 사람이 진흥왕 때 신라로 망명하면서 가지고 와 신라에 전했으며, 우륵이 전한 가야금곡은 신라의 궁중음악으로 받아들여졌어요. 또한 신라 거문고의 달인 **백결선생**이 거문고로 방아 소리를 내 유경해졌다는 〈방아타령〉이라는 곡도 있지요. 또 신라의 일반 백성들이 즐겨 부르던 '향가'라는 가요가 있는데 〈도솔가〉, 〈서동요〉, 〈회소곡〉, 〈혜성가〉 등이 즐겨 불리던 향가예요.

신라에서는 삼국 통일 이전에 이미 음성서라는 기관을 예부에 설치하고 음악과 관련된 일을 보게 하였어요. **음성서는 우리나라 최초의 음악 기관**인데, 궁중 의식이나 연회와 관련된 음악 행정을 맡아보았어요.

[삼국 시대-신라]

전쟁

가장 늦게 고대 국가의 모습을 갖춘 신라는 나라를 키우기 위해 주변 국가들과 여러 차례 전쟁을 치러야 했어요. 가야와 정복 전쟁을 하기도 하였고, 한강 유역을 차지하기 위해 백제와 치열한 전투를 벌이기도 하였지요.

신라의 한강 쟁탈전

550년

550년, 백제와 고구려가 한강 유역을 차지하기 위해 도살성과 금현성이라는 곳에서 한창 전투 중일 때, 신라의 진흥왕은 병부령인 **이사부**에게 백제를 돕는 척하면서 두 성을 기습 공격하게 했어요. 결국 신라가 두 성의 주인이 되었지요.

551년

551년, 성왕이 이끄는 **백제군과 연합**해 당시 한강 유역을 차지하고 있던 고구려를 공격했어요. 그래서 백제는 한강 하류 지역을, 신라는 한강 상류 지역인 죽령 이북과 고현 이남의 10개 군을 빼앗았어요.

553년

553년, 신라는 백제가 고구려에게 빼앗은 한강 하류 지역을 차지하려고 동맹 관계에 있던 **백제를 기습 공격**하여 한강 유역을 전부 차지했어요. 이 지역을 통치하기 위해 신주를 설치하고 김무력을 초대 군주로 임명했는데, 김무력은 김유신의 할아버지랍니다.

한강 유역을 차지하게 된 관산성 전투

백제의 성왕은 신라와 동맹을 맺고 함께 힘을 모아 고구려를 공격해 한강 유역을 빼앗았지만, 동맹을 깨고 한강 유역을 혼자서 차지한 신라가 너무나 미웠어요. 그래서 대가야와 연합해 대대적으로 신라를 공격하였지요. 그러나 성왕은 관산성 전투(지금의 충청북도 옥천)에서 신라의 김무력이 이끄는 군사들에게 죽임을 당하고, 백제와 가야의 연합군은 거의 전멸하고 말았어요. 이제 **한강 유역**은 완전히 **신라의 차지**가 된 것이지요.

백제와 고구려를 멸망시킨 나·당 연합군

한강 유역을 차지한 신라는 고구려와 백제의 거듭되는 공격을 받아야 했어요. 어려움에 처한 **신라는 당나라와 연합**해 백제와 고구려를 공격했지요. 660년에 황산벌 전투에서 계백 장군이 이끄는 백제군을 어렵게 물리친 신라는 당나라 군대와 함께 백제의 도읍지인 사비성으로 쳐들어가 백제를 멸망시켰어요. 그리고 668년에는 연개소문의 죽음 이후 내부 분열에 휩싸인 고구려의 평양성으로 쳐들어가 결국 보장왕에게 항복을 받아 냈어요.

【삼국 시대 - 신라】
유물

신라는 별을 관측하던 첨성대를 비롯하여 불국사와 석굴암, 성덕 대왕 신종 등 세계가 감탄할 만한 뛰어난 유적과 석탑, 금관, 토우 등 신라인의 기술과 정신이 담긴 여러 위대한 유물들을 남겼어요.

신라인의 과학 기술과 예술성을 한눈에 보여 주는 첨성대

첨성대의 모양

첨성대는 1,300년 전 신라 선덕여왕 때 세워진 건축물로 경주 인왕동 반월성과 대릉원 사이 벌판에 우뚝 서 있어요. 현재까지 남아 있는 천문대 중 한 번도 수리하거나 새로 고쳐 쌓지 않은 **동양에서 가장 오래된 천문대**로 평가받고 있지요. 전체적으로는 화강암으로 만들어져 있으며, 가장 아랫부분은 네모난 받침대를 세우고 그 위부터 술병처럼 원통 모양으로 몸통을 만들었어요. 가장 윗부분은 두 개의 단이 우물 정(井)자 모양으로 얹혀져 있고, 중간부분에는 남쪽으로 네모난 창이 나 있지요. 특히 몸통 부분은 네모난 돌을 한 층 한 층 원통 모양으로 둘러 점차 원통의 크기가 작아지며 곡선을 이루게 27단으로 쌓아올려 신라 첨성대만의 아름답고도 독특한 모습을 표현했답니다.

첨성대를 왜 만들었을까?

선덕여왕은 신라 최초의 여왕으로, 당시 신라의 귀족들은 선덕여왕이 통치자로서 어울리지 않는다고 여겼어요. 그래서 그런 주변의 시선을 물리치고자 천체의 변화를 제대로 읽고 예측해 자신의 권위를 세우고 백성들의 살림을 편하게 하고자 **천문을 관측하는 구조물**인 첨성대를 세우게 했다고 해요. 한편, 첨성대가 천문대였다기보다는 천문학적 지식과 상징을 담아서 만든 기념물이었다는 의견도 있어요.

첨성대 곳곳에 새긴 의미

첨성대에서 사용된 돌의 수는 모두 362개로 음력으로 따진 1년의 날 수와 같고, 그 돌로 쌓은 층의 수가 맨 아래부터 창이 있는 중간까지는 12단, 이것은 1년, 즉 열두 달을 상징한다고 해요. 또 중간 창의 윗부분부터 꼭대기까지 다시 12단, 이를 모두 합치면 24, 이것은 24절기를 나타내는 것이죠. 중간창의 3단을 합치면 27단이 되는데 27은 선덕여왕이 신라 제 27대 왕이라는 것을 상징한다고 하고요. 여기에 꼭대기에 얹은 우물 모양으로 놓인 정(井)자 돌까지 합하면 28이라는 수가 되는데, 28은 기본 별자리의 수를 말해 주는 것이랍니다.

신라의 가장 오래된 석탑 분황사탑

분황사탑은 분황사라는 절터에 세워져 있는 탑이어서 분황사탑이라고 불러요. 돌로 만들어져 분황사 석탑, 돌을 벽돌 모양으로 깎아 마치 벽돌로 만든 것 같다고 해서 분황사 모전석탑이라고도 하지요. 분황사를 세운 해와 같은 선덕여왕 3년(634년)에 세워졌으며, 현재의 모습은 3층이지만 원래는 9층이었을 것이라고 하는데 정확한 규모는 알 수 없어요. 네모반듯한 모양의 기초 단 위에 세워진 1층 몸체의 4면에 화강암으로 만든 출입구가 있으며, 양편에는 금강역사라고도 하는 인왕상을 조각했는데, 부드러우면서도 힘찬 모습은 신라 조각의 걸작품이라고 할 수 있어요.

현재 남아 있는 **신라의 석탑 가운데 가장 오래된 것으로** 비슷한 시기에 만들어진 백제의 미륵사지 석탑과 비교하여 신라 석탑의 발달과 당시의 조각 양식을 살피는 데 좋은 자료가 되고 있어요.

화려하고 아름다운 신라 금관

금관총, 천마총, 서봉총, 금령총, 황남대총 등에서 발견된 금관은 신라인의 **뛰어난 금속 공예 솜씨를** 가장 잘 말해 주는 유물이에요. 당시에 신라가 합병한 가야(가야의 금관은 신라 금관에 비해 기법, 장식, 모양이 단순하다)를 제외하고 고구려, 백제, 중국 등에서는 부분적인 금 장식이 아닌 전체를 금으로 만든 금관을 썼던 흔적은 찾아볼 수 없어요. 따라서 신라의 금관은 신라만의 독특한 보물로 여겨진답니다.

[삼국 시대-신라]
옷·집

신라 역시 백제와 마찬가지로 신분에 따라 엄격하게 옷을 구분해 입었어요. 멋진 기와를 얹은 화려한 집들 역시 아무나 지을 수 없었는데, 권력이 높은 귀족들의 차지였지요.

신분에 따라 엄격하게 구분된 옷·모자·신발

신라에서는 옷을 입는 데 신분에 따라 제한을 받았어요. 골품 제도라는 신라만의 독특한 신분 제도 때문에 더욱 엄격했지요. 관복의 색깔, 옷감의 종류, 머리에 쓰는 모자의 재질, 허리에 차는 요대, 신발의 재질 등 머리부터 발끝까지, 심지어는 속옷도 차별을 두어 입게 했다고 해요. 그래서 **귀족**들은 염색한 **화려한 비단옷**을 입었으나, **일반 백성**들은 색깔이 있는 옷을 입을 수 없어 **흰색 옷**을 입었답니다.

관등에 따라 달랐던 신라인의 옷 색깔
- 1~5관등(진골) - 자색(자주색)
- 6~9관등(6두품) - 비색(붉은색)
- 10~11관등(5두품) - 청색
- 12~17관등(4두품) - 황색
- 일반 백성들 - 흰색

아무나 기와를 얹을 수 없었던 집

골품 제도의 영향은 옷뿐 아니라 일상 생활에서 사용하는 도구와 그릇, 수레에 사용하는 장식품의 종류에도 미쳤어요. 그리고 무엇보다 사람들이 사는 집에 엄격하게 적용되었고요. 그래서 귀족이 아닌 일반 백성은 집에 기와를 얹을 수 없었어요. 즉 기와집에서 살 수 없었지요. 《삼국사기》에는 **신분에 따라 집의 모양과 크기가 달랐던** 당시의 제도가 잘 나타나 있어요.

귀족

평민

신분에 따라 집 모양, 크기 달라

《삼국사기》에 다음과 같은 내용이 실려 있는 것으로 보아, 신라 시대에는 신분에 따라 살 수 있는 집이 달랐음을 알 수 있어요. '4두품에서 백성에 이르기까지 방의 길이와 너비가 15척을 넘지 못한다. 느릅나무를 쓰지 못하고, 우물천장을 만들지 못하며, 당기와를 덮지 못하고, 짐승 머리 모양의 지붕 장식이나 높은 처마 등을 두지 못하며, 금이나 구리 등으로 장식하지 못하고, 또 보를 가설하지 못하며, 석회를 칠하지 못한다. 대문과 사방문을 만들지 못하고 마구간에는 말 2마리를 둘 수 있다.'

평민이라는 이유로 안 되는 게 너무 많아.

【삼국 시대-신라】
과학과 기술

첨성대 같은 유적들을 살펴보면 신라인들의 과학 기술이 얼마나 뛰어났는지 잘 알 수 있어요. 특히 신라는 금속을 다루는 금속 공예 기술이 크게 발달하였답니다.

첨성대를 통해 알 수 있는 발달한 신라의 천문학

첨성대라는 문화재를 통해 알 수 있듯, 신라는 특히 천문학이 발달했어요. 천문학은 **하늘을 보며 태양과 달, 별을 관찰**하고 연구하여 계절의 변화와 순환, 날씨 등을 알아내는 **자연 과학**이랍니다. 고대 사회에서는 농업과 정치에서 계절의 변화와 날씨가 무척 중요한 요소였기 때문에 천문학이 발달한 것이지요. 선덕여왕 때 만들어진 것으로 전해지는 첨성대는 세계에서 가장 오래된 천문대로서, 천체 관측에 대한 당시의 관심과 신라인의 뛰어난 과학 기술을 보여 주는 유물이에요.

발달된 역학과 수학의 원리가 적용된 건축술

첨성대는 당시 신라인의 천문학 수준뿐만 아니라 뛰어난 건축술도 잘 알 수 있게 해 주어요. 첨성대를 비롯해 분황사 석탑, 황룡사에 대한 기록 등을 통해 **건축물에 역학과 수학의 원리를 적용**한 신라인의 우수한 과학 기술을 엿볼 수 있지요. 역학은 물체 사이에 작용하는 힘과 물체의 운동과의 관계를 연구하는 물리학의 한 부문이에요.

금관을 보면 알 수 있는 뛰어난 금속 공예 기술

신라는 금관을 비롯해 금으로 만든 여러 장식품을 만들어 썼어요. 이를 통해 돌을 녹여 금속 성분을 뽑아내 합금을 만드는 기술과 금과 은 또는 유리를 섬세하게 가공하는 금속 공예 기술이 발달했음을 알 수 있어요.

[삼국 시대-신라] 인물

신라 시대에는 삼국 통일에 가장 큰 공을 세운 김유신 장군을 비롯하여 나라를 지키고 영토를 넓히기 위해 큰 활약을 한 이사부와 관창, 불교의 보급과 대중화를 위해 애쓴 이차돈과 원효 등 여러 방면에서 훌륭한 인물이 많이 등장했어요.

삼국 통일을 이룬 신라의 영웅 김유신

김유신은 본래 가야국의 시조 김수로왕의 12대손으로 609년(진평왕 31년)에 화랑이 되어 화랑 정신을 길렀어요.

629년(진평왕 51년) 8월, 고구려의 낭비성을 공격할 때 고구려군의 역습으로 싸움이 불리해지자, 아버지에게 "제가 벼리와 옷깃이 되겠습니다."라며 홀로 적진으로 돌진해 적장의 머리를 베어 옴으로써 싸움을 승리로 이끌었어요.

644년 9월, 상장군이 되어 백제의 7개 성을 차지하고 다음해 1월에 개선했는데, 가족을 만나 보기도 전에 매리포성(지금의 거창)이 백제군의 맹공을 받고 있다는 소식을 듣고는 곧장 출전해 크게 무찔렀어요.

647년(선덕여왕 16년)에는 선덕여왕을 내쫓으려 반란을 일으킨 상대등 비담과 염종의 반군을 토벌하고, 10월에 무산(지금의 무주) 등 3개의 성을 공격해 온 백제군을 격파했어요.

다음해 백제에게 빼앗긴 대량성(지금의 합천)을 공격해 함락시키고 이어서 악성 등 12개의 성을 빼앗았으며, 그 공으로 이찬 벼슬로 승진하고 상주행군대총관이 되었지요.

654년 3월, 선덕여왕의 뒤를 이은 진덕여왕이 후계자 없이 죽자 재상으로 있던 김춘추를 왕으로 추대하고, 660년(태종무열왕 7년)에 상대등에 올라 신라 정예군 5만과 소정방이 이끈 당나라군 13만이 연합해 백제를 멸망시켰어요.

668년(문무왕 8년), 나·당 연합군이 평양성을 공격할 때 금성에 남아 국방을 맡았으며, 고구려를 정벌하고 태대각간이라는 최고 직위에 오른 후에는 당나라 군사를 몰아내는 데 온 힘을 쏟았어요. 673년(문무왕 13년) 7월에 병으로 세상을 떠났답니다.

가야금을 전하고 궁중 음악을 만든 우륵

우륵은 가야국 가실왕과 신라 진흥왕 때 악사로 활약한 가야금의 명인이에요. 본래 대가야 출신인데, 대가야가 망하기 11년 전인 진흥왕 12년(551년)에 신라로 귀화했어요. 신라의 진흥왕이 국내를 순행하다가 낭성(지금의 청주)에 이르렀을 때, 우륵과 그의 제자 이문이 음악에 능하다는 말을 듣고 그들을 불러 음악을 연주하게 하였는데, 우륵과 이문은 새로운 노래를 지어 연주했다고 해요.

신라의 영토를 넓힌 장군 이사부

이사부는 나무로 만든 사자를 배에 싣고 가서 항복하지 않으면 맹수를 풀어 멸하겠다고 속여 지금의 울릉도인 **우산국**을 신라에 **귀속**시켰다고 해요. 541년(진흥왕 2년)에 군사의 책임자인 병부령이 되었고, 545년에는 국사 편찬을 제안하여 거칠부 등이 《국사》를 편찬하는 계기를 마련했지요. 549년에 한강 상류 지역까지 신라의 영토를 넓혔고, 550년에는 고구려와 백제가 도살성과 금현성을 두고 싸우는 틈을 타 두 성을 모두 빼앗았으며, 562년에는 **대가야를 멸망**시켰어요.

불교의 대중화에 힘쓴 원효

원효는 661년에 의상과 당나라로 유학을 떠나던 중, 어느 굴에서 잠을 자다가 잠결에 목이 말라 마신 물이 해골에 괸 물이었음을 알았어요. 그는 사물 자체에는 정(淨)도 부정(不淨)도 없고 모든 것은 마음에 달렸음을 크게 깨닫고는 유학을 포기하고 신라로 돌아와 분황사에서 독자적으로 통불교를 제창, **불교의 대중화**에 힘썼어요. 또 당나라에서 들여온 《금강삼매경》을 왕과 고승들 앞에서 강론하여 존경을 받기도 했지요. 불교 사상의 융합과 그 실천에 힘쓴 선구자이며, 한국 불교 사상에 큰 발자취를 남긴, 가장 위대한 고승의 한 사람으로 꼽힌답니다.

우정을 소중하게 여긴 화랑 사다함

사다함은 신라의 대표적인 **화랑**으로 내물왕의 7대손이에요. 인물됨이 뛰어나 수많은 낭도를 거느렸다고 해요. 신라가 대가야를 정복하려 하자 진흥왕에게 대가야 정벌에 출전시켜 달라고 청했고, **가야국을 멸망**시키는 데 큰 공을 세웠어요. 진흥왕은 사다함의 공을 높이 사 300명의 노예와 많은 토지를 주었는데, 사다함은 노예 300명을 풀어 주고 진흥왕이 내려 준 토지는 병사들에게 나누어 주었어요.

사다함에게는 무관랑이라는 벗이 있었어요. 이들은 서로를 신뢰하며 항상 함께 했어요.

그러다가 무관랑이 병으로 죽자, 사다함은 그 죽음을 애도하여 무관랑의 무덤 앞에서 떠날 줄을 몰랐어요.

무덤 앞에서 7일 동안 슬퍼하다가 친구를 따라 숨을 거두고 갔답니다.

한편, 《화랑세기》에는 애인인 미실이 화랑의 우두머리인 세종에게 가자, 그를 슬퍼하여 상사병으로 죽었다고 전하기도 하지요.

통일 신라

한반도를 중심으로 고구려·백제·신라가 서로 힘을 겨루던 삼국 시대의 마침표를 찍은 주인공은 신라예요. 신라가 백제와 고구려를 무너뜨리고 삼국 통일을 이룬 것이지요.

안타깝게도 당나라의 힘을 빌려 이룬 통일이기는 했지만, 신라는 고구려와 백제의 백성들과 힘을 합쳐 한반도를 차지하려는 당나라 군대를 물리쳤답니다.

통일된 신라는 나라를 안정시키고 정치와 경제를 발전시키며 우수한 문화를 꽃피웠어요.

[통일 신라] 왕

태종 무열왕의 뒤를 이어 삼국 통일을 이룬 문무왕, 왕권을 강화하고 제도를 새롭게 바꾼 신문왕, 나라의 전성기를 이끈 성덕왕, 나라를 위험에 빠뜨린 진성여왕, 신라의 마지막 왕 경순왕까지 통일된 신라를 이끈 여러 왕들이 있었어요.

삼국 통일의 주인공 문무왕

문무왕은 신라 제30대 왕으로, 고구려·백제·신라 삼국이 치열하게 영토 분쟁을 벌이던 때에 태종 무열왕 김춘추와 김유신의 누이인 문명왕후의 큰아들로 태어났어요. 654년에 아버지 김춘추가 진덕여왕의 뒤를 이어 왕위에 오르자 655년에 태자가 되었지요. 660년에 신라와 당나라 연합군이 백제를 공격할 때 명장 김유신과 함께 군사 5만으로 백제를 멸망시켰고, 661년에 아버지 태종 무열왕이 죽자 왕위에 올랐어요.

그 뒤 복신, 도침 등이 백제를 다시 일으켜 세우려는 움직임이 있자 이를 진압하였으며, 668년에 신라군을 이끌고 당나라와 연합해서 평양성을 공격하여 **고구려를 멸망**시키고 마침내 **삼국 통일**을 이루었지요. 문무왕은 당나라 문화를 받아들여 관제를 정비하였고, 통일 국가로서 나라 발전의 기틀을 튼튼히 다져 놓았으며, 681년에 세상을 떠났어요.

'죽어서도 나라를 지키리라' 문무왕의 무덤 대왕암

생전에 문무왕은 죽어서도 왜구의 침입을 막아 나라를 지키겠다고 결심했어요. 그래서 자신을 화장하여 동해에 무덤을 만들라고 유언을 남겼지요. 이것이 잘 알려진 문무왕 해중릉인데, 지금의 경주시 감포 앞바다에 있는 대왕암이 바로 그곳이에요.

나라의 걱정과 근심을 사라지게 한 피리, 만파식적

신라 제31대 신문왕이 아버지 문무왕을 위하여 동해변에 감은사를 지어 추모하였는데, 죽어서 해룡이 된 문무왕과 천신이 된 김유신이 합심하여 용을 시켜 동해의 한 섬에 대나무를 보냈어요.

이 대나무는 낮이면 갈라져 둘이 되고 밤이면 합하여 하나가 되니, 왕은 이 기이한 소식을 듣고 그곳으로 달려가 보았지요.

이때 용이 나타났고, 왕이 대나무의 이치를 물으니 용은 "한 손으로는 어느 소리도 낼 수 없지만 두 손이 마주치면 소리가 나는 것과 마찬가지로, 이 피리 역시 합한 후에야 소리가 나는 것이오… 이 소리의 이치로 천하의 보배가 될 것이오."라는 예언을 하고 사라졌어요.

이에 왕이 대나무를 베어서 피리를 만들어 불자, 나라의 모든 걱정과 근심이 해결되었다고 해요. 그래서 이 피리를 국보로 삼았는데, 효소왕 때 '만만파파식적'이라고 이름을 고쳤답니다.

왕권을 강화하고 제도를 정비한 신문왕

문무왕의 뒤를 이어 왕위에 오른 신문왕은 문무왕의 큰아들로 귀족들의 반란을 진압하고 왕권을 크게 강화하여 나라의 평화를 이끌었어요. 인재를 교육하고 양성할 목적으로 **국학**이라는 기관을 **설립**하였고, 중앙 행정 조직을 정비하였으며, 지방의 통치 제도를 **9주 5소경**으로 새롭게 나누었어요. 중앙의 군사 조직에 있어서는 신라인을 중심으로 고구려인, 백제인 및 말갈인을 두루 포섭하여 9서당을 완성하였지요. 이런 개혁 정책의 한 가지로 689년에는 귀족 세력을 누르기 위해 **녹읍제를 폐지**하기도 하였어요.

나라의 전성기를 이루어 낸 성덕왕

신라 제33대 왕인 성덕왕은 정치적으로는 국가의 행정을 담당하는 집사부의 중시가 모든 정치적 책임을 지게 하여 왕권을 강화했어요. 또한 당나라와 빈번한 교류로 신라의 국제적 지위를 튼튼하게 하였고, 중국 문물의 수입에도 적극적이었어요. 717년에 의학박사와 산박사를 각각 1인씩 두었고, 718년에는 누각(물시계의 일종)을 처음으로 제작하였어요. 722년에는 15세 이상의 백성들에게 **정전**이라는 이름으로 토지를 나누어 주어 농업 생산력을 키우고, 농민들에게 많은 세를 거두어들여 국가의 재정을 튼튼히 하였지요. 733년에는 당나라의 요청을 받고 신라와 국경을 접하고 있던 발해를 공격하여 실패했지만, 그 결과 735년에는 당나라와의 외교적 문제였던 **국토의 경계를 패강(지금의 대동강)으로 확정**지었지요. 이로써 신라의 영토는 대동강에서 원산만에 이르는 지역으로 결정되었지요.

나라를 혼란에 빠뜨린 진성여왕

신라 제51대 왕으로, 신라 3인의 여왕 중 마지막 여왕이에요. 즉위 직후 지방에 1년간 조세를 면제하고 죄수들을 풀어 주는 등 민심을 수습하는 데 노력하기도 하였으나, 887년(진성여왕 2년) 남편이었던 상대등 위홍이 죽자 제대로 나라를 돌보지 않았어요. 나라가 혼란에 빠지고 곳곳에서 반란이 일어나자 **최치원**을 등용하여 위기를 막아 보려 했지만 진골 귀족의 반대에 부딪혀 실패했어요. 그 후 통일 신라는 더욱 붕괴되어 궁예가 세운 후고구려, 견훤이 세운 후백제와 함께 **후삼국 시대**를 맞게 되었지요.

통일 신라의 마지막 왕 경순왕

견훤이 이끄는 후백제군이 왕궁에 침입하여 경애왕을 살해하고 견훤에 의해 왕위에 오른 경순왕은 935년 10월, 나라의 힘이 약하여 더 이상 지킬 수 없음을 알고 고려를 세운 **왕건에게 항복**하였어요. 이로써 신라는 나라를 세운 지 992년 만에 멸망하게 되었지요.
경순왕은 고려 태조에게 항복한 후 태조로부터 유화궁이란 궁전을 하사받았으며, 경주를 식읍으로 받았어요. 경주의 **사심관**에 임명됨으로써 고려 시대 사심관 제도의 시초가 되었어요.

식읍과 사심관 제도

식읍이란 나라가 공신 등에게 내려 주어 그곳의 세금을 받아 쓰게 하던 고을이에요. **사심관 제도**는 공신들에게 출신 지방을 다스리게 한 제도이고요. 중앙에 반발하는 지방 세력들을 견제하기 위한 것이지요. 처음 이 사심관에 임명된 사람이 바로 경순왕인데, 왕건은 경순왕에게 정승공이란 작위를 내리고 경주 지방을 다스리게 하였어요.

[통일 신라]
영토와 도읍지

신라는 삼국을 통일했지만 고구려와 백제의 영토를 모두 차지하지 못했어요. 왜냐하면 신라가 고구려와 백제를 공격할 때 군사력을 빌려준 당나라가 한반도를 지배할 욕심을 드러냈기 때문이에요.

당나라군이 고구려·백제 영토에 설치한 안동도호부와 웅진도독부

여러 성을 빼앗았으며 이듬해에는 사비성을 함락시켜 **소부리주를 설치**함으로 백제의 옛 땅은 모두 신라가 지배하게 되었어요. 그리고 매소성과 기벌포에서 당나라 군사를 크게 격파하여 당나라 군대를 평양에서 요동성으로 몰아내었지요. 당나라는 안동도호부를 평양에서 요동성으로 옮기고 한반도에서 물러갔어요(676년). 이로써 진짜 통일을 이룬 통일 신라의 영토는 대동강에서 원산만에 이르는 지역이 되었어요.

당나라는 백제와 고구려의 옛 땅에 군대를 주둔시키고 그곳을 완전한 자기들의 영토로 삼으려고 했어요. 평양에 **안동도호부**를 설치하여 고구려 땅을 9도독부와 42주로 산산조각을 내어 당나라에서 파견한 관리들이 다스리게 하였으며, 백제 땅에도 공주에 **웅진도독부**를 두어 지배했어요. 그뿐 아니라 신라의 영토까지 지배하려는 야심을 드러내 신라에 **계림대도독부**를 설치하고 신라의 문무왕을 계림주 대도독으로 임명하였어요. 문무왕 10년, 신라는 품일을 보내 당나라 군대가 머무르고 있는 백제의

삼국 통일 후 새롭게 정비되고 큰 건설 공사가 벌어진 도읍지 서라벌(경주)

당나라와 힘든 전쟁을 치른 신라는 도읍지인 서라벌을 정비하고 대대적인 건설 공사를 벌였어요. 그래서 당나라의 도읍지인 장안을 본떠 대로를 닦고 네모반듯한 정사각형 모양으로 방이라는 동네를 만들었어요. 방과 방 사이에는 도로를 만들고 방을 다시 여러 구획으로 나누어 계획 도시를 만든 것이지요.

통일 신라의 수도인 **서라벌은 정치·문화의 중심지**로, 귀족들이 모여 사는 대도시로 번성하였어요. 또한 지방의 5소경은 과거 백제, 고구려, 가야의 일부 지배층은 물론 신라의 수도에서 이주한 귀족들이 거주하는 지방의 문화 중심지였지요.

전성기의 서라벌은 바둑판처럼 반듯하게 구획된 시가지에 궁궐과 관청, 사원을 비롯하여 귀족들의 저택과 민가가 즐비하게 들어서 17만 호를 헤아릴 정도였다고 해요. 그 대부분이 기와로 지붕을 이었고, 밥 짓는 데도 숯을 사용할 정도였답니다.

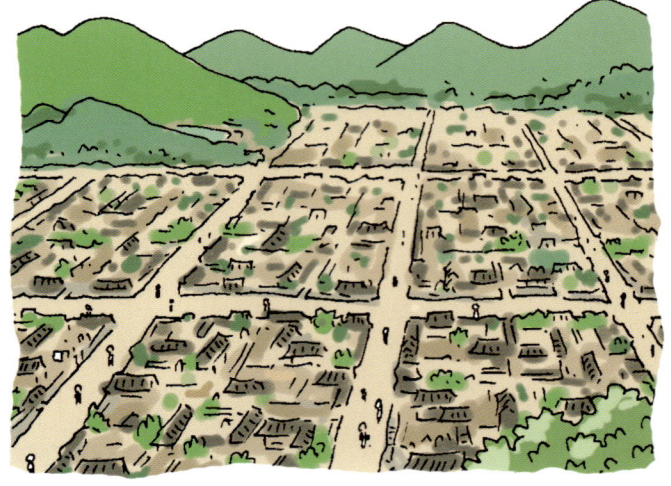

[통일 신라] 정치

통일 신라는 국가의 기틀을 새롭게 다지고 바뀐 국가의 상황에 맞는 정치를 펼치기 위해 여러 정치적인 노력을 기울였어요. 중앙 행정 조직을 개편하였고, 전국을 9주 5소경으로 나누었으며, 독서삼품과라는 인재 선발 제도를 실시하였지요.

신문왕 때 완성된 중앙 행정 조직

신라는 통일 후 늘어난 영토와 인구를 효과적으로 관리하기 위해 신문왕 때 중앙 행정 조직을 개편했어요. 인사, 조세, 군사, 교육, 형벌, 공사로 업무를 나누었던 이전의 육전 체제에서 신라의 특수성을 고려하여 새로이 13개의 부서로 나누었어요. 이를 관부라고 하는데, 13개 부서의 명칭과 업무는 다음과 같답니다.

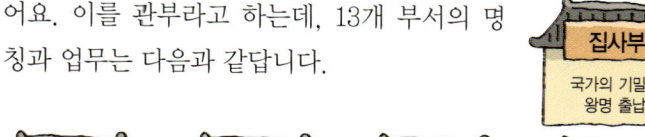

전국을 새로 구분한 9주 5소경

신라는 514년(지증왕 15년)부터 정치·군사적으로 중요한 지방에 작은 서울이라는 의미로 '소경'이라는 특수행정구역을 설치했어요. 삼국을 통일한 뒤에는 685년(신문왕 5년)에 **전국에 5소경을 설치**하여 새로 편입된 지역을 통제하고, 수도인 경주가 신라 영토의 동남쪽에 치우쳐 있는 약점을 보완하려 했지요. 또한 **전국을 9개의 주로 나누고 주의 책임자로 총관**(나중에 도독으로 바뀜)**을 파견**했어요. 지방 관리의 잘잘못을 조사하기 위해서는 감찰기관인 사정부 소속의 관리를 '외사정'이라는 이름으로 파견했지요.

새로운 군사 조직 9서당 10정

진평왕 5년(583년)부터 증설되어 통일 후 신문왕 7년(687년)에 완성된 **9서당**은 **수도에 주둔**한 중앙 군인으로, 신라인 외에 고구려·백제·말갈인 등으로 구성된 왕 직속의 군대예요. **지방의 군사 조직인 10정**은 통일 이전에는 6정으로 편제되었으나 통일 후(686년) 넓어진 국토를 효율적으로 관리하기 위해 9주를 기준으로 각 주에 1정씩 배치하고, 지역이 넓고 국방상 요지였던 한주(한강 지역)에는 2개의 정을 설치했어요.

10정이 배치된 곳은 지방 통치의 중심점이어서 이와 같이 배치된 정은 국방 및 경찰의 임무도 겸하였으며, 중앙 집권적 통치 체제에 큰 몫을 담당하였지요.

새 인재 등용을 위해 설치한 독서삼품과

신라 제38대 왕인 원성왕 4년(788년)에 시행한 독서삼품과는 독서출신과라고도 해요. 유교 사상을 가르치기 위해 국학이라는 학문 기구를 설치하고, 그 안에 학생들의 **독서 능력에 따라 성적을 3품(3등급)으로 구분**하여 관리로 선발하는 제도였어요.

[통일 신라]
사회와 경제

통일 신라는 나라의 안정과 왕권 강화를 위해 일반 백성들에게 토지를 지급해 주기도 했고, 시장을 설치하여 상업의 발달을 꾀하기도 하였어요. 세계 여러 나라와 활발하게 무역도 하였지요.

일반 백성에게 지급한 땅 정전

722년, 성덕왕 때 국가에서 백성들에게 정전을 지급했어요. 정전은 15세 이상의 남자에게 나누어 주어 농사를 짓게 한 토지를 말해요. 정은 15세의 장정, 즉 국가에 노동력을 제공한 남자를 말하는 것이지요. 국가는 정전을 지급하여 일반 농민들을 직접 통치하였으며, 농민들의 생활을 나아지게 하여 더 많은 세금을 거두어들일 수 있었어요. 그 때문에 왕권을 더욱 강화할 수 있었지요.

상업의 발달로 생긴 남시와 서시

신라 때 생긴 동시에 이어 통일 신라 시대에는 경주(서라벌)에 남시와 서시가 생겨났어요. 동시, 남시, 서시는 요즘의 시장이라고 할 수 있어요. 동시에 이어 남시, 서시가 생겨난 것은 그만큼 인구 수도 늘어나고 상업의 필요성도 커졌다는 것을 뜻해요.

남시와 서시를 감독하는 관청 남시전과 서시전

신라 시대 때 세워진 동시를 감독하기 위해 동시전이라는 관청이 만들어진 것처럼, 통일 신라 때 세워진 남시와 서시를 관리·감독하기 위한 관청이 생겨났어요.
남시를 감독하는 관청은 남시전, 서시를 감독하는 관청은 서시전이었지요. 시장을 감독하는 관청의 관원들은 시장의 업무를 시작하는 시간과 끝내는 시간을 알려 주고, 거래 도중에 일어나는 분쟁을 해결해 주었으며, 왕궁에서 필요한 물건을 조달하는 일도 하였답니다.

농민들의 생활을 알 수 있는 신라민정문서

일본의 한 절에서 통일 신라 시대의 촌락에 대한 기록 문서가 발견되어 당시의 **농민들의 생활**을 짐작케 해 주고 있어요. '신라민정문서'라고 부르는 이 문서는 1933년에 발견되었는데 가로 58센티미터, 세로 29.6센티미터 정도의 닥나무로 만든 종이 2매에 서원경(지금의 충청북도 청주)에 속하거나 그 부근에 있었을 것으로 짐작되는 4개 촌락의 사정이 기록되어 있었지요.

민정 문서에는 이런 내용이...
촌락의 이름, 촌락의 경계, 남녀별 인구와 호구 수, 소·말의 수, 토지, 나무의 수, 호구의 감소 등이 기록되어 있어요. 촌주가 3년에 1차례씩 촌락의 생산 자원을 조사한 것으로 보아 조세를 징수하고 부역을 동원하기 위한 것임을 짐작할 수 있답니다.

활발했던 외국과의 무역

삼국을 통일한 신라는 다른 나라와 적극적으로 무역을 펼쳤어요. 그 바탕에는 관영 수공업의 발달과 시장이 생겨 상업이 활발해진 이유가 있었지요. 특히 당나라와의 교류가 활발했어요. **수출품들**은 통일 전의 토산 원료품에서 통일 후 **금은 세공품·인삼** 등으로 바뀌었으며, **수입한 물품**은 **고급 비단과 옷·책·공예품** 등 주로 귀족들의 사치품이었어요. 아라비아 상인들도 울산항을 통해 진귀한 보석, 모직물, 향료 등 남방의 물품들을 들여왔어요. 8세기 이후에는 일본과도 교류를 하였는데, 신라 칼은 일본에서 큰 인기를 얻기도 했어요.

당나라에 신라인들이 모여 산 신라방

통일 신라와 당나라와의 무역이 발달하면서 신라인들의 해상 활동이 활발해지자, 신라인들은 당나라의 해안 지대인 등주, 양주, 초주 지방으로 이주하여 살게 되었어요. 이렇게 신라인들이 모여 살던 곳을 **신라방**이라고 해요. 상인들이 가장 많이 살았고, 승려들도 많아 법화원이라는 신라인의 절에는 승려가 250명이나 되었던 적도 있었어요. 등주에는 신라의 사신이나 유학승들이 묵어 가는 **신라관**이라는 숙소도 있었으며, 신라인을 다스리는 관청인 **신라소**도 있었어요. 신라방은 장보고가 해상 무역을 장악하면서 더욱 번창하였지요.

동아시아 무역의 중심지 청해진

828년에 장보고는 청해진을 설치하며 바다의 질서를 어지럽히던 해적들을 소탕하고 동아시아 바다의 **상권**을 장악했어요. 중국과 일본을 다니던 무역선들을 통제하며 청해진을 중심으로 **해상 무역**이 이루어지게 하였지요. 청해진은 중국과 일본은 물론, 멀리 아라비아 상인들까지 드나드는 해상 무역의 중심지가 되었답니다.

[통일 신라]
예술과 문화

삼국 통일을 하기 전에는 나름대로 소박한 조화미가 있던 신라의 예술은 삼국을 통일하며 고구려와 백제의 문화를 자연스럽게 포용하고 당나라 문화를 받아들이면서 문화의 수준이 크게 향상되었어요.

삼국 시대보다 더욱 화려·세련된 예술

통일 신라의 예술은 삼국 시대보다 더욱 **화려**해지고 **세련**되어 졌으며, 사실적인 기법에 생동감이 넘쳤고 조화의 아름다움을 강조한 것이 특징이에요. 특히 불교가 일반인들에게 널리 보급되면서 불상과 탑, 범종 등 불교 미술에서 뛰어난 솜씨를 발휘했는데, 가장 대표적인 불교 미술품은 바로 불국사와 석굴암이에요.

통일 신라 미술을 대표하는 불교 미술과 공예

통일 신라 시대의 미술을 대표하는 것은 불상을 비롯한 불교 미술품과 공예품들이에요. 이 시대의 **불상**은 **석재**나 **금동**을 자유자재로 다루어 삼국 시대 불상의 전통을 계승, 발전시키고 나아가 신라인들의 이상적인 미의 세계를 이루어 냈어요.

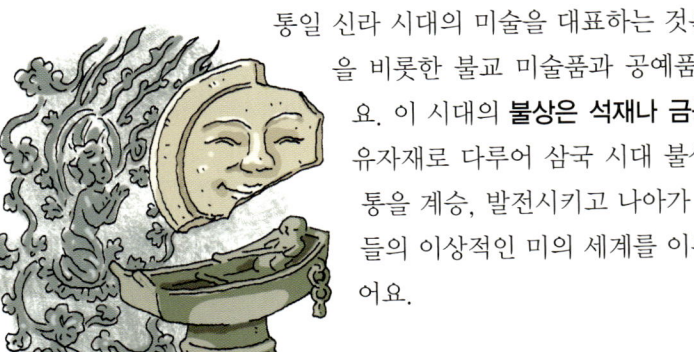

세계적인 건축물로 인정받은 불교 건축

통일을 이루고 난 후 신라는 경주를 중심으로 많은 사찰을 지었어요. 8세기에는 불국사와 석굴암이 세워졌는데, 통일 신라의 건축의 우수성을 잘 알 수 있는 불교 건축물이지요.

불국사는 토함산을 배경으로 넓게 트인 앞을 내려다보도록 세워졌는데, 석조물과 기단이 지금까지 남아 있어 신라 불교 예술의 높은 수준을 보여 주고 있어요. 앞쪽에 있는 청운교, 백운교 등의 돌층계와 범영루는 서로 조화를 이루어 입체적인 아름다움을 나타내고 있지요.

석굴암은 불국사와 함께 건립된 인공 석굴 사원으로, 뛰어난 문화유산으로서의 가치를 인정받아 유네스코 세계 문화유산으로 등록되었답니다.

독창적인 기술로 만들어 낸 범종

우리나라에서 가장 오래된 종은 성덕왕 24년(725년)에 만들어진 오대산의 **상원사 동종**이에요. 주위에 장식된 당초 무늬와 비천상 및 주악상 등에서 뛰어난 주조술을 짐작할 수 있는데, 이러한 우리나라 종의 특징은 중국 및 일본과는 비교할 수 없는 독창적인 설계에 있어요. 특히 맨 위에 있는 음통은 소리를 좋게 하는 매우 과학적인 설계로, 당시의 높은 과학 기술을 짐작할 수 있지요.

성덕 대왕 신종(봉덕사종, 에밀레종이라고도 불림)은 신라 문화가 가장 융성했던 8세기 후반(혜공왕 7년)에 완성되었어요. 이 종은 현재 남아 있는 가장 큰 종일 뿐만 아니라, 그 모양이나 비천상, 연화문 등의 장식이 아름다워 우리나라 범종을 대표하고 있지요. 그러나 우리나라의 뛰어난 범종들은 국난으로 인해 많은 수가 없어지거나 외국으로 반출되어 완전히 남아 있는 신라 종은 우리나라에 2개, 일본에 2개뿐이랍니다.

종류와 내용이 풍부해진 음악

통일 신라의 음악은 고구려·백제 음악과 당의 음악을 받아들이고, 또한 불교 음악인 범패가 전래됨으로써 음악의 종류와 내용이 풍부해졌어요. 또 이 시기의 악기에는 **가야금·거문고·비파**의 3현과 대금·중금·소금의 3죽이 있었는데, 특히 옥보고는 거문고에 뛰어나 30여 곡의 거문고 곡조를 지었다고 해요.

명필을 탄생시킨 서예 분야

통일 신라 때에는 당나라에서 유학을 받아들이며 서예도 크게 두각을 나타내었어요. 서예에서는 **김생·요극일** 등이 명필로 이름을 날렸지요. 특히, 김생은 신품 4현의 한 사람으로, 고려 시대에 그의 글씨를 모아서 새긴 집자 비문이 오늘날까지 전해 오고 있어요.

향가를 모은 노래집 삼대목

신라 제51대 진성여왕 때 엮은 향가집이에요. 《삼국사기》에는 이 책에 대한 기록만 있고, 지금은 전해지지 않아요. 888년에 위홍과 대구화상이 왕의 명에 따라 향가를 수집하여 엮은 것으로, **우리나라 최초의 노래집**이에요. '삼대(三代)'에 대하여는 여러 가지 설이 있으나 신라의 상대(上代)·중대(中代)·하대(下代)의 3대를 가리키고, '목(目)'은 집목(集目) 또는 요목(要目)·절목(節目)의 뜻으로서, '삼대의 집(集)'이라는 뜻으로 풀이된답니다.

신라인이 부르던 유행가 향가

신라인들이 즐겨 부르던 향가는 통일 후에 더욱 발달하여 귀족으로부터 평민에 이르기까지 널리 유행했어요. 향가를 지은 사람은 주로 **승려**와 **화랑도**들이었으며, 주요 내용은 국가의 평안과 부처의 은덕을 찬양하거나, 죽은 사람을 추모하는 내용이었어요.

통일 신라의 국립 대학 국학

신문왕 때에는 **국립 대학**인 국학이 설립되었어요. 여기에 경학 박사와 조교를 두고, 15세부터 30세까지의 **귀족 자제**에게 9년 동안 교육을 시켰어요. 교과 과목으로는 유학을 공부하는 학문인 경학이 있었고, 공동 필수 과목으로는 《논어》와 《효경》이 있었어요.

한자를 빌어 우리말을 표기한 향찰과 이두

이두와 향찰은 한자의 음과 뜻을 빌려 쓴 표기법이에요. 향찰은 이두와는 달리 문장 전체를 적은 것으로, 겉으로 보기에는 한자를 나열해 놓은 것처럼 보이지만, 실제로 신라인들은 이것을 보면서 **한자로 읽은 것이 아니라 우리말로 읽었다고** 해요. 이두는 일반적으로는 한자를 국어의 문장 구성법에 따라 고치고 이에 토를 붙인 것을 이르지요.

[통일 신라] 전쟁

신라는 진정한 한반도의 통일 국가로서의 모습을 갖추기 위해서 당나라와 여러 차례 전투를 벌여야 했어요. 매소성 전투에서는 당나라의 공격을 물리쳐 당나라의 침입을 막아 냈으며, 바다에서도 당나라 군사를 크게 물리쳤어요.

당나라로부터 한반도를 지켜 낸 나·당 전쟁

신라와 연합해 백제와 고구려를 멸망시킨 당나라는 한반도를 지배하려는 욕심을 드러냈어요. 이에 신라가 **당나라 세력을 몰아낸 전쟁**을 신라의 '라(나)' 자와 당나라의 '당' 자를 붙여 '나·당 전쟁'이라고 하지요. 백제와 고구려가 무너지자 당나라는 신라를 배신하고 웅진도독부(옛 백제 지역)·안동도호부(옛 고구려 지역)·계림대도독부(신라 지역)를 설치하여 한반도를 다스리려 하였고, 이에 나·당 전쟁이 시작되었어요.

당나라에게 큰 타격을 입힌 매소성 전투

당나라가 한반도 전체를 지배하려는 야욕에 신라가 강력히 맞서자, 당나라는 674년 신라에 대대적인 공격을 해 왔어요. 이에 신라군은 옛 고구려의 백성들과 힘을 합쳐 용감히 맞서 싸웠고, 임진강·한강 하류 등지에서 당나라 군사들을 물리쳤지요. 675년 9월 29일, 당나라가 20만 대군을 거느리고 매소성이라는 곳에 진을 치자, 신라군은 역시 이 지역의 지리를 잘 아는 고구려 유민들의 도움을 받아 당나라군을 불리한 지형으로 몰아넣은 다음 이들을 겹겹이 포위하여 물리쳤어요. 이에 당나라는 큰 타격을 받았고, 신라가 **한반도에서 당나라를 몰아내는 결정적인 계기**가 되었지요.

나·당 전쟁의 마침표 기벌포 전투

676년, **설인귀**가 이끄는 당나라 수군은 금강 하구의 기벌포(충남 장항)로 침입하였어요. 고구려와 백제에 이어 신라까지 점령하기 위해서였지요. 그렇지만 **사찬 시득**이 지휘하는 신라 수군은 이에 맞서 용감하게 싸웠어요. 처음에는 신라 해군이 패했으나, 이어 크고 작은 전투를 22번이나 치른 끝에, 신라군은 당나라 해군 4,000여 명을 죽이고 승리하였어요. 이 싸움은 670~676년의 7년간에 걸친 당나라와의 전쟁을 승리로 장식한 마지막 대전투였답니다.

[통일 신라]
유물

통일 신라는 고구려와 백제의 뛰어난 예술과 신라의 놀라운 과학 기술을 합쳐 위대한 문화유산들을 만들어 냈어요. 불국사와 석굴암, 성덕 대왕 신종 등 세계가 놀랄 만한 위대한 유물들이지요.

신라인의 신앙과 예술성이 가득 담긴 절 불국사

《삼국사기》에 보면 '신라 경덕왕 10년, 김대성이 현세의 부모를 위해서는 불국사를 짓고, 전세의 부모를 위해서는 석불사(석굴암)를 짓기 시작하였다. 김대성이 이 공사를 시작하여 완성을 보지 못하고 죽자 혜공왕 10년 국가에 의해서 완성을 보았으니, 30여 년의 세월이 걸렸다.'는 기록이 있어요. 불국사는 신라인들이 생각하는 **부처님이 사는 나라**, 불교에 대한 신앙, 신라인들의 정신 세계가 잘 표현된 유물이에요.

불국사 둘러보기

불국사는 크게 절로 들어서는 입구인 일주문을 시작으로, 대웅전 입구가 되는 자하문과 대웅전을 비롯하여 비로전·극락전·관음전·무설전·나한전 등 여러 불상들을 모신 건물들로 구성되어 있어요. 국보 제20호인 다보탑과 국보 제21호인 석가탑이 있고, 국보 제22호인 연화교와 칠보교, 국보 제23호인 청운교와 백운교, 국보 제26호인 비로자나불, 국보 제27호인 금동아미타여래좌상 등이 있지요.
불국사 안에 있는 보물 중에 가장 널리 알려진 다보탑과 석가탑은 석가모니 불상을 모신 대웅전 앞뜰에 마주 보고 서 있는 석탑으로 우리나라의 석탑을 대표하는 탑이에요.

세계에 자랑할 만한 불교 미술 최고의 걸작품 석굴암

석굴암은 1995년 불국사와 함께 세계 문화유산으로 등록되었어요. 원래 처음 지어졌을 당시에는 독립된 하나의 절이어서 절의 이름도 석굴암이 아니라 '**석불사**'였어요. 석굴암이란 스님들이 생활하던 공간 이름이었는데, 이를 혼동한 일본인에 의해 1910년부터 석굴암이라고 불리게 된 것이에요.

석굴암의 가장 두드러진 특징은 인도나 중국에 있는 천연적으로 만들어져 있는 바위를 뚫고 만든 일반적인 석굴 사찰과는 다르게 **화강암을 석굴 모양으로 쌓아 올려** 그 위에 흙을 덮어 만들었다는 점이에요. 안으로 들어서면 네모난 모양의 전실과 본존불(절의 중앙에 있는 신앙의 중심이 되는 부처)이 놓여져 있는 원형으로 된 주실, 그리고 전실과 주실을 연결해 주는 통로로 구성되어 있어요. 전실에서 주실로 들어서는 통로 입구, 통로의 양쪽 벽, 그리고 본존불을 중심으로 원형으로 된 주실 안에는 다양한 의미와 상징을 담고 있는 38개(원래는 40개였으나 지금은 38개만 남음)의 불상 조각들이 있는데, 이곳의 조각상들은 그 표현이 매우 뛰어나 동아시아 **불교 조각의 최고 걸작품**으로 손꼽히고 있어요.

그중 주실의 중앙에 놓여 있는 본존불은 온화한 얼굴의 표정과 어깨에 걸쳐진 옷의 주름에서 느껴지는 생생한 느낌은 보는 사람으로 하여금 신라인이 그렸던 살아 있는 부처의 모습을 보는 듯한 감동에 젖게 한답니다.

안압지와 임해전지

안압지는 임금과 신하들이 **연회를 베풀거나 회의를 했던 장소**로서 귀빈을 접대하기도 한 경치가 아름다운 연못이며, 임해전지는 신라 왕궁의 별궁으로 문무왕이 삼국 통일을 기념하여 완성한 **인공 호수와 정원**이에요. 통일 신라의 건축과 조경을 알 수 있는 문화재이며, 당시 화려했던 신라 귀족 예술의 모습을 보여 주는 것이기도 해요.

신비로운 울림 성덕 대왕 신종

세계적으로 높이 평가를 받고 있는 신라 시대의 범종 중에서 가장 큰 성덕 대왕 신종은 크기뿐 아니라 종의 울림 즉 소리도 너무나 신비롭고, 종에 새겨진 문양과 조각 솜씨가 화려하고 아름다워 **우리나라를 대표하는 최고의 범종**으로 꼽혀요.
불국사와 석굴암을 세운 경덕왕이 아버지인 성덕왕을 추모하기 위해 만들기 시작했으며, 그의 뒤를 이은 혜공왕 때(771년, 혜공왕 7년) 완성하였어요.

그윽하게 오랫동안 여운을 내며 멀리까지 퍼져 나가는 종소리의 비밀을 풀기 위해 여러 과학자들이 연구했답니다. 아름다움 또한 뛰어나서 종을 매는 고리는 용의 머리로 조각을 했고, 종의 몸체에는 위아래로 넓은 띠를 둘러 그 안에 꽃무늬를 새겨 넣었어요. 종의 어깨 부분에는 연꽃무늬 9개가 사각형 안에 새겨져 있고, 그 아래로는 날개옷을 입고 있는 선녀 그림이 2쌍, 그 사이 종을 치는 부분에는 큰 연꽃무늬가 새겨져 있어요. 당시 신라인의 높은 예술 수준을 알 수 있는 부분이기도 해요.

1250여 년이 지난 지금까지 손상되지 않고 전해 내려오는 매우 소중한 유물인 성덕 대왕 신종은 신라인들이 오랜 세월에 걸쳐 노력과 정성을 들인 보물일 뿐만 아니라, 예술적인 감각과 과학적인 지혜들을 동원한 세계에 자랑할 만한 훌륭한 보물이랍니다.

높이 : 375cm 무게 : 18.9톤
성분 : 구리(80%이상) 주석, 납

[통일 신라]
옷·집

통일 신라 시대의 옷은 기본적으로 삼국 시대와 큰 차이가 없었어요. 삼국 시대와 마찬가지로 바지는 남녀 공용이었고, 여자들의 경우 평상시에는 바지만 입고 생활하다가 외출할 때에 예복용으로 치마를 덧입었던 것도 삼국 시대와 비슷했지요.

여자들이 입은 화려하고 긴 치마

통일 신라 때의 치마는 표상과 내상이 있었어요. 표상은 겉에 입는 치마이고 내상은 속치마를 뜻해요. 따라서 이 시대 여성들의 치마는 매우 화려했을 것으로 보이며, 토우상을 통해 그 길이 또한 땅에 끌릴 정도였음을 추측할 수가 있어요. 이러한 통일 신라의 **화려하고 긴 치마**는 다음 시대인 고려로 이어져 많은 옷감을 들여 치마폭을 제작하는 새로운 풍속을 만들어 냈어요.

사치스러운 옷을 아무나 입을 수 없게 한 복식 금지 제도

흥덕왕 때에 이르러 신라 문화는 완숙기에 접어들어 옷도 대단히 사치스러웠을 뿐 아니라, 외래품을 숭상하고 계급의 복식 질서도 문란해져서 **복식 금지 제도**를 새로 만들었어요.

통일 신라 때 유행한 당나라 패션

삼국 시대에 비하여 옷감의 종류가 다양해져서 옷의 양식도 호화찬란하게 발전하였을 것으로 보여요. 특히 당나라와의 외교 관계로 **복두**를 비롯하여 **당나라의 패션**이 유행하였어요. 그러나 이러한 옷의 형식도 주로 귀족 계급들에 한정된 것으로 일반 서민과는 관련이 적었어요.

머리에 쓰는 **복두**

머리에 쓰는 중국의 복두가 우리나라에 전래된 시기는 신라 제28대 진덕여왕 때였어요. 왕은 물론이고 진골에서 평민에 이르기까지 신분의 귀천 없이 남자들 모두가 착용하였지요.

경주에 있던 화려한 귀족들의 집 금입택과 4절유택

통일 신라에서도 역시 골품제의 영향으로 **신분에 따라 집의 규모와 크기가 달랐어요**. 특히 최고의 번성기를 누렸던 때에는 도읍지 경주에 귀족들의 화려한 집들이 있었어요.
귀족들의 화려한 집인 금입택들이 있었고, 귀족들이 계절에 따라 놀던 별장인 4절유택이라는 것도 있었답니다.

[통일 신라]

과학과 기술

통일 신라는 과학 기술을 매우 중요하게 여겼어요. 그래서 과학을 응용하여 위대한 과학 문화재를 남기기도 하였고요. 금속을 다루는 기술과 종이를 만드는 기술은 당시 세계 최고의 수준이었어요.

나라에서 장려한 기술학

통일 신라는 **기술학을 적극 권장**했어요. 692년(효소왕 1년)에 의학 연구와 교육을 담당하는 **의학박사**를, 717년(성덕왕 16년)에는 **산학박사**를 두어 산술 연구와 교육을 담당하게 하였고, 718년(성덕왕 17년)에는 **누각박사**를 두어 물시계 관측 등 시간과 천문을 연구하게 했어요.

건축에 응용한 수학

통일 신라는 고분과 성, 궁궐 등을 건축하는 데 **수학적인 방법을 응용**하였어요. 그래서 석굴암이나 다보탑 같은 건축물을 세울 때 활용하였지요.

금속을 다루는 주조 기술

쇠붙이를 녹여 필요한 물건을 만드는 주조 기술이 크게 발달했어요. 그래서 **성덕 대왕 신종** 등 매우 뛰어난 범종과 사리 장치, 금관과 불상을 만들어 냈답니다. 성덕 대왕 신종의 신비한 종소리는 당시의 뛰어난 **금속 주조 기술**을 알려 주는 좋은 예랍니다.

세계 최초의 목판 인쇄물을 만들어 낸 인쇄술

불국사 삼층 석탑(석가탑)에서 발견된 무구정광대다라니경은 8세기 경덕왕 때에 간행된 것으로, 세계에서 가장 오래된 목판 인쇄물이에요. 이를 통해 **목판 인쇄술이 발달**했음을 알 수 있어요.

우수한 한지를 만든 제지술

통일 신라에서는 종이를 만드는 **제지술도 크게 발달**하였어요. 주로 삼과 닥나무로 종이를 만들어 사용했는데, 전문적으로 종이를 만드는 기술자도 있었다고 해요. 닥나무로 종이를 만드는 기술은 현재까지 이어져 세계적으로 우수한 종이인 **한지를 탄생**시켰지요.

[통일 신라] 인물

세계적인 문화유산인 불국사와 석굴암을 지은 김대성, 유학을 발전시킨 최치원, 인도를 여행하고 《왕오천축국전》이라는 여행서를 쓴 혜초, 해적들을 물리치고 동아시아 해상 왕이 된 장보고 등 통일 신라를 빛낸 여러 인물들이 있어요.

청해진을 건설하고 동아시아의 해상 왕이 된 **장보고**

장보고는 서남 해안 지역의 평민 출신으로, 본래 이름은 궁복 또는 궁파였어요. 당나라로 건너가 서주 지방의 군대에 들어가 장교가 되었다가, 신라인들이 당나라에 노예로 팔려 오는 것을 보고 크게 분노하여 힘을 길러 바닷길을 지키고 **국제 무역**을 일으켜야겠다고 결심하여 신라로 돌아왔어요.

흥덕왕 3년(828년)에 왕에게 완도에 해군 기지를 건설하여 해적들을 없애고 서해의 무역로를 보호하자고 청하였고, 이에 왕이 허락하여 지방 백성들을 모아 1만여 명의 군대를 만들고, 완도에 **청해진을 건설**하였어요. 나라에서는 장보고에게 청해진 대사라는 벼슬을 내려 주었지요. 장보고는 **해적들을 완전히 소탕**하고 동아시아 국제 무역의 패권을 차지하여 해상 왕이 되었는데, 장보고의 세력이 커지는 것에 두려움을 느낀 신라 정부는 염장이라는 자객을 보내 장보고를 죽이고 말았답니다.

당나라에서도 존경받던 통일 신라 최고의 학자 **최치원**

최치원은 신라의 큰 학자이자 문장가였어요. 13살(869년)에 당나라로 유학을 떠나 874년 당나라 과거에 급제하였으며, 2년 뒤 벼슬길에 나아가 지방을 다스리는 관리가 되었어요.

반란군을 진압하고 백성들을 잘 다스리는 관리로 이름이 높았던 그는 29살인 885년에 조국인 신라로 돌아왔어요. 당나라에서 배우고 익힌 학문과 경험을 바탕으로 뜻을 펼치려 했지만, 귀족들의 방해로 뜻을 이룰 수 없었어요.

진성여왕 8년(894년)에는 나라의 혼란을 수습하기 위한 개혁 정책 '시무 10조'를 올렸으며, 진성여왕은 그 의견을 듣고 그에게 최고 벼슬인 아찬을 내려 정책을 실현하고자 했으나 실행되지는 못했어요.

그 후 최치원은 정치에 뜻을 잃고 다시는 벼슬길에 나가지 않고 나라 안의 여러 곳을 찾아다니며 글씨 쓰기와 역사 공부에 힘썼으며, 시를 읊는 것으로 세월을 보냈어요.

그가 당나라에서 4년 동안 쓴 글들을 모아 20권으로 엮은 《계원필경》이 지금까지 전하고 있는데, 이는 우리나라에서 가장 오래된 문집이며 한문학에 큰 영향을 끼친 훌륭한 작품들이 실려 있어요.

여행서 《왕오천축국전》을 쓴 혜초

성덕왕 3년에 태어나 어렸을 때 중국으로 건너간 혜초 스님은 719년에 중국 광주에서 인도 승려 금강지의 제자가 되었으며, 733년에 금강지와 함께 밀교 경전을 연구하였어요. 금강지의 법통을 이은 6대 제자 중의 한 사람으로 당나라에서 이름을 떨쳤으며, 이 같은 경험들을 바탕으로 **인도 기행문**인 《왕오천축국전》을 남겼어요. 이 책은 1908년에 프랑스의 동양학자 펠리오에 의해 중국 간쑤성의 돈황에서 발견되었고, 중국의 나옥진이 출판하여 세상에 알려지게 되었어요. 동서 교류의 중요한 자료로 평가받고 있답니다.

유학을 발전시킨 학자 설총

설총은 신라 신문왕 때의 학자로 원효와 요석공주 사이에서 태어났으며, 유교 경전을 우리말로 읽고 쓰는 방법을 정리하여 발전시켰어요. 즉 **이두**를 사용하여 한문을 우리말처럼 쉽게 쓰게 하였으며, 유학과 한문학의 연구를 발전시키는 데에 큰 공을 세웠어요. 또 그는 관직에 나아가서는 글짓는 일에 관련된 직책(한림)을 맡았으며, 신문왕 때에는 **국학**을 세우는 데에도 중요한 역할을 하였고, 많은 제자들을 가르쳐 우리나라 유학의 큰 스승이 되었어요.

불국사와 석굴암을 지은 김대성

집사쿠의 중시라는 높은 벼슬을 지내던 김대성은 어느 날 사냥을 하여 생명을 함부로 하고 가난하고 불쌍한 사람들을 깊이 생각하지 않았던 자신의 잘못을 크게 뉘우쳐 벼슬을 그만 두고 **부모님과 세상 사람들을 위해 절을 짓기로** 했어요. 바로 불국사와 석불사가 그 절이에요. 불국사는 현세의 부모를 위해서, 석불사는 전생의 부모를 위해서 지으려고 한 것이었지요. 그러나 안타깝게도 김대성은 불국사와 석불사의 완성을 보지 못하였고, 그가 죽은 후 나라에서 완공을 하였어요. 석불사는 후에 석굴암이라는 이름으로 불리게 되었지요.

발해

당나라와 전쟁이 끝나고 신라가 한창 나라를 정비하는 동안, 압록강 북쪽에서는 새로운 움직임이 일어났어요. 대조영이 고구려 유민들을 모아 새로운 나라를 세운 것이에요. 바로 발해였지요.
고구려의 후예임을 내세운 발해는 힘을 키워 나갔고, 우수한 문화를 이루어 냈어요. 698~926년의 220여 년간 만주와 한반도 북부 지역을 무대로 번영하였지요. 그래서 이때를 북쪽의 발해, 남쪽의 신라라는 의미로 '남북국 시대'라고 부르기도 해요.

[발해] 왕

나라를 잃은 고구려 백성들을 이끌고 만주 지역에 새롭게 발해라는 나라를 세운 대조영을 비롯해, 당나라를 공격한 무왕과 수도를 옮기며 나라의 발전을 꾀한 문왕, 어지러운 나라를 정비하고 영토를 넓힌 선왕 등 15대에 걸쳐 여러 왕들이 발해를 다스렸어요.

발해를 세운 대조영

고구려의 멸망으로 만주 지역에 살던 고구려 백성들은 나라를 잃고 당나라의 간섭을 받아 살던 곳에서 쫓겨나게 되었어요. 영주라는 곳에 강제로 끌려온 대조영은 거란족의 반란으로 영주 지방이 혼란해지자, 말갈족의 추장 걸사비우와 함께 고구려 유민과 말갈족을 이끌고 동모산에 성을 쌓고 **고구려를 계승하는 나라 '진'**을 세웠어요. 그 진나라가 후에 발해라는 이름으로 불리게 되었지요.

발해는 어떻게 세워지게 되었나?

고구려가 멸망한 뒤 당나라는 고구려에 살고 있던 사람들을 당나라의 랴오허 강 서쪽 중원 지방과 영주 일대로 강제로 이주시켰어요. 그 세력을 약화시키기 위해서였지요.

옛 고구려의 백성이었던 대조영도 그의 가족과 함께 랴오허 강 서쪽의 영주 지방으로 이주를 하게 되었지요.

그러다가 696년, 이진충이란 인물이 중심이 되어 거란족이 당나라에 반란을 일으키는 사건이 일어났어요. 대조영도 아버지 대걸걸중상과 말갈족의 추장 걸사비우와 함께 이 반란에 참가하였어요.

영주 지방은 혼란에 빠지게 되었고, 대조영은 영주 지방의 고구려 유민과 말갈족을 이끌고 탈출을 하였어요.

당나라 군대가 반란을 진압하고 대조영의 무리를 추격했지요. 말갈족의 추장 걸사비우가 추격하는 당나라 군사들과 맞서 싸웠으나 크게 패하여 숨을 거두고 말았어요.

대조영은 고구려 유민과 흐트러진 말갈족을 모아 만주 지린에 있는 천문령이란 곳에서 추격하던 당나라 군사들을 크게 무찔렀어요.

이후 고구려 유민과 말갈족의 세력을 모아 새로운 국가를 세우기 위한 기반을 마련하며 계속 동쪽으로 이동하였어요.

그리고 698년에 지금의 지린성(길림성) 돈화현 지역인 동모산에 도읍을 정하고 나라를 세웠어요. 나라의 이름은 '진'이라 하였고요.

이후 나라를 크게 융성시켜 영토를 넓히자 당나라도 국가로 인정을 하여 진에 사신을 보내 왔고(705년), 713년에는 진을 '발해'라고 부르며 대조영을 왕으로 책봉하여 나라로 인정하였어요.

발해는 문물을 발전시키고 영토를 넓혀 동아시아의 강국이 되어 '해동성국(바다 동쪽에 있는 강성한 나라)'이라 불리게 되었답니다.

당나라를 공격한 무왕

719년 3월 발해를 세운 대조영이 죽자 대조영의 아들인 무왕이 왕위를 계승하였어요. 무왕은 **인안**이라는 독자적인 연호를 만들고, 영토를 크게 넓히는 등 **발해국의 기틀**을 튼튼히 하였지요. 726년 송화강 하류에서 흑룡강 유역에 걸쳐 거주하던 흑수말갈이 당나라와 모의하여 발해국을 공격하려는 것으로 여겨, 아우인 **대문예**를 시켜 군대를 이끌고 흑수말갈을 치게 하였어요. 그러나 대문예는 발해국의 힘으로 당나라와 겨루는 것은 무모하다며 흑수말갈 공격에 반대하고 당나라로 망명했어요. 무왕은 당나라에 대문예를 죽이도록 외교적 교섭을 벌였으나 당나라가 이를 거절하자, 732년 장군 장문휴로 하여금 당나라의 **등주를 공격**하게 했어요. 당나라는 대문예를 보내 이를 막게 하고, 한편으로는 신라로 하여금 발해의 남쪽 경계를 공격하도록 하여 신라는 732년 발해의 남쪽 국경 지역을 공격하였어요. 그러나 신라는 추위와 눈으로 반 이상의 병사를 잃고 돌아서야 했으며, 발해의 무왕도 당나라와 분쟁의 원인이 되었던 흑수말갈을 토벌하지 못하고 병으로 죽고 말았어요.

수도를 세 번이나 옮긴 문왕

무왕의 뒤를 이어 그의 아들인 **대흠무**가 왕위에 올랐는데 바로 발해 제3대 왕인 문왕이에요. 737년에 즉위하여 연호를 **대흥**이라 하였고, 대조영 이래 30년간의 수도였던 동모산에서 두만강 하류로 흘러들어가는 해란강 유역의 중경현덕부, 목단강 유역의 상경용천부, 그리고 지금의 혼춘현 반랍성의 동경용원부 등으로 나라의 발전에 따라 여러 차례 수도를 옮겼어요.
762년, 발해의 세력이 커지자 당나라는 명칭을 '발해군'에서 '발해국'으로 바꾸었고, 문왕을 **발해국왕**으로 책봉하였어요. 또한 문왕은 일본과 수차례에 걸쳐 사신이 오고가게 하여 **일본과 교류를 하**기도 하였어요.

발해를 '해동성국'으로 만든 선왕

선왕은 발해의 제10대 왕으로 **건흥**이라는 연호를 사용하였으며, 문왕 이후 귀족들과 왕족의 내분으로 어지러워진 발해국의 왕권을 강화하여 중흥시킨 임금이에요.
북쪽의 여러 부족을 쳐서 영토를 크게 확장했어요. 남쪽의 신라를 공격하여 영토를 넓히고, 전국의 행정 구역을 5경 15부 62주로 정하였어요. 당나라와의 관계도 매우 돈독히 여겨 초기에는 수차례에 걸쳐 사신을 보내고, 일본과의 사신 왕래도 활발하게 하는 등 적극적인 외교 정책으로 나라를 더욱 부강하게 만들었어요. 선왕은 830년에 죽음을 맞이하였지만, 그 이후 발해는 '해동성국'으로 칭송되는 번영기를 맞게 되었어요. 해동성국이란 **'동쪽 바다의 융성한 나라'**라는 뜻이에요.

[발해] 영토와 도읍지

고구려의 백성들을 중심으로 세워진 발해는 광활했던 고구려의 옛 영토를 되찾으려 노력했어요. 그래서 만주 지역은 물론 한반도의 북쪽까지 차지하였지요.

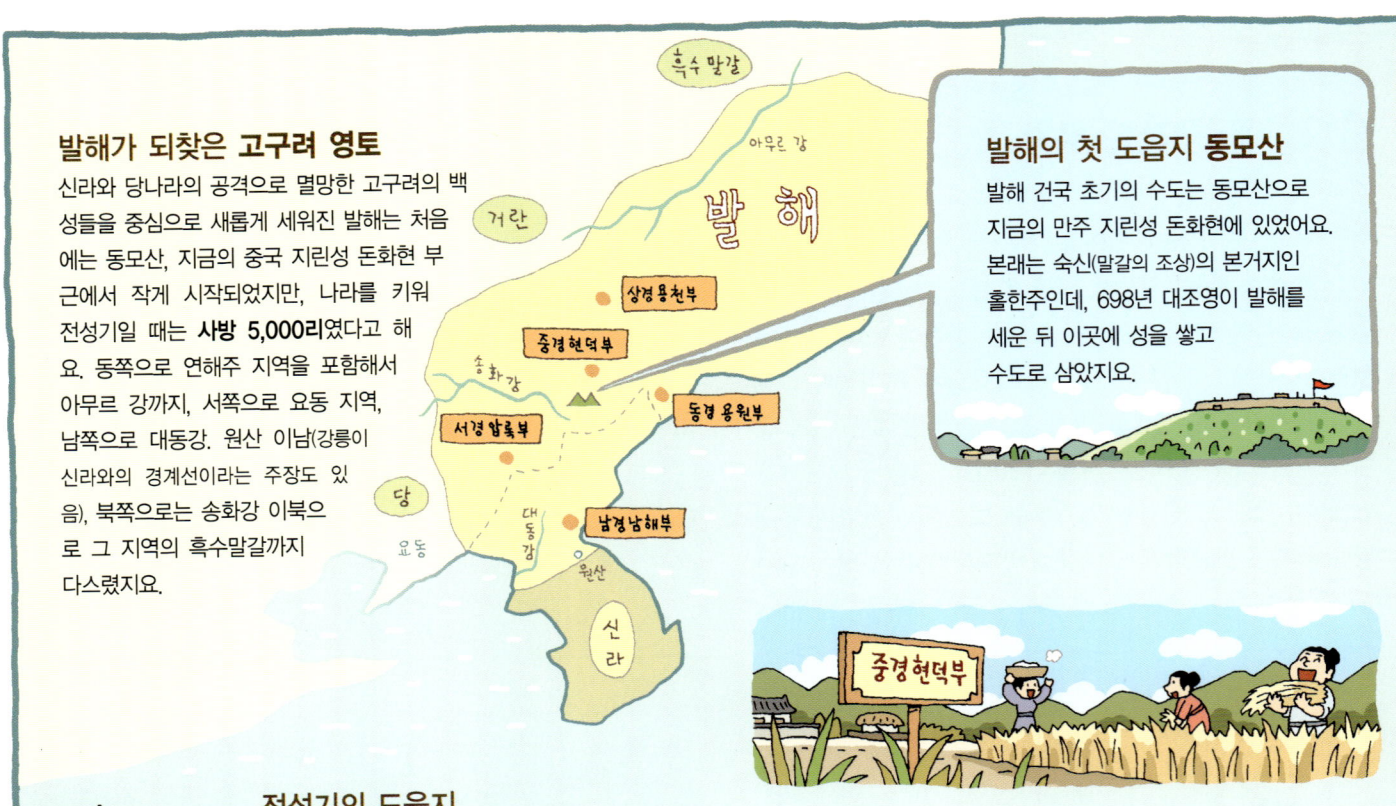

발해가 되찾은 고구려 영토

신라와 당나라의 공격으로 멸망한 고구려의 백성들을 중심으로 새롭게 세워진 발해는 처음에는 동모산, 지금의 중국 지린성 돈화현 부근에서 작게 시작되었지만, 나라를 키워 전성기일 때는 **사방 5,000리**였다고 해요. 동쪽으로 연해주 지역을 포함해서 아무르 강까지, 서쪽으로 요동 지역, 남쪽으로 대동강. 원산 이남(강릉이 신라와의 경계선이라는 주장도 있음), 북쪽으로는 송화강 이북으로 그 지역의 흑수말갈까지 다스렸지요.

발해의 첫 도읍지 동모산

발해 건국 초기의 수도는 동모산으로 지금의 만주 지린성 돈화현에 있었어요. 본래는 숙신(말갈의 조상)의 본거지인 홀한주인데, 698년 대조영이 발해를 세운 뒤 이곳에 성을 쌓고 수도로 삼았지요.

전성기의 도읍지 상경용천부

지금의 중국 헤이룽장성(흑룡강성) 닝안현 동경성에 있는 옛 성터가 바로 발해의 **전성기 때의 도읍지** 상경용천부예요. 제3대 문왕이 중경현덕부라는 곳에서 이곳으로 도읍지를 옮겼다가, 제5대 성왕에 이르러 다시 도읍지가 되어 926년에 발해가 멸망할 때까지 130여 년간 발해의 중심지였어요.

두 번째 도읍지 중경현덕부

발해의 첫 도읍지 동모산성에서 제3대 문왕 때에 처음으로 옮긴 도읍지가 바로 중경현덕부라는 곳이었어요. 742년부터 775년경까지 발해의 도읍지였으며, 철과 쌀의 생산으로 발해국의 **산업 중심지**였다고 해요. 지금은 그 위치를 정확하게 알 수 없지만 두만강으로 흐르는 해란강 부근과 조양강(차오양강)의 중간쯤으로 짐작하고 있지요.

또 한 곳의 도읍지 동경용원부

발해의 제3대 문왕이 중경현덕부에서 상경용천부로 도읍지를 옮겼다가, 다시 옮긴 도읍지가 동경용원부라는 곳이에요. 제5대 성왕이 다시 상경용천부로 도읍지를 옮길 때까지 785년부터 794년까지 10여 년간 발해의 도읍지였지요. 지금은 그 위치를 정확하게 알 수 없지만, 일본으로 통하는 길이라고 되어 있는 것으로 보아 **해상 교통의 중요한 지역**이었을 것으로 짐작하고 있어요.

발해의 중심 도시 5경

발해는 상경용천부, 중경현덕부, 동경용원부과 함께 발해의 중심 도시로 남경남해부와 서경압록부가 있었어요. 이들 **상경, 중경, 동경, 남경, 서경**을 발해의 5경이라고 해요. 남경의 위치에 대하여는 함흥을 비롯하여 함경북도의 경성, 종성, 북청 등 여러 주장이 있으나, 많은 역사학자들이 함흥이라고 짐작하고 있어요. 서경의 위치도 몇 가지 추측이 있으나, 아직 확실히 어디인지 밝혀 내지는 못했어요.

【발해】 정치

발해는 처음에는 중국 당나라와 통일 신라의 정치 제도를 본떠 행정 조직을 만들고 나라를 다스렸어요. 그러다가 나라의 기틀이 잡히자, 업무의 특성에 따라 다양한 기구와 조직을 만드는 등 독자적인 정치 체제를 갖추어 나갔어요.

중앙의 행정 조직 3성 6부

발해는 통일 신라나 당나라처럼 **왕을 중심**으로 나라를 다스리는 **정치 체제**였어요. 그리고 중앙의 정치 조직은 3성과 6부를 중심으로 짜여졌어요.

3성은 선조성, 중대성, 정당성으로 나뉘어 국방 등 나라의 중요한 법령을 만들고 집행하였어요. 3성 중 **정당성**이 최고의 부서였고, 그 책임자인 **대내상**이 모든 일을 총괄했어요.

6부는 충부·인부·의부·지부·예부·신부가 있었는데, 대내상 아래에 있는 좌사정이 충·인·의 3부를, 우사정이 지·예·신 3부를 각각 나누어 관할하는 **이원 체제**였어요. 당의 제도를 받아들이면서도 독자성을 유지하였지요.

- 충부: 관리의 선발과 인사 관련 업무.
- 인부: 토지와 조세 관련 업무.
- 의부: 의례, 시험, 외교 업무.
- 지부: 군사 관련 업무.
- 예부: 형벌 관련 업무.
- 신부: 교량, 도로, 수선, 공장 관련 업무.

업무의 특성에 따른 다양한 기구들

3성과 6부 이 외에도 업무의 특성에 따라 다양한 기구들을 만들어 운영했어요. 관리들의 비리를 감찰하는 **중정대**, 서적 관리를 맡은 **문적원**, 중앙의 최고 교육 기관인 **주자감** 등이 있었어요.

지방의 행정 제도 5경·15부·62주

발해의 5경 15부와 62주		
5경	15부	62주
상경용천부 외 4경	부여부 외 14부	알 수 없음

발해의 지방 지배 체제는 5경, 15부, 62주로 조직되었어요. 전략적 요충지에는 5경을 두었고, 지방 행정의 중심인 15부에는 **도독**을 두어 지방 행정을 총괄하게 하였어요. 부 아래에는 62주를 설치하여 **자사**를 파견하고, 그 아래 다시 현을 두고 현승을 파견하였지요. 지방 행정의 말단인 촌락은 주로 **말갈족**으로 구성되었어요.

[발해] 사회와 경제

발해는 옛 고구려인과 말갈인들로 이루어진 국가였으나 지배층은 고구려인들이었어요. 외국의 훌륭한 문화와 좋은 제도를 받아들였으며 활발한 무역을 통해 나라의 살림을 키워 나갔답니다.

발해의 조세 제도 조세·공물·부역

발해의 조세 제도는 신라와 마찬가지로 조·콩·보리 등 곡물을 거두는 **조세**와 베·명주·가죽 등의 특산물을 거두는 **공물**, 궁궐·관청 등의 건축에 농민들을 동원하는 **부역**이 있었어요.

화려한 생활을 한 귀족

발해의 귀족들은 **대토지를 소유**하고 무역을 통하여 당의 비단, 서적 등을 수입하여 화려한 생활을 했어요.

농업의 중심은 밭농사

발해는 9세기에 이르러 사회가 안정되면서 농업, 수공업, 상업이 발달했어요. 농업에서는 기후 조건의 한계로 콩, 조, 보리, 기장 등을 재배하는 **밭농사가 중심**이었어요. 철제 농기구가 널리 사용되고 수리 시설이 확충되면서 일부 지역에서는 벼농사도 지었지요.

목축과 수렵, 어업도 발달

목축이나 수렵도 발달하여 돼지, 말, 소, 양 등을 길렀는데, 솔빈부의 말은 주요한 수출품이 되었어요. 모피, 녹용, 사향 등도 많이 생산되어 수출되었어요. 어업도 발달하여 고기잡이 도구가 개량되었고 숭어, 문어, 대게, 고래 등 다양한 어종을 잡았다고 해요.

생산량 많은 철, 품질 좋은 구리

수공업은 철·구리·금은 등 금속 가공업과 삼베·명주·비단 등의 직물업, 도자기업 등 다양한 분야에서 발달하였어요. **철의 생산량이 상당히 많았고, 구리의 제련술도 뛰어나 좋은 품질의 구리를 생산하였어요.**

상경용천부를 중심으로 발달한 상업

한편 수도인 상경용천부 등 도시와 교통 요충지에서는 상업이 발달하였어요. **상품 매매에는 현물 화폐를 주로 썼으나** 외국의 화폐도 함께 사용하였지요.

136 발해

당나라·일본과 활발했던 무역

발해는 주로 당, 신라, 거란, 일본 등과 무역하였는데, 주로 해로와 육로를 이용한 당나라와의 무역이 성행했어요. 그래서 당나라는 산둥 반도의 덩저우에 **발해관**을 설치하고 발해 사람들이 이용하게 하였어요. 발해의 수출품은 주로 모피, 인삼 등 토산물과 불상, 자기 등 수공업품이었어요. 수입품은 귀족들의 수요품인 비단, 책 등이었지요. 발해는 일본과 외교 관계를 중시하여 무역을 활발히 전개하였는데, 무역 규모도 커서 한 번에 수백 명이 오가기도 하였다고 해요.

지배층은 고구려인이었던 **신분 계층**

중요한 관직을 차지한 **고구려인**

발해의 지배층은 왕족인 대씨와 귀족인 고씨 등 **고구려계 사람들**이 대부분이었어요. 이들은 중앙과 지방의 중요한 관직을 차지하고 수도를 비롯한 큰 고을에 살면서 노비와 예속민을 거느리고 있었지요.

평민의 대다수를 차지한 **말갈인**

발해의 주민 구성에서 다수를 차지한 것은 **말갈인**이었으며, 이들은 고구려 전성기 때부터 고구려에 편입된 종족이었어요. 발해 건국 후 이들 중 일부는 지배층이 되거나 자신이 거주하는 촌락의 우두머리가 되어 국가의 행정을 보조하였어요.

당나라 문화를 받아들인 **상류층**

발해의 지식인은 당나라에 유학하여 당에서 외국인을 대상으로 실시한 과거 시험인 빈공과에 응시했는데, 때로는 신라인과 수석을 다투기도 하였어요. 이렇게 발해는 **상층 사회**를 중심으로 **당의 제도와 문화**를 받아들이고 있었어요.

고구려나 말갈 사회의 전통 생활 모습을 유지한 **하류층**

당나라의 문화를 누린 지배층과는 달리 **하층** 촌락민들은 고구려나 말갈 사회의 **전통적인 생활 모습**을 오랫동안 유지하고 있었어요.

[발해]
생활과 풍습

발해는 여자의 지위가 높았던 사회로, 여자들도 성을 가지고 있었어요. 또한 기상과 용맹성을 키울 수 있는 여러 놀이를 즐겼으며, 세시 때마다 모여 행사를 벌이며 발해만의 세시 풍속을 만들어 가기도 하였어요.

상당히 높았던 여성의 지위

발해 사회에서의 여성의 지위는 상당히 높았다고 짐작돼요. 가족 구성에서도 **일부일처제**(한 남자가 한 아내를 두는 것)가 기본이었으며, 이것은 발해 무덤 발굴에서 보통 가운데 주인공 두 사람이 나란히 누워 있는 것으로 확인할 수 있어요.

용맹성을 알 수 있는 놀이

발해인은 고구려인들과 마찬가지로 **활쏘기**나 말을 타고 하는 공놀이로 지금의 폴로 경기와 비슷한 **격구**, 막대기를 가지고 하는 공놀이로 지금의 하키와 비슷한 **타구** 등을 통해 체력을 단련하였다고 해요.

여자도 성을 가지고 있었다

남송 시대 때 쓰여진 《송막기문》에는 부인들이 남편이 다른 여자와 바람을 피우지 못하게 하였고 여자도 성을 가지고 있었다는 내용이 등장하는데, 이 내용으로 미루어 보아 **여자의 지위가 상당히 높았음**을 알 수 있어요.

발해인 세 사람이면 호랑이 한 마리를 당해 낸다

'발해인 세 사람이면 호랑이 한 마리를 당한다.'는 말이 외국에까지 널리 퍼질 정도였으니, 발해인들의 용맹성과 기개를 짐작할 만하지요?

발해 여성을 대표하는 전설의 여인 홍라녀

발해의 여성 중 홍라녀라는 인물은 국왕을 대신해서 적(거란)과 싸워 남편을 구해 왔다는 전설이 전해지는 인물이에요. 짧은 흰색 명주저고리에 붉은 명주치마를 입은 여인으로, 눈같이 흰 천리마가 홍라녀와 함께 있었다고 하며, 그녀가 붉은색 복장을 하여서 사람들은 그녀를 홍라녀라고 불렀답니다.

발해인의 세시 풍속 답추

발해인들은 세시 때마다 모여 노래를 부르며 놀았다고 해요. 노래와 춤을 잘하는 사람들을 앞에 내세우고 그 뒤를 남녀가 따르면서 서로 답해 노래 부르며 빙빙 돌고 구르고 하는데, 이를 **답추**라고 하였어요. 5월 5일 단오절에는 쑥떡을 먹었다는 기록도 있어요.

[발해] 예술과 문화

발해는 통일 신라나 당나라에 뒤지지 않는 높은 문화 수준을 자랑하는 나라였어요. 발해의 수도인 상경은 중국 당나라의 수도인 장안을 본뜬 치밀한 계획 속에 만들어진 계획 도시였지요.

높은 문화 수준을 자랑한 '해동성국'

발해는 '해동성국'이라는 말을 들을 정도로 번성했던 나라였어요. 물론 문화 수준도 통일 신라처럼 높았지요. 그렇지만 지금까지 전해 내려오는 문화유산이 그다지 많지 않아 아쉬울 따름이지요. 남아 있는 몇몇 유적과 유물을 통해 발해의 **화려했던 문화 수준**을 짐작하고 있어요.

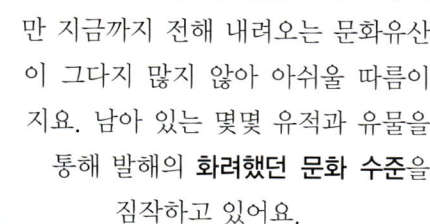

발해 문화의 바탕이 된 고구려·당나라 문화

치미 / 지붕 꼭대기의 기와장식품

발해의 문화적 특징은 강건하고 활달한 기풍의 **고구려 문화를 계승**한 위에 수준 높은 **당 문화를 덧붙인** 힘 있고 세련된 문화라는 점이에요. 상경이 있던 동경성 유적의 발굴 때 출토된 대형 석등과 치미, 귀면와, 순금제 허리띠 등은 발해 문화의 성격을 잘 보여 주지요.

불교가 장려되어 발달한 불교 문화

발해에서도 불교가 장려됨에 따라 **불교 문화가 발달**하였고 불상이 많이 제작되었어요. 상경의 절터에서 발굴된 흙을 구워 만든 불상과 부처 둘이 나란히 앉아 있는 불상이 유명한데, 고구려 양식을 계승하고 있는 것으로 여겨지고 있답니다.

장안을 본떠 만든 도시 상경(상경용천부)

발해의 건물은 궁궐 터나 절터를 통하여 당시 모습을 살펴볼 수 있어요. 상경은 당시 당나라의 수도인 장안을 본떠 건설하였다고 해요. 외성을 쌓고, 남북으로 넓은 **주작 대로**를 내고, 그 안에 궁궐과 사원을 세웠지요. 치밀하게 계획하고 설계하여 세운 **계획 도시**였어요.

독특하게 발전한 자기 공예

발해에서는 **자기 공예**가 독특하게 발전하였어요. 발해의 자기는 가볍고 광택이 있는데, 그 종류나 크기, 모양, 색깔 등이 매우 다양했어요. 당시 당나라 사람들도 그 우수성을 인정하여 수입해 갔다고 해요. 자기는 도자기의 한 가지로 겉면이 매끄럽고 단단하며 두드리면 맑은 쇳소리가 나는 그릇이에요.

소박하고 힘찬 석등과 기와 무늬

발해의 조각은 궁궐 터에서 발견되는 유물을 통해서 알 수 있는데, 벽돌과 기와가 가장 대표적인 것들이지요. 발해의 **벽돌과 기와 무늬**는 고구려의 영향을 받아 소박하고 힘찬 모습을 띠고 있답니다. 상경에 완전한 모습으로 남아 있는 **석등**은 발해 석조 미술의 대표작으로 꼽히는데, 팔각의 단 위에 중간이 약간 볼록한 간석 및 그 위에 올린 창문과 기왓골이 조각된 지붕은 웅대한 느낌을 자아내고 있어요.

[발해] 전쟁

대조영이 고구려의 유민과 말갈족을 거느리고 동모산에 도읍하여 세운 나라인 발해는 '해동성국'이라 불릴 만큼 세력을 떨쳤으나, 926년에 거란족의 요나라에게 망하고 말았답니다.

발해를 세우는 바탕이 된 천문령 전투

강제로 당나라 영주 지방으로 끌려가 당나라 지배를 받던 고구려인 대조영은 이진충의 난으로 혼란해진 틈을 타, 말갈족의 추장 걸사비우와 함께 탈출을 하였어요.

반란을 진압한 당나라는 곧바로 대조영이 이끄는 무리를 추격해 왔지요.

당나라 군사들과 맞서 말갈족의 추장 걸사비우가 대전을 벌였으나 크게 패하고, 걸사비우도 전투에서 죽고 말았어요.

이에 대조영은 흐트러진 말갈족을 모으고 고구려 유민과 함께 천문령이란 곳에 숨어 있었어요.

그리고 추격해 오는 당나라 대군과 맞서 싸워 거의 전멸시켰어요.

발해의 당나라 등주 공격

726년, 당나라는 발해가 지배하고 있던 흑수말갈이 사는 흑수부에 관리를 파견하고 흑수도독부를 설치했어요.

이 때 발해는 당과 흑수부가 연합하여 발해를 공격할 것으로 생각하여 흑수부를 공략하려고 하였지요. 그러나 공격군을 이끌던 무왕의 동생 대문예는 흑수부를 공격하는 것에 반대해 당나라로 망명하였고, 대문예의 망명을 둘러싸고 두 나라 사이에 긴장이 높아 갔어요.

마침내 발해는 732년에 **장문휴에게 당의 등주를 공격**하게 하였지요. 당은 대문예를 내보내

이를 막게 하고, 한편으로는 통일 신라를 끌어들여 발해의 남쪽 경계 지역을 공격하도록 하였어요. 그러나 신라는 추위와 큰 눈을 만나 별 성과 없이 돌아가고 말았지요.

그 사이 당나라는 군사를 보강하여 흑수부에 대한 발해의 침입을 막았고, 이로써 양 국간의 전투는 끝이 나고 말았답니다.

[발해] 인물

발해에 대한 기록이 별로 남아 있지 않아 발해의 위대한 인물들에 대한 내용 또한 많이 전하지 않아요. 수군을 이끌고 당나라를 공격한 장문휴 장군과 여러 왕들에 대한 기록이 대부분이랍니다.

수군을 이끌고 당나라를 공격한 장군 장문휴

발해의 장군으로 732년(인안 13년) 무왕의 명령을 받아 수군을 이끌고 산둥 반도에 있는 당나라의 국제 무역항인 **등주를 공격**해, 자사 위준을 죽이는 등의 성과를 올려 당나라의 동방 정책에 큰 타격을 주었어요. 이를 계기로 나·당 연합군과 발해 사이에 전쟁이 일어나기도 했지요.

발해 역사를 책으로 쓴 조선 후기의 학자 유득공

유득공은 1749년(영조 25년)에 태어나 중국에서 문물을 수입하여 산업 진흥에 힘쓸 것을 주장한 **북학파 실학자**예요. 일찍이 진사 시험에 합격하여 1779년(정조 3년) 규장각 검서가 되었으며, 포천과 제천 등에서 군수를 지냈지요. 시문에 뛰어났으며, 규장각 검서로 있었기 때문에 궁중에 비치된 국내외의 자료들을 접할 기회가 많았던 그는 발해의 역사를 기록한 《발해고》를 비롯해 다양한 분야에서 뛰어난 저서를 남겼어요. 특히 한국 역사의 독자적인 발전과 체계화를 위한 연구에 힘썼어요.

우리나라 최초로 발해의 역사를 기록한 책, 《발해고》

유득공은 《발해고》에서 발해의 땅이 부여와 고구려로 이어진 우리의 영토였으며, 통일 신라 시대를 '남북국 시대'라고 서술하고 있어요. 발해가 망한 후 그곳에 여진과 거란이 들어왔을 때, 고려 정부가 급히 발해 유민을 통해 발해사를 만들어 그 지역의 정통성을 주장하고, 1명의 장군만 보냈어도 쉽게 발해의 영토를 차지했을 거라고 주장하였지요.

【발해】 유물

발해는 계획 도시를 세우고 우수한 문화를 바탕으로 여러 문화유산을 남겼어요. 그렇지만 안타깝게도 유물이 많이 남아 있지 않아요. 상경성 터에서 여러 유물이 발굴되었지만 중국은 그것을 자기들의 유물이라고 우기고 있답니다.

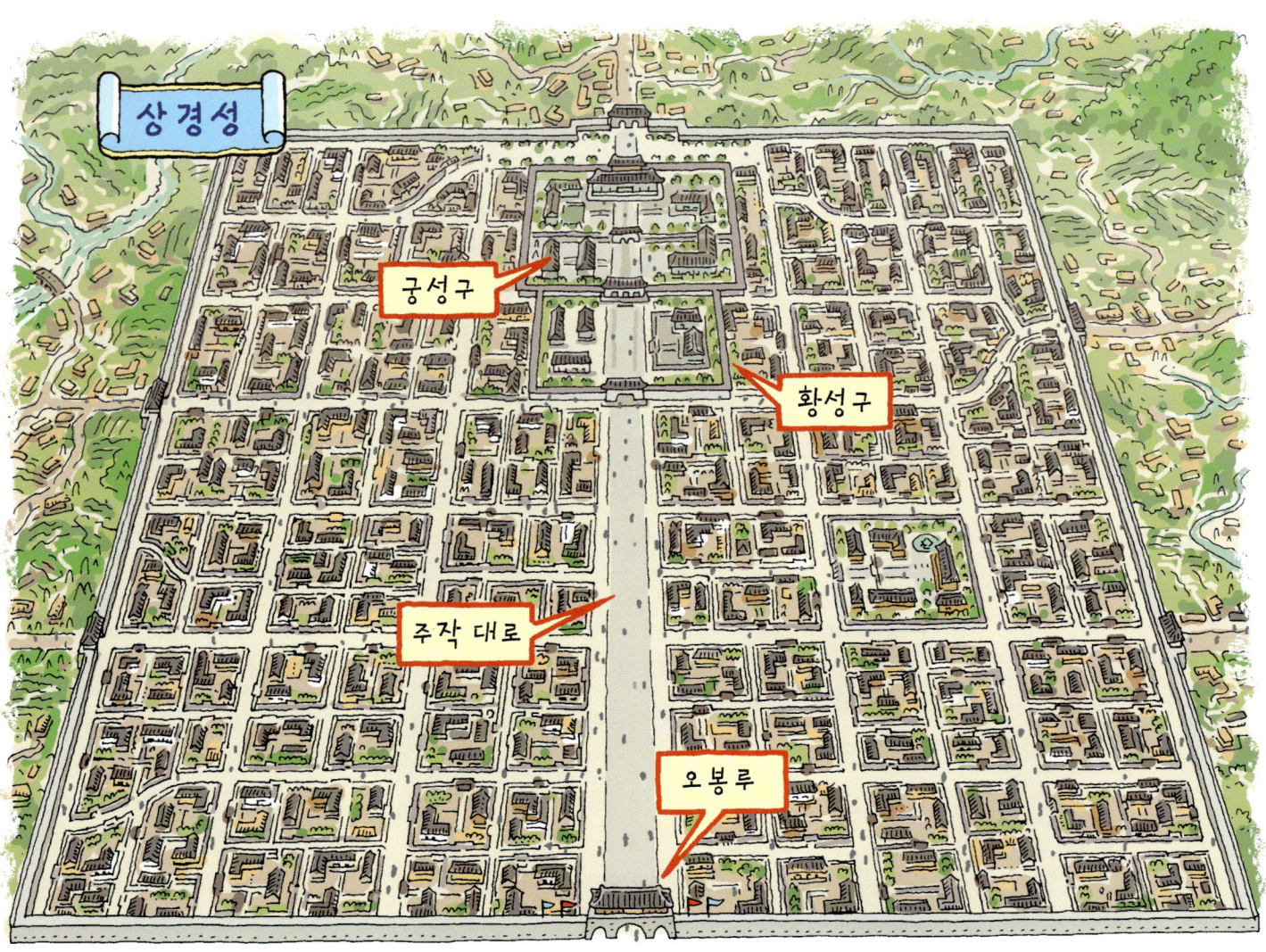

상경성 / 궁성구 / 황성구 / 주작 대로 / 오봉루

발해의 유물이 발굴된 상경성 터

1933~1934년 발굴 조사로 그 모습이 드러난 발해의 도읍지 상경성 터는 발해의 소중한 유물들이 많이 발견된 **발해의 대표적인 유적지**예요. 발해의 제3대 왕인 문왕이 당나라의 **장안성을 본떠** 1/8로 줄여서 만든 것이에요.

이 성은 내성과 외성으로 나뉘는데, 내성은 왕이 거주하는 궁성구와 관아가 있는 황성구로 나뉘어 있어요. 외성은 동벽과 서벽이 3.4킬로미터에 가깝고, 남벽과 북벽이 약 4.6킬로미터와 5킬로미터로 총 둘레가 무려 16킬로미터를 넘는답니다. 외성의 안팎에는 또한 궁전 터와 절터, 집터가 여러 곳 있는데 궁전이나 집터 내부에서는 벽을 따라 설치된 구들 시설, 즉 온돌도 발견되었어요. 이는 고구려를 거쳐 발해에 이르기까지 사용된 전통적 난방 시설이지요.

계획 도시의 중앙 대로 주작 대로

상경성 안에는 남북 방향으로 **성을 2등분하는 중앙 대로**가 있는데, 주작 대로라고 불러요. 이 대로는 당나라의 주작 대로를 본뜬 것으로 상경성 터가 자랑하는 발해 도읍지의 웅장한 모습을 짐작케 해 주는 것이에요. 성안은 가로와 세로로 뻗은 도로에 의해서 82개의 방으로 구획되어 있으며 이들 방은 동서 465~530미터이고, 남북의 길이는 큰 것이 350~370미터이고, 작은 것이 235~265미터예요.

상경성의 남문 오봉루

상경성에는 오봉루라는 문이 있어요. 성의 남문으로 **정문으로 이용**된 문이라고 보여요. 크기는 높이가 4.2미터, 길이가 40미터, 너비가 26미터나 되지요.

상경성 터에서 발굴된 석등

상경성 석등은 발해의 수도였던 상경용천부 2절터에 남아 있는 발해의 석등이에요. 상경용천부를 건설할 때 만든 것으로서 우리나라에서 **가장 오래되고 큰 석등**에 속해요. 석등의 현재 높이는 약 6미터이며, 복원 높이는 6.3미터라고 하고, 우리나라에서 석탑과 함께 독특하게 발전한 석조 예술품의 하나랍니다. 검푸른 용암을 재료로 만들었으며 받침대, 기둥, 불집과 머리의 4개 부분으로 이루어졌어요. 형태와 장식에서 아래와 위의 조화가 잘 이루어지고, 균형이 잡혔으며, 조각술이 **우수한 걸작품**으로 꼽고 있지요. 고구려 건축술을 이어 받았음이 뚜렷한 소중한 발해의 유물이에요.

고구려 후기 양식을 따른 정혜 공주 무덤

발해의 무덤에는 흙무덤, 돌무덤, 벽돌무덤이 있는데 돌무덤에 돌방무덤이 주를 이루고 있어요. **돌방무덤은 고구려 후기의 양식을 그대로 계승**하고 있으며, 정혜 공주 무덤이 대표적인 예에요. 무덤 앞에 벽돌이 깔려 있는 무덤 길이 있으며, 여기서 널길을 통해서 무덤 안으로 들어가게 되어 있는 무덤이지요. 정혜 공주는 발해 제3대 문왕의 둘째 딸로, 737년에 태어나 777년 4월에 40세의 나이로 죽었어요. 이 묘에서는 돌사자상과 발해의 역사적 사실을 알 수 있는 내용이 기록된 매우 귀중한 묘비가 발견되었답니다.

정혜 공주 무덤 단면도

내부도

정혜 공주 무덤에서 나온 돌사자상

발해를 대표하는 유물 중에는 돌을 조각해 만든 돌사자상이 있어요. 정혜 공주 무덤에서 출토된 것이지요. 당나라의 돌사자상들보다 크기가 작지만 강한 힘을 표현한 조각 기법이 두드러지는 작품이에요. 화강석을 쪼아 만든 돌사자는 고개를 번쩍 쳐들고 부릅뜬 눈, 힘껏 벌린 입, 가슴을 내민 자세로서, 매우 당당하고 힘이 있어 보여요. 표면적으로는 당나라의 돌사자와 비슷한 모습을 하고 있어 발해 문화가 당나라 문화의 영향을 받았음을 알 수 있으나, 이 돌사자상은 당당하면서 힘 있는 자세를 나타내고 있어 성격 면에서 **고구려 미술의 패기와 정열을 계승**한 것이라고 할 수 있어요.

고려

통일 신라에 이어 등장한 나라는 고려예요. 삼국을 통일한 신라가 왕실과 귀족들의 권력 다툼과 내부의 분열로 힘을 잃게 되자, 중부 지방에서 세력을 키운 궁예와 옛 백제의 영토를 중심으로 세력을 키운 견훤이 각각 나라를 세워 신라와 함께 후삼국 시대를 열었지요.

궁예의 부하였던 왕건은 궁예를 몰아내고 고려라는 이름으로 새 왕조를 열었어요. 왕건의 지도력 아래 고려는 신라를 통합하였으며, 후백제와 여러 전투를 벌인 끝에 마침내 후삼국을 통일하고 한반도의 새로운 주인이 되었지요. 외세의 힘을 빌리지 않고 한반도를 통일한 새로운 국가가 등장한 것이에요.

[고려] 왕

고려라는 새 왕조를 열고 후삼국을 통일한 왕건, 과거 제도를 도입하는 등 왕권을 강화한 광종, 나라의 제도를 정비한 성종, 몽골의 침입을 받은 고종, 기울어 가는 나라를 다시 일으키려 애썼던 공민왕 등 고려에는 34대에 걸쳐 역사를 이끈 왕들이 있었어요.

고려를 세운 태조 왕건

송악(개경, 개성)을 세력 기반으로 갖고 있던 왕건은 신라 말기 중부 지방을 제패했던 궁예의 부하였어요. 궁예가 후고구려를 세우는 데 큰 공을 세우고 궁예의 신임을 얻어 913년 시중(오늘날의 수상)이라는 벼슬에 올랐어요. 궁예의 폭정이 심해지자 대신들은 왕건을 새 왕으로 추대했고, 왕건은 918년 6월 군사를 일으켜 **궁예를 몰아내고** 왕위에 올랐지요.

후세의 왕들에게 훈요 10조를 남기다

왕건은 죽기 전 왕건의 뒤를 이어 고려를 다스릴 왕들에게 나라를 다스리는 데 새겨야 할 내용을 10가지로 요약한 '훈요 10조'를 남겼어요.

〈훈요 10조의 주요 내용〉
- 국가를 세우는 데 불교의 힘을 입었으니 불교를 숭상할 것
- 왕위 계승은 원칙적으로 적자(정식 부인이 낳은 아들)로 할 것
- 거란과 같은 야만국의 풍속을 배격할 것
- 서경을 중요하게 여길 것
- 연등회, 팔관회 등 중요한 행사를 소홀히 하지 말 것
- 왕이 된 자는 공평하게 일을 처리하여 민심을 얻을 것
- 경전과 역사서를 널리 읽어 옛일을 교훈 삼을 것 등등

나라의 기틀을 다진 광종

광종은 왕건의 아들로 949년에 고려 제4대 왕위에 올랐어요. 독자적으로 세력을 키워 왕권을 강화하려고 힘썼는데, 956년(광종 7년) 억울하게 노비가 된 사람을 조사하여 양민으로 신분을 회복시켜 주는 **노비안검법**과 시험을 통해 인재를 선발하는 **과거 제도**가 대표적인 것이에요. 또한 960년에는 공복을 제정하여 벼슬에 오른 모든 관원들에게 예복을 입게 하여 관리들의 품계를 나누고 왕의 권위를 높이기도 했어요.

나라의 제도를 정비한 성종

고려의 제6대 왕인 성종은 981년에 왕위에 올라 최승로의 '**시무 28조**'를 **채택**하고 **정치 개혁**을 펼치며 국가 체제를 정비하는 데 큰 업적을 세웠어요.

지방에 12목이라는 지방관을 설치하여 지방을 다스리게 했고, 상평창을 실시하여 물가를 조절하여 나라의 경제를 돌보았어요. 전국을 10개의 도로 나누고, 중앙에는 3성 6부를 두어 새로운 정치 체제를 확립하였지요. 또한 중국의 앞선 제도를 받아들여 불교 대신 유교적 정치 이념과 교육 제도를 펼치며 교육 기관인 국학을 종합 대학인 국자감으로 개편했고, 팔관회와 연등회 같은 국가적인 불교 행사를 중지하게 하였답니다.

993년에 거란족이 침입하였을 때는 서희를 보내 외교술을 펼치게 하여 거란의 침입을 막고 강동 6주를 얻어 영토를 넓히기도 했고요.

문화의 황금 시대를 연 문종

고려의 제11대 왕인 문종은 1046년 왕위에 올라 최충으로 하여금 법률가들을 모아 나라의 법률을 개정하게 하여 형법을 실정에 맞게 크게 바꾸고 토지 제도와 세금 제도를 새롭게 제정하여 **문물 제도를 크게 정비**했어요. 이뿐 아니라 국방과 외교에도 힘써 동여진이 북쪽 경계 지역을 침범하자 이를 토벌하였으며, 특히 송나라와 친선을 도모하여 앞선 문화 수입에 힘썼어요. 이와 같은 문종의 현명한 정책이 큰 효과를 나타내며, 고려 시대 중 가장 찬란한 문화 황금기를 이룩하였지요.

여진족을 정벌하게 한 예종

고려의 제16대 왕 예종은 윤관으로 하여금 여진족을 정벌하게 하였으며, 이듬해에 함흥평야에 9성을 쌓게 하여 **여진족의 침입에 대비**하였어요. 그렇지만 계속적인 여진족의 침입으로 성을 지키기가 어려워지고 윤관의 공을 시기하는 사람들의 책략으로 1년 만에 9성을 철폐하고 여진족에게 돌려주었지요. 1112년에는 **혜민국**을 설치해 가난한 사람들이 의료 혜택을 받을 수 있게 하였고, **예의상정소**를 세워 고려에 맞는 예절 규범을 널리 지키게 하였어요.

《삼국사기》를 편찬하게 한 인종

1115년(예종 10년) 태자로 책봉되어, 1123년 장인인 이자겸 등에 의해 15세로 왕위에 올라 고려의 제17대 왕이 되었어요. 1126년 **이자겸의 난**이 일어나자 최사전과 척준경을 시켜 난을 진압하고, 이자겸을 잡아 영광으로 유배시켰어요.

서경으로 도읍지를 옮겨야 한다는 묘청의 주장이 김부식 등에 의해 좌절되어 **묘청의 난**이 일어났으나 김부식으로 하여금 난을 진압하게 하였고, 1145년에는 김부식을 중심으로 《삼국사기》라는 역사책을 편찬하게 하였어요. 또한 국자감 안에 두었던 **무학재를 폐지**하여 무예로 인재를 선발하는 제도를 없앴는데, 후에 무신의 난이 일어나는 원인을 제공하기도 하였지요.

몽골의 침입을 받은 고종

1213년, 고려 제23대 왕으로 왕위에 올랐으나 최충헌을 비롯한 최씨 일가에 휘둘려 왕으로서의 권력을 행사하지 못했어요. 더구나 잦은 민란과 거란·몽골(몽고)의 침입으로 국가적 위기를 겪어야 했지요. 막강한 몽골에 굴복하여 정치적 간섭을 받았으며, 몽골의 침입으로 대구 부인사의 대장경판과 경주의 황룡사구층목탑 등 귀중한 문화재의 손실을 입기도 했어요. 그리하여 1236년에는 불교의 힘을 빌어 몽골군을 물리치고자 대장도감을 설치하여 고려대장경인 **팔만대장경**을 만들게 하였어요.

나라를 부흥시키려 한 공민왕

공민왕은 고려의 제31대 왕으로, 원나라에 볼모로 잡혀가 살다가 1351년 고려에 돌아와 왕위에 올랐어요. 왕이 된 후, 친원파들을 제거하고 나라의 기강을 바로 세우기 위해 일곱 차례에 걸쳐 제도 개혁을 실시하였어요. 원나라의 황실과 인척 관계를 맺고 권세를 부리던 기철의 일파를 없애고, 100년간이나 존속해 온 **쌍성총관부를 폐지**하고 원나라에게 빼앗겼던 영토를 회복하였어요. 그림과 글씨에 뛰어나 〈**천산대렵도**〉라는 작품을 남기기도 했어요.

고려의 마지막 왕 공양왕

1389년, 고려의 제34대 왕으로 왕위에 오른 공양왕은 이성계에게 완전히 실권을 빼앗겼다가, 정몽주가 살해된 후 덕이 없고 어리석다는 이유로 왕위에서 쫓겨났어요. 이로써 고려는 34대 475년 만에 망하였지요. 공양왕은 **폐위**된 뒤 원주로 추방되어 공양군으로 강등되었다가 2년 뒤에 삼척에서 살해되었다고 해요.

[고려] 영토와 도읍지

고려 건국 초기의 영토는 서북쪽 방면으로는 대동강 이북 지역까지 행정력을 넓혔으며, 동북쪽으로는 과거 신라의 경계였던 원산을 넘어 계속 경계를 넓혀 나갔어요.

북쪽으로 영토를 넓혀 대동강에서 청천강과 압록강까지

926년 거란에 의해 발해가 멸망하자 발해의 귀족들과 백성들이 고려에 귀순하였어요. 고려는 **서북쪽 지역**을 착실하게 **개척**하여 928년에는 청천강가의 요새지인 안북(안주)에 행정 관서를 설치하였고, 뒤이어 숙천·순안·영유·개천에 진을 설치하여 서북쪽의 경계선이 신라 때의 대동강에서 청천강으로 올라갔어요. 이어 대동강에서 청천강 사이에 13개의 진을 설치하였는데, 그 영향력이 실제로 **압록강**까지 미쳤어요. 서북 방면은 거란과 국경을 맞대고 있었고, 동북 방면은 여진과 경계를 이루었지요.

거란과 담판으로 차지한 강동 6주

993년, 성종 때 서희는 거란의 장수 소손녕과 담판을 지어 강동 6주를 획득했어요. 강동 6주는 흥화진(의주)·용주(용천)·통주(선천)·철주(철산)·귀주(귀성)·곽주(곽산)이라는 곳인데, 서희는 994년에 **압록강 연안 지역**으로 직접 군사를 이끌고 가서 그곳에 살고 있던 여진족을 몰아내고 성을 쌓아 **고려 영토**로 편입시켰어요.

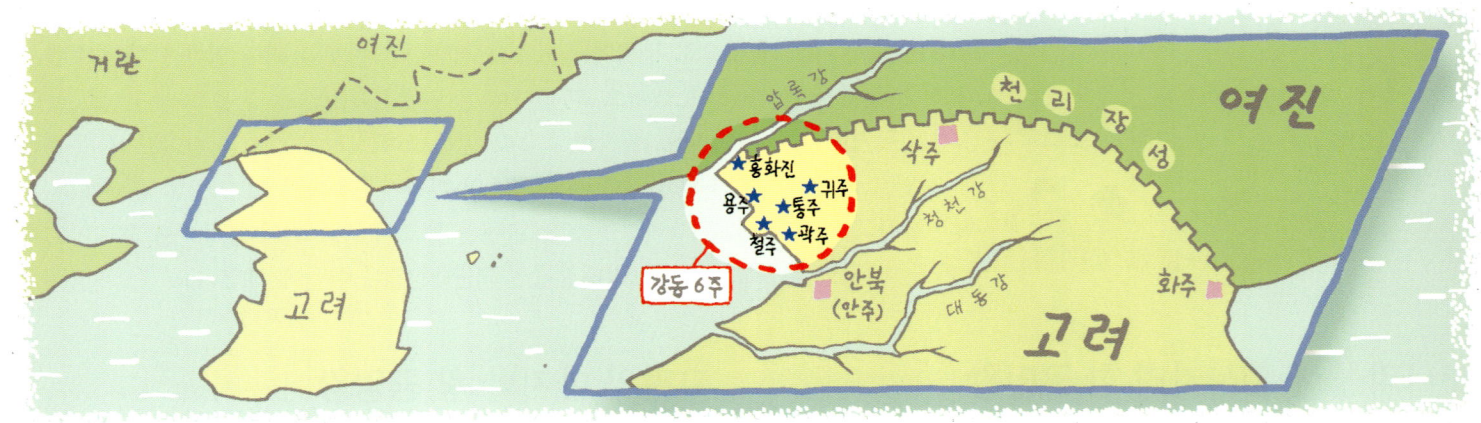

여진족을 몰아내고 설치한 동북 9성

1107년 예종 때는 윤관이 별무반을 중심으로 대군을 이끌고 **동북 경계 지역에 있는 여진족을 몰아내고**, 1108년에 동북 9성을 설치하였어요. 9성은 윤관이 설치할 때의 9성의 이름과 여진족에게 돌려 줄 때의 9성의 이름이 같지 않아 어느 성, 어느 지역을 말하는 것인지 정확하게 알 수는 없지만, 함경도 일대뿐 아니라 연해주(현재 러시아 지역)까지 포함하는 매우 넓은 지역이라고 짐작하고 있어요.

고려의 모든 길이 통하는 최고의 중심지 개경

918년 고려를 세운 왕건은 자신의 고향이며 세력의 기반이었던 **송악(개경)**을 919년에 **도읍지**로 정했어요. 그리고 개경을 정비한 후에 송악산 기슭에 만월대라는 궁궐을 지었어요. 송악은 광종 때부터 **개경**이라는 이름으로 불리며 한반도를 통일한 고려의 수도로 자리매김하고, 그 이후에 **개성**으로 이름이 바뀌어 지금까지 이어져 왔어요.

개경은 예성강, 서해와 가까워 수상 교통이 편리하며, 지리적으로 **한반도 가운데 위치**하여 나라를 다스리는 데 편하였고, 외국과 무역을 하기에도 유리하였어요. 또한 불교를 숭상했던 고려의 성격에 맞게 개경 주위에만 300여 개의 절이 있었고, 풍수지리설에 의해 정해진 자연의 질서를 거스르지 않는 자연 도시이기도 했어요. 외적들의 침략과 세월의 풍파로 현재까지 남아 있는 문화재는 적지만, 고려 때의 개경은 매우 화려하고 번창했을 것으로 짐작하고 있어요.

중국 송나라 사신 서긍이 고려의 도읍지 개경으로 들어서면서 '성곽들이 우뚝우뚝하여 실로 쉽사리 업신여길 수 없다.'라고 한 것에서도 고려 초기 고려인들의 당당한 자부심을 엿볼 수 있어요. 지금은 만월대, 남대문, 성균관, 관음사, 공민왕릉, 현호사 터, 개국사 등이 유적지로 남아 있답니다.

고려의 건국과 도읍지를 예언한 도선

왕건의 아버지 왕륭은 송악산 남쪽에 집을 짓고 살고 있었는데, 어느 날 도선이라는 승려가 왕륭의 집에 찾아왔어요.
그는 왕륭의 안내를 받아 송악산 마루에 올라가 주변을 두루 살펴본 후 왕륭에게 말했어요.
"이곳은 명당 중의 명당이오. 이곳에 36칸으로 된 집을 지으시오. 그러면 틀림없이 성스런 아이를 낳을 것이오. 아이 이름을 왕건이라 지으시오."
왕건의 아버지 왕륭은 도선의 말대로 36칸 집을 지었고, 예언대로 아들을 낳자 '왕으로 세운다'는 뜻으로 왕건이라고 이름을 지었어요.
뒷날 왕건은 도선의 예언대로 나라를 세웠는데 그 나라가 바로 고려랍니다.

북진 정책으로 제2의 도시가 된 서경

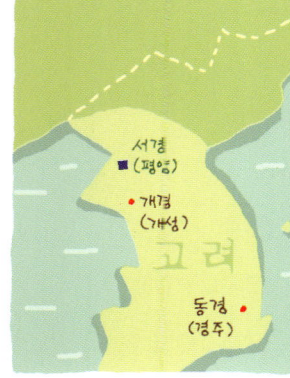

서경은 고려 시대 때 **평양**을 일컫는 이름이었어요. **군사적 요지**이며 역사 깊은 **문화 도시**였던 평양은 당나라 세력이 물러간 통일 신라 시대 이후로 크게 황폐되어 고려는 건국 초부터 황해도 지방의 백성을 옮겨 살게 하는 등 재건에 힘썼어요. 처음에는 평양대도호부로 삼았다가 성종 때 3경 제도가 이루어지면서 왕경인 개경 외에 경주를 동경, 평양을 서경이라 하여 고려의 중심 도시로 삼았지요. 인종 때 **묘청**이라는 승려는 국가의 **도읍지를 개경에서 서경으로 옮겨야 한다**고 주장했는데, 그의 건의가 받아들여지지 않자 1135년 난을 일으키기도 하였어요. 고구려의 후손임을 내세우며 북진 정책을 펼쳤던 왕건을 비롯한 고려의 왕들은 서경을 제2의 수도로 여겼어요.

[고려]
정치

고려의 중앙 관제는 당나라의 제도를 수용한 3성 6부, 송나라의 제도를 따른 중추원과 삼사, 그리고 고려의 독자적인 도병마사와 식목도감으로 구성되었어요. 당나라와 송나라의 제도를 따르면서도 그 구성이나 운영은 고려의 형편에 맞추었지요.

당나라 제도를 들여와 3성 6부 제도로

고려는 나라를 다스리기 위한 통치 기구로 **당나라의 제도를 모방**하여 3성 6부를 두었어요.

3성 중앙 행정의 중심 기구
문하성 상서성 내사성(중서성)

6부 3성 아래의 실무를 맡은 부서

이부 호부 예부 병부 형부 공부

중앙 행정 조직이 3성 6부에서 2성 6부로

국가의 실정에 맞게 체제가 확립되어 중서문하성과 상서성의 2성 체제로 바뀌었어요.

2성
- 중서문하성: 최고 행정 관청으로 국정을 총괄
- 상서성: 일반 행정을 집행

상서성 6부가 맡는 일

| 이부 | 관리 임명 (인사권 행사) | 호부 | 재정 (회계 및 출납) | 예부 | 교육 (교육, 문화) |
| 병부 | 군사 (무기, 국방) | 형부 | 법률 (직제, 법령) | 공부 | 토목 (건설, 성축조 등) |

고려의 독자적인 기구, 도병마사와 식목도감

(왕명을 전달하러 중추원에서 왔습니다.)

최고 관직의 신하들이 모여 회의를 통해 나라 일을 의논하고 결정하는 기구로 도병마사와 식목도감이 있었어요. 3성 6부가 중국 당나라의 제도를 받아들인 것이라면 도병마사와 식목도감은 당나라의 제도와 상관 없이 **고려가 독자적으로 만든 정치 기구**였어요. 도병마사는 군사, 국토의 경계, 외교 등 국방에 관한 문제를 결정하였고, 식목도감은 나라 안의 법제, 격식 문제를 결정했어요. 도병마사는 고려 후기 충렬왕 때 원나라의 간섭으로 도평의사사로 승격되면서 행정 업무에 관한 결정도 하게 되었지만, 식목도감은 그 기능이 약화되었지요.

고려의 특수 기관

991년(성종 10년)에는 중추원과 삼사, 어사대, 한림원, 춘추관 등의 특별 기구를 설치하였어요.

중추원 왕의 명령을 받아 실행하고 군사적인 기밀과 궁중의 호위를 맡아봄.

삼사 돈과 곡식의 들어오고 나가는 일과 회계를 맡아봄.

어사대 나라의 관리들을 죄를 밝혀 내고 탄핵하거나, 나라의 어지러운 풍속을 바로잡음.

한림원 외교 문서를 주관함.

춘추관 역사를 편찬함.

전국 주요 도시에 설치한 12목

건국 초기에는 지방을 그 지방의 중심 인물인 호족이 다스리게 하였으나, 성종 때 최승로의 건의에 따라 983년에 전국의 주요 도시 12곳에 지방관 목사를 파견하였어요. 이는 고려 초기에는 각 지방 토착 세력인 호족의 힘이 강해서 중앙 정부에서 지방 일에 관여하지 못하다가, 성종 때에 와서 비로소 **정부에서 지방을 통치**하게 되었음을 의미해요.

지방의 군과 현에는 향리가 실무를 담당

지방의 12개 목 아래에는 군과 현을 두었고 현에는 다시 향, 부곡, 소라는 특수 행정 구역이 있었어요.
군은 지방 장관이 현에는 수령이 파견되어 행정을 맡아 다스렸고, 향리가 수령을 보좌하는 역할을 하였으나 중앙에서 지방 관리가 파견되지 않는 경우도 많아 주로 향리가 지방 행정 실무를 담당하였어요.

특수 행정 구역 향·부곡·소

향과 부곡, 소는 나라에서 필요로 하는 각종 물품을 생산, 공급하려는 목적으로 만든 특수 행정 구역이었어요. 향과 부곡은 주로 농업을 하는 사람이, 소는 주로 수공업이나 광업을 하는 사람이 살았으며, 함부로 이사를 할 수 없는 등 천민 대우를 받았다고 해요.

전국 행정 구역은 5도 양계

995년 고려는 전국을 10개의 도로 나누었어요. 이때 처음 도라는 지방 단위가 생겨났지요. 그 후 여러 번 개정을 거쳐 1018년(현종 9년)에 비로소 고려의 전국 행정 구역을 군현제로 체계적으로 나누었어요. 왕경인 개성을 중심으로 전국을 **5도 양계**로 나눈 것이에요. 도에는 지금의 도지사라고 할 수 있는 **안찰사를 배치**하여 지방 수령을 감시하고 백성들의 고통을 살피며, 군사 관련 업무까지 맡게 하였어요.

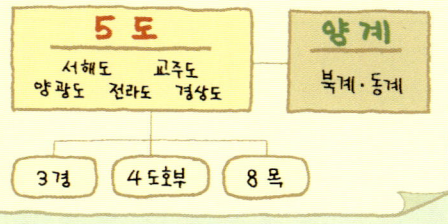

고려의 중심 도시 3경

고려는 초기에 도읍지였던 왕경(개성)을 비롯해 평양인 서경, 동경인 경주를 3경으로 하여 고려의 중심 도시로 삼았으며, 후기에는 동경 대신 서울에 남경을 설치하였어요.

능력 있는 인재를 선발한 과거 제도

고려 제4대 왕인 **광종**은 중국 대륙 후주라는 나라에서 귀화한 **쌍기**라는 사람의 건의에 따라 958년에 과거 제도라는 **인재 선발 제도**를 실시하였어요. 과거란 '과목에 의한 선거'란 뜻으로 여기서 선거란 관리를 등용하는 것을 말해요. 제술과, 명경과, 잡과, 승과 등 여러 과목으로 분야를 나누어 시험을 치르고 인재를 선발한 것이지요. 능력 있는 인재를 선발하여 정치의 발전을 가져오기 위한 것이기도 했지만, 새로운 인재들을 뽑아 공신들의 세력을 견제하고 왕권을 강화하기 위한 수단이기도 했어요.

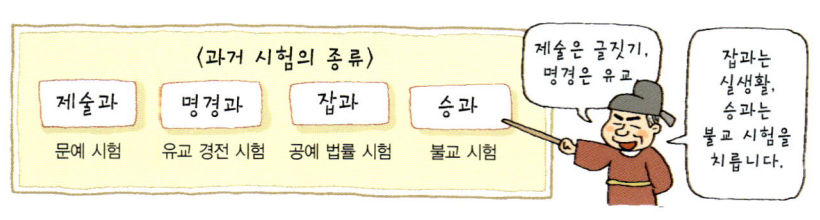

지방 통치 수단인 기인 제도와 사심관 제도

사심관 제도는 중앙 관직을 맡고 있는 관리들에게 자신의 향리(지역)를 다스리게 한 제도이며, **기인 제도**는 지방 향리의 자제들을 중앙에 파견하여 중앙의 업무를 지방에 전달하거나 지방의 일을 중앙에 연락하도록 하는 제도였어요.

즉 사심관 제도는 지방 호족 출신의 공신들과 원활한 관계를 맺기 위해, 그리고 기인 제도는 지방 호족들의 세력을 견제하기 위해 만든 제도였지요.

국방 회의 기구 중방과 군사 제도 2군 6위

국방 문제를 논의하고 결정하기 위해 2군 6위의 지도자인 상장군, 대장군이 모여 국방 문제를 논의하는 기구를 두었는데 이를 중방이라고 해요. 도병마사나 도평의사사가 문신들이 중심이 된 정치 기구였다면 중방은 **무신들이 중심이 된 기구**였어요. 1170년 정중부의 난 이후, 무인 정치의 핵심이 되어 고려 최고의 정치 기구가 되었지요. 고려의 군사 제도는 행정 제도와 같은 형식으로 중앙은 2군 6위를 두었으며, 지방에는 행정을 맡고 있는 5도 양계에서 군을 두어 담당하게 하였어요. 2군은 왕궁을 수비하는 군사였으며, 6위는 개경 수비와 국경 방어를 담당했어요.

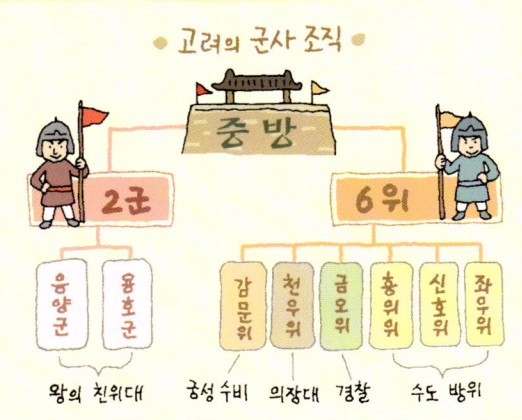

무인들이 권력을 잡았던 무인 정권 시대

고려는 무신들에 대한 차별이 심한 사회였어요. 군대의 최고 지휘 통솔권을 문신이 장악하였으며, 경제적으로도 문신에 비해 큰 차별을 받아야 했어요. 차별과 불만을 참다못한 무인들은 **정중부를 중심으로 난을 일으켜** 정권을 독점하였어요. 1170년부터 1271년까지 정중부 - 경대승 - 이의민 - 최충헌 - 최우 - 최항 - 최의 - 김준 - 임연 - 임유무 순서로 무인들이 권력을 휘둘렀으며, 이중 최씨 정권이 4대에 걸쳐 60년간 유지되었어요.

무신정변은 어떻게 일어나게 되었나?

왕건을 도와 고려를 세운 문신과 무신이 고려의 지배층을 이루었어요. 그렇지만 과거 제도와 함께 문을 숭상하는 유교가 정치 이념으로 선택되면서 문신의 지위가 무신보다 높아졌지요.

제도적으로 무신은 정3품인 상장군이 최고의 관직이며, 그 이상의 승진이 어려웠고, 군대의 최고 지휘 통솔권을 문신이 장악하였어요. 거란의 침입을 물리친 강감찬, 여진 정벌의 윤관, 묘청의 난을 토벌한 김부식 역시 문신이었지요.

이에 무신들은 불만을 품게 되었어요. 나라에서 대우를 잘 해 주지 않아 경제적으로 형편이 어려워 평민과 크게 다를 바가 없었어요.

문신은 더욱 교만해져 무신들을 무시하기 일쑤였어요. 그러다가 의종 때 김부식의 아들인 김돈중이 늙은 무신인 정중부의 수염을 태우며 희롱하였고, 대장군 이소응은 젊은 문신 한뢰에게 뺨을 맞는 모욕적인 일이 생겼어요.

참다못한 무신들은 정중부를 중심으로 정변을 일으켰어요. 1170년 의종이 장단 보현원에 행차할 때 왕을 호위하던 정중부와 이의방 이고 등은 반란을 일으켜 왕을 수행하던 문신들을 학살하고, 다시 개성으로 돌아와서 요직에 있던 문신들을 죽였지요.

무신들은 곧이어 의종을 폐위시키고 그 아우 익양공 호를 왕으로 세워 실권을 장악, 새로이 무신 정권을 세웠답니다.

[고려] 사회와 경제

노비안검법, 상평창과 의창 등 고려는 사회를 안정시키고 국가의 경제를 발전시키기 위해 여러 제도를 도입하였어요. 외국과의 무역과 화폐 발행 등을 통해 상업의 발전을 꾀하기도 하였고요.

국가의 경제력을 키운 노비안검법

광종 때, 평민이었다가 억울하게 노비가 된 사람을 조사하여 다시 평민이 되도록 하여 **나라의 재정을 확보**하고 **왕권을 강화**한 제도가 노비안검법이에요. 노비를 해방시켜 준 것이 어떻게 나라의 경제력과 왕권 강화에 도움을 주었냐고요? 노비는 천민 신분으로 세금을 내지 않아도 되었어요. 그런 노비를 평민의 신분으로 회복시켜 주면서 나라는 세금을 더 많이 받아 경제력을 키울 수 있었고, 반대로 노비를 재산으로 삼은 호족 세력들은 그만큼 재산이 줄게 된 것이지요. 그래서 호족을 견제하고 왕권을 키울 수 있었어요.

평민을 다시 노비로 삼게 한 노비환천법

노비안검법으로 재산을 잃게 된 귀족들의 불만이 높아지자, 성종 때 노비 신분에서 벗어나 옛 주인과 그 친척에게 맞서는 자를 다시 노비로 삼는 노비환천법이라는 제도가 생겨나기도 하였어요.

고려의 토지 제도

고려 태조 때는 개국공신들에게 공과 충성도에 따라 **역분전**을 지급했고, 경종 때는 관직의 높고 낮음과 함께 인품을 반영하여 **시정전시과**를 지급하였어요.

또, 목종 때는 인품에 상관없이 관직의 높고 낮음에 따라 **개정전시과**를 지급하였고, 문종 때는 현직 관리에게만 지급하는 **경정전시과**를 실시하였지요.

무인정권 때에는 경기의 땅을 현직 관리들에게만 지급하는 **녹과전**이 실시되었고, 공양왕 때는 이제 막 등장하기 시작한 신진 사대부의 경제적 토대가 되는 **과전법**이 실시되어 이것이 조선 시대로 연결된답니다.

고려의 조세 제도 조세·공물·역역

고려는 평민들에게 일정한 세금을 걷었어요. 그를 바탕으로 나라의 살림을 운영했지요.

 **조세**
민전(자기 소유의 땅)은 수확의 1/10, 수조권이 개인 또는 관청에 있는 땅은 수확의 1/2, 수조권이 국가에 있는 땅은 1/4을 조세로 바치게 하였어요.

 **공물**
지방의 특산물을 나라에 바치게 한 것으로 주와 현에서 해마다 바치는 상공, 때에 따라 수시로 거두는 별공, 과일나무, 삼밭에 부과하는 잡공이 있었어요.

 **역역**
16~60세의 평민 남자는 병역과 부역의 의무가 있었어요. 병역은 군포(옷감)로 대신 낼 수 있었으며, 부역은 토목 공사에 동원되어 일하는 것인데, 이때 식사는 개인이 부담했다고 해요.

백성들의 생활 안정을 위해 만든 물가 조절 기구 상평창

고려의 제6대 왕인 성종 때(993년) 백성들의 안정된 경제 생활을 위해 '상평창'이라는 **곡식 저장 창고**가 만들어졌어요. 곡식 창고이면서도 풍년이 들어 곡물의 가격이 떨어지면 국가가 곡물을 비싼 가격으로 사들여 떨어진 곡식의 가격을 올리고, 반대로 흉년이 들어 곡식의 가격이 크게 오르면 역시 국가가 비축해 두었던 곡물을 풀어서 곡물의 가격을 낮추어 **물가를 조절**하는 물가 조절 기구의 역할을 하게 하였지요. 곡물의 가격 변동에 따라 생활의 어려움을 당하는 농민을 보호하고, 반대로 곡물 가격의 변동에 따라 부당한 이윤을 얻으려는 상인의 활동을 억제하려는 목적이었어요.

가난한 농민들을 도와준 의창

고려에도 고구려의 진대법과 같이 가난한 사람들을 도와주는 **빈민 구제 제도**가 있었어요. '의창'이라는 제도였지요. 의창은 고려 태조 때 식량이 궁핍한 봄철에 백성들에게 곡식을 꾸어 주고 추수 후에 갚도록 한 **흑창**이라는 제도가 발전한 모습이에요. 상평창을 만든 성종이 흑창에 쌀 1만 섬을 더 보충하고 의창이라는 이름으로 바꾸었는데, 이후에 전국 여러 지방에도 설치되었어요. 조선도 의창 제도를 이어 갔답니다.

고려 시대에 만들어진 우리나라 최초의 화폐 건원중보

고려 시대에는 우리나라 최초로 화폐가 만들어졌어요. 바로 '건원중보'라는 화폐예요. 건원중보는 **성종 때(996년) 발행**되어 다음해에 유통된 화폐로, 철로 만들어졌으며 둥근 모양에 가운데는 네모난 구멍이 나 있었어요.

상업이 발달하며 생겨난 화폐

건원중보라는 화폐가 만들어진 것은 상업 활동이 활발해졌기 때문이었어요. 국가에서는 이 화폐의 사용을 적극 권장하였지만, 일반 백성들은 불편하다고 여겨 별로 사용하지 않았어요. 화폐가 본격적으로 사용되기 시작한 것은 100년 뒤, 화폐를 만드는 **주전도감**이 세워지면서부터예요.

고려를 세계에 알린 국제 무역

고려는 외국과의 무역이 무척 활발했어요. 특히 나라와 나라 사이에서 행해지던 공무역이 성행하였지요. 중국의 송나라와 가장 활발한 무역이 이루어졌는데, 고려의 수도인 개경에는 수백 명의 송나라 상인들이 거주하며 무역을 했을 정도였어요. 송나라뿐 아니라 동남 아시아, 일본, 멀리 아라비아 상인들까지 고려로 들어와 무역을 하였는데, 개경과 가까운 **벽란도**라는 항구가 **무역의 중심지**였어요. 아라비아 상인들의 왕래로 고려

가 서양에 알려져 '코리아'라는 이름으로 불리기 시작했어요. 육로를 통해서는 요나라(거란), 금나라(여진)와 무역을 했고요. 송나라에는 금·은·종이·나전칠기 등을 수출했고, 비단·약재·서적 등을 수입했어요. 요나라와 금나라와는 곡식·문방구·철기 등을 수출했고, 말·모피·털가죽 등을 수입했지요. 아라비아 상인과 일본에게는 고려청자와 인삼 등을 수출했으며, 수은과 향료 등을 수입했답니다.

무역에 큰 역할을 한 개성상인

고려가 외국의 여러 나라들과 활발한 무역을 하는 데 큰 역할을 한 **상인 조직**이 있었어요. 바로 개성상인이라 불리는 이들이지요. 이들은 고려의 수도였던 개경(개성, 송도)을 중심으로 활약하여 '송상(송도상인)'이라고도 불렸으며, 규모가 크고 상술이 뛰어나 국내에서의 상거래는 물론 송나라 등 외국과의 무역에도 큰 역할을 하였어요.

[고려] 생활과 풍습

고려는 신분의 구별이 있었지만 비교적 자유로운 사회였어요. 여자들도 다른 시대에 비해 많은 권리를 누렸고요. 후기에는 몽골(몽고)의 침입과 간섭을 받으며 몽골의 풍습이 전해지기도 했답니다.

신랑이 신부 집에 가서 올린 결혼식

고려의 결혼 풍습은 주로 신랑이 **신부의 집에 가서 결혼**을 하고 처가에서 일정 기간을 살다가 친가로 돌아오거나 따로 가정을 꾸리는 형태가 많았어요.

남녀가 자유롭게 나눈 사랑

천민이나 노비는 관가의 허락을 받지 않고 결혼을 하면 처벌을 받는 등 제약도 있었어요. 하지만 평민들은 비교적 **자유롭게** 남녀가 만나 사랑을 나눌 수 있었으며, 부모의 허락을 받으면 결혼을 할 수 있었어요.

친족끼리도 결혼한 왕실 결혼 풍속

고려 초 왕실에서는 친족간의 혼인이 성행하기도 했어요. 중기 이후 여러 차례 국가에서 금하기도 하였으나, 친족간의 결혼 풍습은 쉽게 사라지지 않아 사회 문제가 되기도 했어요.

몽골의 침입으로 달라진 고려 후기의 결혼 풍속

몽골의 침입과 함께 여러 명의 아내를 두는 몽골의 **일부다처제** 풍습이 전해지면서 고려의 남자들도 아내 외에 첩을 두는 풍습이 유행하기도 했어요.

어린 나이에 결혼하는 '조혼' 풍습 생겨

몽골은 고려를 침입하여 억지로 강화를 맺고 **결혼도감**이라는 것을 설치해 고려의 처녀들을 뽑아 갔어요.
이렇게 몽골 즉 원나라로 끌려간 처녀들을 공녀라고 했으며, 이때 원나라로 끌려 가지 않기 위해 어린 나이에 일찍 결혼을 시키는 '조혼'이라는 제도가 생겨나기도 하였지요.

아들과 딸의 구별이 없었던 상속 제도

고려 사회의 여자들은 다른 시대에 비해 비교적 많은 권리를 누렸어요. 부모의 유산은 자녀에게 **골고루 분배**되었으며, 태어난 차례대로 호적을 기재하여 남녀 차별을 하지 않았어요. 아들이 없을 경우 딸이나 사위가 제사를 맡기도 했으며, 사위가 처가의 호적에 올라 처가에서 생활하는 경우가 적지 않았고, 사위와 외손자에게까지 음서(과거 시험을 보지 않고 벼슬에 나가는 제도)의 혜택이 주어졌어요. 공을 세운 사람의 부모는 물론 장인과 장모도 함께 상을 받았어요.

재혼이 자유로운 사회

또한 여자는 자유롭게 재혼을 할 수 있었으며, 재혼한 부모를 둔 자녀들도 사회적 진출에 차별을 받지 않았어요.

고려의 명절과 세시 풍속

고려는 불교가 성행했던 나라여서 불교 행사가 많았어요. **연등회**와 **팔관회**가 대표적이지요. 명절은 설날·대보름·삼짇날(3월 3일)·단오절(5월 5일)·유두(6월 15일)·백중(7월 15일)·중추절(8월 15일)·중양절(9월 9일)·상달(10월 15일)·동지 등이 연중 행사로 발전하였으며, 민속놀이로는 공치기·씨름·제기·바둑·장기·윷·연·광대놀이·꼭두각시놀이 등이 있었어요.

장례 풍속은 주로 100일장

고려의 장례 풍속은 불교의 성행으로 화장하는 풍습이 퍼지기도 했고, 부모가 죽으면 100일 동안 상복을 입고 부모의 죽음을 슬퍼하며 지내야 했어요. 고려 말에는 유교의 영향으로 3년 동안 부모 상을 치르는 풍습이 생겼어요.

고려의 의료 기관 제위보·대비원·혜민국

고려 시대에는 일반 백성들과 생활이 어려운 백성들을 위해 병을 치료해 주고 음식과 옷을 제공해 주는 **의료 기관**이 생겨났어요. 963년(광종 14년)에는 빈민이나 집 없이 떠돌아다니는 사람들을 치료해 주는 **제위보**가 설치되었으며, 1049년(문종 3년)에는 대비원이라는 의료 기관도 생겨났어요. 고려의 수도인 개경의 동쪽과 서쪽 두 곳에 있어 **동서대비원**이라 불렸으며, 서경에도 한 곳이 생겨났지요. 병자를 치료해 주고 굶주린 사람을 도와주는 빈민 의료 기관이었어요. 1112년(예종 7년)에는 전염병의 퍼지는 것을 막고 백성들에게 약을 무료로 나누어 주는 **혜민국**이라는 곳도 생겨났지요. 혜민국은 조선 시대에 혜민서로 이름이 바뀌며 이어졌답니다.

[고려]
예술과 문화

고려는 불교 미술이 크게 발달한 나라였어요. 특히 불화라고 부르는 불교 그림은 세계 최고의 수준이었지요. 청자와 같은 아름다운 도자기가 만들어졌고, 세계 최초로 금속 활자를 만들기도 했어요.

불교 국가여서 발달한 불교 문화

고려는 불교가 융성했던 나라였어요. 그래서 불교 문화가 발달했지요. 고려를 세운 태조 왕건은 개경에 법왕사, 왕륜사, 흥국사 등 10개의 사찰을 지었고, 이와 더불어 각종 불교 행사가 열리기도 했어요. 정월대보름의 연등회, 11월 15일의 팔관회가 가장 커다란 불교 행사였지요.

고려의 예술, 문화는 귀족 중심의 호화로움

고려는 귀족 사회의 발달로 호화로운 예술 문화가 발달했어요. 그래서 귀족들이 좋아하는 여러 가지 예술 작품이 만들어졌어요. 독특한 무늬를 넣어 만든 **상감 청자**와 서화, 음악 등이 발달하기도 했으며, 청자와 함께 나전칠기 같은 칠기 공예도 발달하였어요. 특히, 상감 청자는 독특한 기법으로 세계적으로도 우수한 공예품으로 널리 사랑을 받았어요.

화가를 길러 낸 도화원

통일 신라의 미술을 계승한 고려의 미술은 200년간 불교 미술의 발달과 송나라 미술의 영향으로 호화롭고 섬세하고 귀족적인 미술 문화를 남겼어요. 고려의 회화는 현재 남아 있는 것이 별로 없지만, 일본에 남아 있는 고려 불화들을 통해 우수한 고려 미술의 특징을 엿볼 수 있어요. 고려에서는 '도화원'이라는 기관을 두어 **화가를 길러** 내기도 했답니다.

고려 회화의 특징을 보여 주는 벽화

1971년 거창 둔마리에서 발견된 고분 벽화에는 고려 회화의 특징이 잘 나타나 있어요. 이 벽화의 제작 방법은 돌 위에 회칠을 한 후, 먹선으로 단숨에 그린 듯하며, 십이지신상과 사신도와 함께 **주악천녀도**라는 그림은 머리 쪽에 연화 무늬의 빛을 지니고 있고 활달한 필치와 기법으로 생동감 넘치게 그려졌어요. 그 밖에도 수덕사의 야화도와 수화도, 부석사 조사당의 보살상과 사천왕상, 공민왕릉 등에 많은 벽화가 남아 있어요.

고려의 일반 그림

고려의 일반 그림은 현재 남아 있는 것이 매우 적어요. 현재 전하는 것으로는 해애의 〈세한삼우도〉와 고려인으로 짐작되는 고연휘의 〈하경산수도〉, 공민왕이 그린 것으로 전해지는 〈천산대렵도〉가 있어요. 〈천산대렵도〉의 사실적인 표현 솜씨는 당시 원나라 그림의 영향을 받은 것으로 여겨져요.

고려 미술을 대표하는 고려 불화

불화는 불교의 종교적인 이념을 표현한 **불교 그림**을 말해요. 불화는 삼국 시대에 그려지기 시작하여 특히 불교가 발전했던 고려 시대에 가장 발달했는데, 고려청자와 더불어 호화롭고 정교하며, 귀족적인 분위기가 돋보이는 고려 문화를 잘 표현하고 있지요. 중국에서는 주문을 의뢰하기도 하였고 일본으로 전해져 큰 사랑을 받았다고 해요.

지금까지 남아 있는 고려 불화는 100점 정도인데, 안타깝게도 우리나라에 남아 있는 것은 10점이 안 돼요.

건축 중 특히 발달한 목조 건축

고려의 건축으로는 우리나라에서 가장 오래된 목조 건물인 **부석사 무량수전**을 비롯해 봉정사 극락전, 수덕사 대웅전 등이 남아 있어요.

불상, 석탑 등의 조각 분야에서는 조형미와 예술성이 통일 신라 시대보다 떨어졌고, 각 지방의 토속적인 성격이 강하게 표현되었지요.

조각 대신 발달한 자기와 나전칠기

고려 시대에는 조각이 발달하지 못한 대신 자기와 칠기 공예가 크게 발달하였어요. 자기와 칠기류는 주로 귀족들의 호화로운 생활에 쓰이면서 따라 발달한 것이지요. 그리고 불교의 발달로 불교 용구들도 발달하였어요. 자기는 상감 청자가, 칠기는 조개를 여러 가지 모양으로 박아 꾸미고 옻칠을 해서 만드는 나전칠기가 크게 유행하였어요.

고려의 음악 아악·향악·당악

초기에는 신라의 음악과 거의 큰 차이가 없었으나, 예종 이후 중국의 각종 음악이 들어와 당악·향악·아악 등 세 가지로 구분되고 각각 독자적으로 발전하였어요.

향악 일반 백성들이 즐겨 부르던 음악으로 향악이 수십 곡 전하며, 이들 곡은 거문고·비파·가야금·대금·장구 등의 악기로 연주되었어요. 선율이 곱고 아름다우며 남녀의 사랑을 노래한 것이 많아요.

아악 중국 송나라의 궁중에서 제사를 지낼 때 쓰던 음악으로, 고려에는 1116년(예종 11년)에 전해졌어요. 궁중의 제사와 국가적 의례에 사용된 궁중 음악이에요.

당악 당나라에서 전해 온 음악이에요.

속요와 경기체가라고 불렸던 고려가요

고려 시대에 **널리 불린 노래**를 고려가요라고 해요. 〈한림별곡〉, 〈관동별곡〉, 〈죽계별곡〉 등 주로 한문체로 된 것을 경기체가라 했고 〈청산별곡〉, 〈서경별곡〉, 〈가시리〉, 〈만전춘〉 등의 시가를 속요라고 구분하였지요.

세계적으로 우수한 출판과 인쇄 문화

고려 문화 중 특히 발달한 것이 출판과 인쇄 문화였어요. 목판 인쇄로 된 현종 때의 《초조대장경》, 숙종 때의 《속장경》, 1251년(고종 38년)에 완성된 《팔만대장경》 등 많은 불교 경전이 편찬되었으며, 숙종 때는 **서적포**라는 기관을 두어 서적 출판을 담당하게 하였어요.

세계에서 처음 발명한 금속 활자

고려는 세계 최초로 금속 활자를 만들어 냈어요. 1234년 편찬한 《상정고금예문》을 찍은 금속 활자는 독일 구텐베르크의 것보다 200년이나 앞선 것이에요. 그리고 현재 남아 있는 금속 활자로 찍은 책 중, 세계에서 가장 오래된 책 역시 1377년에 인쇄된 《직지심체요절》이라는 책이에요.

《삼국사기》와 《삼국유사》 등 역사 편찬

고려는 우리 민족의 역사를 기록하려고 많은 노력을 기울였어요. 《삼국사기》는 **김부식**이라는 학자가 왕의 명을 받아 1145년에, 《삼국유사》는 **일연**이라는 스님이 1285년에 각각 편찬하였지요. 또 충렬왕 때 **이승휴**는 중국과 한국의 역사를 적은 《제왕운기》를 쓰기도 했어요.

[고려] 전쟁

고려는 여러 차례 강대국의 침입을 받았어요. 거란족의 침입을 물리쳤고, 고려의 북쪽 국경을 침범한 여진족을 정벌하기도 하였지요. 당시 세계를 제패한 몽골(몽고)군의 침략을 받았을 때는 나라 전체가 큰 고통을 겪어야 했어요.

강감찬 장군의 활약으로 거란을 물리친 귀주대첩

만주 지방에서 유목 생활을 하고 있던 **거란족**은 세력을 키워 **요나라**를 세우고, 마침내 926년 발해를 멸망시켰어요. 그리고 계속해서 고려를 침략하며 괴롭혔어요. 그러다가 1018년, 10만 대군을 이끌고 고려를 침략해 왔어요.

거란의 침입에 대비해 만반의 준비를 해 온 **강감찬** 장군은 **흥화진** 동쪽 골짜기에 기마병 1만 2,000명을 미리 매복시켜 놓았어요. 큰 밧줄에 쇠가죽을 꿰어 강물을 막고 기다리고 있었지요. 드디어 거란의 대군이 나타나자, 막았던 강물을 터트려 적군을 크게 무찔렀어요.

흥화진에서 패한 **소배압**은 남은 군사를 거느리고 개경 부근까지 내려왔어요. 하지만 고려군은 길목을 지키고 있다가 거란군을 무찔렀어요. 이에 초조해진 거란군은 자신들에게 유리한 방법으로 싸우기 위해 귀주 벌판으로 나아갔고, 고려군은 용감히 맞서 싸웠어요. 거란의 10만 군사 중에 살아남은 군사는 수천 명뿐이었지요. 이 전투를 '**귀주대첩**'이라고 해요.

여진족을 몰아낸 여진 정벌

1107년(예종 2년)에 여진족이 고려 영토에 침범해 왔어요. 이에 예종은 **윤관**을 북벌군 도원수로 임명하여 여진을 정벌하도록 했어요. 윤관은 부원수 오연총, 척준경과 함께 그동안 훈련시켜 두었던 17만 명의 대군을 이끌고 북쪽 국경 지대로 나아갔어요. 그리고 여진족을 공격하여 큰 승리를 거두었지요. 적의 진지 135곳을 쑥대밭으로 만들고 4,940명의 목을 베었으며 130명을 사로잡는 큰 승리였어요.

9성을 쌓다

윤관은 곧 왕에게 승전 소식을 전하며 새로 차지한 영토에 성을 쌓아 국토를 지키고 남쪽 지방의 백성들이 와서 살도록 해야 한다고 건의하였어요.
왕은 윤관의 건의에 따라 윤관이 여진족을 몰아내고 차지한 곳에 9성을 쌓고, 남쪽 지방의 백성들을 옮겨와서 땅을 개척하며 살도록 했어요. 또한 윤관 장군은 9성의 하나인 공험진에 국경을 표시하는 큰 비석을 세워 외적이 감히 접근하지 못하게 하였어요.

몽골군의 계속된 침입과 대몽 항쟁

1219년, 몽골어 쫓긴 거란족이 고려의 강동성(현재의 평안남도 강동)을 침입하자 몽골과 고려는 공동 작전으로 거란족을 물리쳤어요. 몽골은 이의 대가로 고려에게 공물을 바치라고 요구하였는데, 고려가 이를 들어주지 않자 고려를 침입할 기회를 엿보고 있었지요.

그러던 중 몽골의 사신 저고여가 고려에 왔다가 고국으로 돌아가는 길에 압록강변에서 살해되었고, 이를 빌미로 1231년부터 계속해서 고려를 침입했어요. 이때 고려가 막강한 **몽골군과 맞서 맹렬한 전쟁을 벌인 것**을 대몽 항쟁이라고 해요.

몽골군과 싸워 승리를 거둔 처인성 전투

1232년 살리타가 이끄는 몽골군은 강화도로 옮겨간 고려 왕실과 정부가 개경으로 돌아올 것을 요구하면서 고려를 침략했어요. 그러나 고려는 몽골군에 대항하여 싸웠어요. 그해 12월 처인성(지금의 용인)에서 고려군을 지휘한 **김윤후**가 적장 살리타를 화살을 쏘아 사살하였고, 몽골군은 이 전투에서 패해 도망을 갔지요. 김윤후는 적장을 사살한 공로로 상장군이라는 벼슬을 받았으나 사양하였어요.

몽골군에게 끝까지 대항한 삼별초 항쟁

몽골과의 전쟁 중, 당시 정권을 잡고 있던 최씨 일파의 무인정권이 무너지자, 고려 조정에서는 왕(원종)과 문신들을 중심으로 몽골의 요구를 들어주고 다시 정부를 옛 수도인 개경으로 옮기자고 하였어요. 이에 무신들은 개경으로 정부를 옮기는 것은 몽골에 대한 굴복이라며 반대를 했고요.

원종은 1270년 강화도에서 개경으로 다시 정부를 옮겼고, 최씨 무인 정권의 특수 군대였던 삼별초의 명부를 빼앗았어요. 그러자 삼별초는 몽골군에게 굴복하고 자신들을 없애려는 고려 정부에 반기를 들고 배중손의 지휘로 몽골군과 연합한 고려 정부에 맞서 싸웠어요.

많은 백성들도 이들을 따랐지만, 결국 제주도에서 삼별초는 항복을 하고 말았어요.

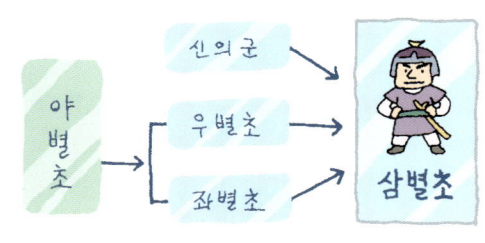

삼별초란 무엇일까요?

삼별초는 좌별초와 우별초, 신의군을 합쳐 부르는 말이에요. 고려 최씨 무인 정권 시대에 활약했던 좌별초와 우별초는 고려 시대 때 도둑들이 있는지를 순찰하던 야별초에서 시작된 특수 부대였으며, 신의군은 몽골에 끌려갔다가 돌아온 고려의 병사들로 이루어진 군대였어요.

[고려] 유물

고려인의 우수한 솜씨를 보여 주는 여러 유물들 중에 가장 돋보이는 것은 청자와 팔만대장경, 금속 활자예요. 청자는 고려만의 독창적인 기법으로 세계인의 찬사를 받고 있으며, 금속 활자는 고려인이 세계 최초로 만들었답니다.

세계적인 보물 고려청자

청자는 고려를 대표하는 세계적으로 널리 알려진 보물이에요. 투명하고 신비로운 **비취색을 띠는 자기**로 12세기에 빛깔, 형태, 문양에서 최고의 품격으로 전성기를 이루었어요. 원래 중국에서 처음으로 만들졌는데, 고려의 기술로 더욱 발전시켜 독특한 기법을 개발해 내서 중국의 청자보다 뛰어난 청자를 만들어 냈지요.

독창적 기법으로 탄생시킨 상감 청자

상감 청자는 상감 기법으로 만든 청자를 말해요. 상감 기법은 자기 표면에 나타내고자 하는 무늬나 그림을 자기가 마르기 전, 오목하게 파서 무늬를 새긴 후 흰 흙이나 붉은 흙으로 메우고 구워 낸 것을 말하고요. 이 상감 기법은 처음에는 나전칠기와 금속 공예에 사용되다가 고려자기를 만드는 장인들이 세계 최초로 도자기에 응용했어요. 다른 나라의 자기에는 그 유례가 없던 매우 독창적인 기법이랍니다.

불교의 힘으로 몽골군을 물리치려 만든 팔만대장경

팔만대장경의 정식 이름은 '해인사 대장경판'인데 **경전을 새긴 판의 수가 8만 개**(정확하게는 8만 1,240개)이고, 또 사람의 마음속 갈등을 이겨 낼 수 있는 8만 4,000가지의 법문을 새긴 것이어서 주로 팔만대장경이라고 불러요. 그리고 고려 시대에 만들어진 대장경이라고 하여 **'고려대장경'** 이라고도 하지요. 8만 개가 넘는 경판에 글자를 쓰고 다시 정성들여 새겨 낸 글자가 자그마치 52,382,960개나 되며, 이를 완성하는 데도 16년이라는 긴 세월이 걸렸다고 해요. 더욱 놀라운 것은 그렇게 많은 경판에 틀리거나 빠진 글자가 하나도 없고, 새겨진 글자의 모양을 보면 수많은 경판의 글씨체가 마치 한 사람이 새긴 것처럼 거의 동일해 대단한 정성을 들였을 것으로 생각된답니다.

대장경을 보관한 과학적인 창고 해인사 장경판전

해인사 장경판전은 같은 양식, 같은 규모의 두 개의 긴 건물이 남북을 바라보고 있어요. 남쪽 건물을 수다라장, 북쪽 건물을 법보전이라고 하지요. 대장경판을 잘 보존하기 위해 특별히 설계되고 만들어져 다른 불필요한 장식을 하지 않았어요.
과학 기술을 최대한 발휘하여 바람이 잘 통하고, 습기가 차지 않으며, 실내의 온도를 늘 적당하게 유지되도록 건물의 창과 판가(책꽂이처럼 판을 끼워 두는 것)의 위치 등을 절묘하게 설계하여 만들었지요.
옛날에는 지금처럼 온도 조절을 해 주는 기계나 습도를 줄여 주는 장치가 없을 때여서 자연 환경을 최대한 활용했어요. 그 결과, 대장경판을 지금까지 온전하게 보존할 수 있었답니다.
해인사 장경판전은 조선 성종 때의 건축물로, 유네스코 세계 문화유산으로 등록되었어요.

금속 활자로 찍은 세계 최초의 책 《직지》

《직지》는 금속 활자로 만든 세계 최초의 책이에요. 고려 시대의 승려인 백운화상이 고려 공민왕 21년(1372년)에 부처님과 큰 스님들의 가르침과 대화, 편지 등에서 중요한 내용을 뽑아서 편찬한 책이지요. 백운화상이 세상을 떠나자 석찬과 달담 등 그의 제자들이 고려 우왕 3년(1377년) 청주의 흥덕사라는 절에서 금속 활자로 만들어 인쇄를 한 것이지요. 원래의 이름은 《백운화상초록불조직지심체요절》인데 그 이름이 너무 길어서 줄여서 '직지심체요절' 또는 '직지'라고 부르고 있어요.

지금까지 전하는 하권은 첫째 장이 떨어져 나간 채 우리나라가 아닌 프랑스의 국립도서관에 보관되어 있으며, **세계에서 가장 오래된 금속 활자본**으로 인정받아 훈민정음, 《조선왕조실록》, 《승정원일기》 등과 함께 유네스코 세계 기록유산으로 지정되었어요.

뛰어난 사찰 건축 부석사 무량수전

부석사 무량수전은 경북 영주에 있는 부석사의 중심 건물로 무량수불, 즉 아미타여래불상을 모시고 있는 곳이에요. 우리나라에 남아 있는 목조 건물 중에서 봉정사 극락전과 더불어 고대 사찰 건축의 구조를 연구하는 데 매우 중요한 유물이에요. 건물 안쪽으로는 다른 곳과 달리 옆면으로 불상을 모시고 있으며, 건축 기술이나 구조 방식 등 여러 면에서 **우수한 건축물**로 손꼽히지요.

만든 시기를 알 수 있는 수덕사 대웅전

수덕사는 충남 예산군 덕숭산에 자리 잡고 있는 절로, 백제 때 처음 지어진 것으로 전해요. 수덕사의 대웅전은 **고려 충렬왕 34년(1308년)**에 지은 건물인데, 지은 시기를 정확하게 알 수 있는 우리나라에서 가장 오래된 목조 건물이며 백제 계통의 목조 건축 양식을 이은 고려 시대 건물이지요. 앞면 3칸, 옆면 4칸 크기로 형태미가 뛰어나 중요한 문화재로 평가받고 있어요.

세련된 조각 솜씨가 깃든 하회탈

하회탈은 하회별신굿탈놀이에 사용한 탈로, 가장 오래된 탈놀이 가면이에요. 오리나무로 만든 **목제 가면**이지요. 우리나라의 전통 가면은 대개 바가지나 종이로 만든 것이 많아서 오래 보존된 것이

양반탈

각시탈

드물며 그해 탈놀이가 끝나면 태워 버리는 것이 일반적이었지만, 하회탈은 나무로 만들고 탈마다 격식과 독특한 성격, 세련된 조각 솜씨가 갖추어진 물건이어서 잘 보존되어 왔어요. 사실적인 조형미가 뛰어나고 탈의 얼굴에서 인간의 기쁘고 즐거운 감정, 화가 나고 비통한 표정 등 다양한 감정의 변화를 전달할 수 있게 만들어져 **세계적인 걸작품**으로 인정받고 있답니다.

【고려】
옷

동정과 옷고름이라는 것이 생겨나 부분적인 변화가 있었지만, 고려의 옷은 통일 신라 때의 것과 거의 비슷했어요. 또한 몽골군의 침략으로 몽골이 세운 원나라의 지배를 받는 동안 몽골의 풍속이 고려의 옷에 많은 영향을 끼치기도 하였지요.

통일 신라와 형태는 같지만 부분적으로 달라진 옷

고려가 세워지고 얼마 지나지 않은 초기에는 통일 신라의 옷을 그대로 입었어요. 초기에는 일반 백성이라 할지라도 부자인 경우에는 비단 옷을 입고 다녔다고 해요. 그러다가 왕권이 강화되고 나라의 제도가 안정되면서 일반 백성들은 화려하게 수나 문양을 놓은 옷이나 화려한 옷감의 옷을 입지 못하게 하였어요. 그래서 일반 평민들은 통일 신라와 마찬가지로 **백저포**라는 모시로 만든 옷을 입었지요. 옷의 형태는 통일 신라 시대처럼 저고리와 치마, 바지 등이었어요. 그런데 저고리의 길이가 짧아지면서 **옷고름**이 생겼어요. 바지나 치마는 폭이 넓고 길어졌으며 허리띠 같은 대가 없어졌어요.

고려부터 생겨난 한복의 '동정'
한복의 특징 중 하나인 동정은 고려 시대부터 생긴 것으로 보여요. 동정은 한복의 깃 위에 덧대는 가느다랗고 흰 헝겊을 말해요.

몽골의 침입으로 옷과 차림새가 몽골 스타일

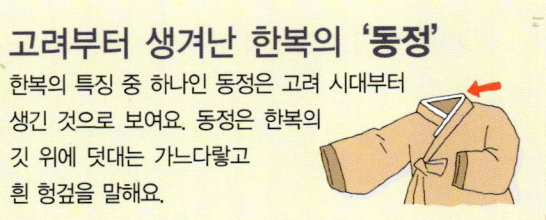

제23대 고종 때 몽골의 침입으로 옷이나 차림새, 장신구 등에도 몽골, 즉 원나라의 영향을 크게 받게 되었어요. 주로 왕이나 귀족들, 일부 지식인들이 **몽골의 풍습**을 따랐으며, 일반 국민 모두가 따른 것은 아니었어요.

충렬왕은 세자로 있을 때 원나라에 다녀왔는데 몽골 스타일의 머리와 몽골 복장을 하고 고려로 돌아와 몽골식 복장을 입도록 명령하였어요. 그러나 일반 서민들은 **원래의 모습**을 지켰고 주로 지배층만 따랐지요.

몽골풍(몽고풍)과 고려양
몽골의 풍속은 고려 복식에 많은 영향을 끼쳤어요. 짧고 좁은 소매의 저고리가 유행하였고, 머리 장신구인 족두리와 신부 복식의 도투락댕기는 당시 몽골의 풍속이었어요. 이렇게 몽골 풍속이 우리나라에 들어와 유행한 것을 '몽골풍(몽고풍)'이라고 하며, 반면 고려의 풍속이 원나라에 전해지기도 하였는데 이를 당시 원나라에서는 '고려양'이라고 하였어요.

원나라를 멀리하려 입었던 명나라 관복

고려 말, 원나라의 힘이 약해지고 명나라가 새로운 중국 대륙의 강자로 등장하자, 고려 **공민왕**은 원나라의 지배에서 벗어나고자 원나라 풍속을 멀리하게 하였어요. 옷에서도 원나라의 것을 버리고 명나라의 것을 받아들였어요.

목화를 재배해서 만든 무명옷

고려 시대 의생활에 중요한 변화가 있었는데, 바로 **문익점**이 목화 씨를 구해 와 재배하도록 한 것이었어요. 원나라에서 목화 씨를 들여와 시험 재배를 시작한 지 37년 만에 모든 백성들이 무명옷을 입을 정도가 되었고, 생활에 큰 변화가 생겼답니다.

[고려] 음식

고려는 임금부터 백성들까지 모두 불교를 믿는 나라여서 고기를 거의 먹지 않았어요. 그렇지만 후기에는 몽골의 풍습으로 소를 즐겨 먹는 등 음식 문화가 변했지요. 또한 김장의 풍습도 고려 시대부터 생겨났어요.

불교 문화의 영향으로 자취를 감춘 고기

고려는 임금부터 백성들에 이르기까지 불교를 적극적으로 믿고 따르던 사회였어요. 그래서 음식에서 육류 즉, 고기가 자취를 감추었지요. 송나라 서긍이 우리나라를 여행하고 쓴 여행기인 《고려도경》에는 '고려인들이 고기를 얻기 위해 양과 돼지를 잡는 것이 서투르다.'고 기록되어 있어요.

고려 때부터 생긴 김장 풍습

삼국 시대에 소금으로 채소를 절여 김치와 비슷한 것을 만들어 먹었다면, 고려 시대에는 마늘 같은 양념과 향신료를 첨가해 **양념 형태의 김치**를 만들어 먹었어요.

《동국이상국집》이라는 책에는 '무청을 장 속에 박아 넣어 여름철에 먹고, 소금에 절여 겨울철에 대비한다.'라는 기록이 있으며, 이것은 장아찌와 김치를 다르게 만들어 먹었다는 것을 뜻해요.

고려 말 이색이 지은 《목은집》을 보면 '침채', '장과'라는 말이 나오는데, 여기서 **'침채'는 김치의 어원**이 되는 한자말이며 '장과'는 장아찌라는 말입니다.

몽골의 간섭을 받으며 소를 가장 즐겨 먹게 된 고려 후기의 음식

고려는 몽골인이 세운 원나라의 간섭을 받으면서부터 식생활이 달라지기 시작했어요. 고려 말부터 몽골인들이 도살법을 알려 주었고, 불교에서 신성시하는 소를 가장 즐겨 먹게 되었어요. 뿐만 아니라 고기 요리법도 배우게 되었지요.

고려 때 간행된 것으로 보이는 몽골어 사전인 《몽어류해》에 의하면 몽골에서는 맹물에 고기를 넣고 끓인 것을 '공탕'이라 적고 '슈루'라 읽었는데, 오늘날의 곰탕이나 설렁탕처럼 맹물에 고기를 넣고 삶는 조리법은 이때 몽골인들에게 배운 것으로 보여져요.

또한 소금·엿·식초·설탕·후추 등의 양념을 사용하게 되었고, 곡류 음식도 조리법이 다양해졌으며, 두부와 콩나물을 만들고 간장·된장·술·차 등의 모든 조리법이 완성 단계에 이르렀어요.

특히 발달한 차 문화

고려 시대에는 채소 재배가 활발해 채소를 먹는 방법도 크게 발달하였어요. 불교의 발달로 육류를 먹지 않았기에 사찰 음식이 발달한 것과도 큰 관계가 있지요. 한편 차 문화가 크게 성행하여 고유의 차 마시는 예절이 정해졌으며, 차 마시는 그릇으로 고려청자가 생겨나게 되었어요.

차와 함께 즐겨 먹은 떡

고려 시대로 오면 농업이 발달하고, 불교의 영향으로 육식이 줄어들고, 차를 마시는 풍속이 생김에 따라 차와 함께 떡을 즐겨 먹었어요. 떡은 고려인들에게 빼놓을 수 없는 먹거리였지요.

중국에서 전해진 특별한 음식 만두

고려 후기에는 원나라에서 '상화'가 들어왔어요. 상화는 밀가루를 부풀려 채소로 만든 소(만두나 송편 속에 넣는 여러 가지 재료)나 팥 소를 넣고 찐 것으로, 지금의 만두나 찐빵 종류였을 것으로 보여요. 〈쌍화점〉이라는 고려 속요가 있는데, 이는 고려 시대에 쌍화(상화)를 파는 가게가 있었음을 말해 주는 것이랍니다.

국수도 중국에서 전해진 음식

무병장수를 비는 의미로 먹는 음식인 국수는 고려 시대에 중국에서 건너온 음식이에요. 송나라 사신 서긍이 지은 《고려도경(1123년)》에 '고려에는 밀가루 값이 매우 비싸서 혼례 때가 아니면 먹지 못한다.'고 쓰여진 것으로 보아 초기엔 상류층만 즐긴 음식임을 알 수 있어요.

만두의 기원

우리가 즐겨 먹는 만두 또한 고려 시대 중국에서 전해진 음식이에요. 중국의 책 《사물기원》에 다음과 같은 만두의 기원이 나온답니다. 촉나라의 제갈공명이 멀리 남만을 정벌하고 돌아오는 길에 심한 풍랑을 만나 강을 건널 수가 없었어요. 이때 한 부하가 "남만의 풍습에 따라 사람 머리 49개를 물의 신에게 제사 지내야 합니다."라고 하였어요. 사람을 죽일 수 없어 고심하던 제갈공명은 "양고기를 밀가루로 싸고 만인의 머리(만두)처럼 빚어 제사를 지내라."고 명령했고, 그렇게 하자 정말 파도가 잠잠해졌어요. 이때 만들어진 음식이 바로 만두예요.

[고려] 집

고려 시대의 주택은 모두 목조 가구식 건축으로 삼국 시대와 남북국 시대의 통일 신라와 발해의 주택 양식을 계승하여 발달했어요. 또한 북쪽에서 발달한 온돌과 남쪽에서 발달한 마루가 함께 조화를 이루며 널리 이용되었어요.

귀족들이 살던 기와집

송나라 사람 서긍이 쓴 《고려도경》에는 고려인들의 집에 대한 기록도 있는데, 상류층은 중국풍의 입식 생활을 하였음을 알 수 있어요. 송나라와 원나라의 영향을 받아 **침대와 의자**를 사용하였으며, 가구도 다양하고 호화로웠다고 해요.

서민들이 살던 초가집

일반 백성들이 사는 민가에서는 주로 온돌이 설치된 흙바닥에 자리를 깔아 생활하였고, 부유한 민가는 기와를 이었으나 대부분 풀이나 짚으로 지붕을 이었어요. 또한 《고려도경》의 '흙 침상으로 땅을 파 아궁이를 만든다.'는 표현으로 보아 **온돌 생활**을 하였음을 알 수 있어요.

집의 조화를 이룬 북쪽의 온돌과 남쪽의 마루

마루는 남쪽 지방에서 발전하여 북쪽 지방으로 퍼진 반면에 **온돌**은 추운 북쪽 지방에서 발달하여 차츰 남쪽지방으로 보급되었어요. 고려 시대의 건물터에서 방고래(온돌 시설)가 발견되어, 고려 시대에 구들이 소백산맥의 남쪽 지역에까지 사용되었음을 알 수 있답니다.

[고려] 과학과 기술

고려인들은 특히 인쇄술과 종이를 만드는 제지술이 뛰어났어요. 세계 최초로 금속 활자를 개발하여 《상정고금예문》과 《직지심체요절》이라는 책을 인쇄하기도 하였어요.

각종 진귀한 책들을 찍어 낸 인쇄술

고려 시대의 기술학에서 가장 뛰어난 것은 인쇄술이에요. 건국 초기부터 개경과 서경에 도서관을 설치하고 많은 책들을 수집·보관하였는데, 수만 권의 진귀한 책들이 보관되어 송나라에서도 구해 갈 정도였다고 해요. 또한 각종 책의 수요가 늘어나 **서적포**에서 새로이 **책을 인쇄**하기도 하였지요.

신라 때부터 발달한 목판 인쇄술은 고려 시대에 이르러 더욱 발달하였어요. 그런데 목판 인쇄술은 한 종류의 책을 많이 인쇄하기에는 적합했지만, 여러 가지의 책을 소량으로 인쇄하는 데는 활판 인쇄술보다 못하였어요. 그래서 고려에서는 일찍부터 활판 인쇄술의 개발에 힘을 기울여 **금속 활자** 인쇄술을 발명했어요.

 고려 시대에 세계에서 최초로 금속 활자가 발명된 것은
 목판 인쇄술이 발달했고
 청동 주조 기술이 뛰어났으며
 인쇄에 적당한 잉크와 종이의 제조 기술이 발달한 결과였어요.

금속 활자로 인쇄한 책 《상정고금예문》과 《직지심체요절》

고려는 12세기 말이나 13세기 초에 이미 금속 활자 인쇄술이 발명되었으리라고 추측되며, 몽골과 전쟁 중이던 강화도 피난 시에는 금속 활자로 《상정고금예문》을 인쇄하였어요(1234년). 이는 서양에서 금속 활자 인쇄가 시작된 것보다 200여 년이나 앞서 이루어진 것이지요. 그러나 이 책은 오늘날 전하지 않고 있으며, 그 대신 청주 흥덕사에서 간행한 《직지심체요절(1377년)》이 **가장 오래된 금속 활자본**으로 공인받고 있어요.

품질이 우수한 고려 종이

송나라 손목이 지은 《계림지》에는 '고려의 닥종이는 윤택이 나고 흰 빛이 아름다워서 **백추지**라고 부른다.'고 하였으며, 《고반여사》라는 책에는 '고려 종이는 누에고치 솜으로 만들어져 종이 색깔은 희고 질기기가 마치 비단과 같다. 글자를 쓰면 먹물을 잘 빨아들여 종이에 대한 애착심이 솟구친다. 이런 종이는 중국에는 없는 우수한 것이다.'라는 기록이 있어요.

중국에서 유명한 한지

고려 종이의 명성은 조선으로 이어져 한지가 중국과의 외교에 필수품으로 여겨졌어요. 한지의 질이 명주와 같이 정밀해서 중국인들은 이것을 비단 섬유로 만들었다고 생각했대요. 그래서 한지는 중국과의 외교에서 조공품으로 많이 강요되었어요.

고려 종이의 원료 닥나무

고려 시대의 종이가 다른 것에 비하여 질이 좋았던 이유는 종이의 원료로 닥나무를 사용했기 때문이에요. 전통적으로 종이의 원료로는 나무껍질이나 솜, 마 등 여러 가지가 사용됐어요. 그러나 마 섬유로 된 종이는 필기하기에 껄끄럽고, 종이의 원료 공급이 한정될 수밖에 없었지요. 그래서 우리 조상들은 다른 종이 재료를 찾게 되었고, 그것이 바로 '**닥**'이었어요.

농업 기술의 발달로 보급된 이앙법, 윤작법

고려 시대에는 논농사나 밭농사에서 1년 1작이 기본이었으며, 논농사에서는 직파법이 주로 행해졌어요. 그러나 고려 말에는 남부 지방 일부에서 **이앙법**이 보급되기 시작하였지요. 밭농사에서도 2년 동안에 보리, 콩, 조 등을 돌려짓기하는 2년 3작의 **윤작법**도 보급되었어요.

땅에 비료는 주는 시비법

시비법도 발달하여 가축의 배설물을 거름으로 사용하였고, 콩과 작물을 심은 뒤 갈아 엎어 비료로 사용하는 녹비법 등이 시행되었어요. 또 풀이나 나무를 불태워 그 재를 거름으로 이용하였어요. 이와 같이 시비법이 발달함에 따라 거르지 않고 해마다 농사를 지을 수 있는 토지가 늘어났으며, 농업 생산력도 더욱 증가하였어요.

고려 말에 성행한 목화 재배

공민왕 때 **문익점**이 원나라에서 목화 씨를 들여왔어요. 이로써 목화 재배가 시작되었고, 의생활에 큰 변화가 생겼답니다.

최무선의 공으로 알게 된 화약 제조 기술

고려 말에 **최무선**은 왜구의 침입을 격퇴하기 위해서는 화약 무기가 꼭 필요하다고 생각하고, 화약 제조 기술의 습득에 힘을 기울였어요. 당시 중국에서는 화약 제조 기술을 비밀에 붙여서 고려에서는 이를 알 수 없었지요. 그러나 최무선의 끈질긴 노력으로 화약 제조법을 터득하게 되었어요.

화약을 연구하고 만들던 관청 화통도감

고려 정부는 화통도감을 설치하고 최무선을 중심으로 **화약과 화포**를 만들었어요. 화포와 같은 화약 무기의 제조 기술은 빠른 속도로 발달해 얼마 후에는 20종에 가까운 화약 무기가 만들어졌지요. 최무선은 이 화포를 이용하여 진포(금강 하구) 싸움에서 왜구를 크게 무찔렀어요.

[고려] 인물

우리 민족 최고의 외교관으로 일컬어지는 서희와 귀주대첩으로 거란의 대군을 물리친 강감찬 장군을 비롯해 화약 무기를 개발한 최무선, 목화를 재배하여 의생활 개선에 큰 도움을 준 문익점 등 여러 훌륭한 인물들이 있었어요.

담판으로 강동 6주를 얻어 낸 서희

993년, 거란이 80만의 대군을 이끌고 고려에 쳐들어와 압록강을 건너 봉산군에 진을 쳤어요. 고려 조정에서는 전세가 불리하니 거란에 항복하자는 측과 서경(평양) 이북을 내어 주고 강화를 맺자는 측으로 의견이 갈렸어요. 이때 당시 중군사라는 직책에 있던 서희는 홀로 거란의 적진으로 들어가 적장 **소손녕과 담판**을 지어 고려에게 유리한 결과를 얻어 냈어요.

서희와 소손녕의 외교 담판

〈소손녕의 요구〉
- 송나라와 외교를 단절하고 거란에 국경을 개방할 것.
- 고려의 왕은 거란의 황실에 찾아와 예를 다할 것.
- 거란은 고구려의 계승이므로 현재 고려가 가지고 있는 고구려의 옛 영토를 거란에 돌려줄 것.

〈서희의 답변〉
- 거란과 고려의 국경에는 여진족이 살고 있어 거란으로 가기가 바다 건너 송나라에 가는 것보다 어렵다. 거란이 돌아가는 길에 여진족을 정벌하여 준다면 국경을 개방하지 못할 이유가 없다.
- 만일 위와 같은 사항이 이루어진다면 고려의 왕은 거란의 황제를 찾아가 뵐 것이다.
- 우리의 국호는 고려이고 이는 과거 고구려와 같은 말이다. 또한 고구려와 같은 말을 사용하고 있는데 어찌 그대들이 고구려의 후손이라 하는가. 거란이 차지하고 있는 고구려의 영토를 우리에게 돌려주는 것이 마땅하다.

거란의 대군을 물리친 강감찬

강감찬은 거란의 침입을 물리친 고려의 명장이에요. 1010년에 거란이 40만 대군을 이끌고 고려로 쳐들어왔을 때 대부분의 신하들은 항복을 주장하였으나 강감찬은 이에 끝까지 반대하고 하공진을 적진에 보내 설득시켜 물러가게 하였어요. 1018년에 소배압이 이끄는 거란의 10만 대군이 다시 쳐들어오자, 70세의 나이로 상원수가 되어 흥화진에서 거란군을 물리쳤지요. 이듬해 다시 자기 나라로 되돌아가는 거란군을 귀주에서 크게 무찔러 이겼는데, 이것을 '**귀주대첩**'이라고 해요.

여진족을 정벌하고 9성을 쌓게 한 윤관

윤관은 1104년에 왕명을 받고 여진족과 싸웠으나 여진족의 강한 기병에 부딪혀 패했어요. 그는 왕에게 적의 기병을 우리의 보병으로는 감당할 수 없었다고 보고했고, **별무반**이라는 특수 부대를 만들어 훈련시켰지요.

1107년, 윤관은 17만 대군을 이끌고 여진족을 공격하여 큰 승리를 거두었어요. 여진족을 몰아낸 지역에 장수를 보내 9성을 쌓고, 남쪽의 백성들을 옮겨 살게 하였어요. 그리고 계속된 여진족의 공격을 막아 냈지요.

그러자 여진족은 고려를 배반하지 않고 조공을 바치겠다며 9성을 돌려 달라고 하였어요. 고려도 계속해서 9성을 지키기 어렵다고 생각해서 결국 9성을 돌려주었어요.

목화를 재배하여 백성들의 의생활을 개선한 문익점

문익점은 고려 충숙왕 16년인 1329년에 경상남도 산청에서 태어났어요. 32살 때인 1360년에는 과거에 합격하였고, 1363년에 원나라에 가게 되었어요. 원나라에 간 문익점은 원나라 사람들이 입고 다니는 무명옷이 목화라는 식물에 붙은 솜털로 실을 짜서 만든 것임을 알게 되었지요.

그는 고려로 돌아올 때, **목화** 씨앗 10개를 가져 왔어요. 그리고 장인인 정천익과 함께 힘들게 재배에 성공하였어요. 문익점은 목화 씨를 마을 사람들에게 나누어 주어 심도록 하였고, 그 후 목화는 전국으로 퍼져 나갔답니다.

화약과 화약 무기를 개발한 최무선

고려 말에 왜구들이 침범하여 백성들에게 큰 피해를 입히자, 최무선은 무기를 다루는 **군기감**이란 곳에서 일하며 화약과 우수한 무기를 만들어 내는 데 모든 노력을 기울였어요.

원나라 사람 이원에게 화약 제조 방법에 대한 정보를 듣고 최무선은 고려 땅에서 나는 재료들을 이용해 화약을 만들어 냈어요. 그리고 1377년, 나라에 건의하여 화약 무기를 개발하는 **화통도감**을 설치하였고, 우수한 무기들을 많이 개발했지요. 전함을 만드는 데도 힘써서 1380년 왜구가 침입했을 때는 진포에서 화포·화통 등을 처음으로 사용, 왜선 500여 척을 전멸시켰어요.

고려 말의 대학자 정몽주

정몽주는 1337년 경북 영천에서 태어났어요. 24살 때에 3번의 과거 시험에 연달아 장원 급제하여 세상 사람들을 놀라게 했답니다. 문신이었지만 1383년에는 함경도에 침입한 홍건적을 토벌했고, 1384년에는 명나라에 사신으로 가서 **명나라와 국교를 회복**하는 데 큰 공을 세우기도 하였어요. 의창을 정비해 가난한 사람을 구제하려 했고, 유학을 보급시켜 불교의 폐단을 막으려고 하였어요.

 정몽주의 시, 단심가

이방원은 정몽주에게 새로운 왕조와 함께 영화를 누리자며 마음을 떠 보지만, 정몽주는 〈단심가〉로 고려에 대한 충성을 나타냈답니다.

> 이 몸이 죽고 죽어 일 백 번 고쳐 죽어
> 백골이 진토 되어 넋이라도 있고 없고
> 임 향한 일편단심이야 가실 줄이 있으랴

조선

고려를 간섭하던 원나라가 멸망하고 중국 대륙에는 새로이 명나라가 들어섰어요. 한편 고려는 원나라를 따르던 옛날 귀족(권문세가)과 명나라를 따르는 새로운 세력(신진사대부)의 대립이 이어졌고, 여진족·홍건적·왜구들의 침입으로 나라 안팎이 어수선했지요. 이때 고려에는 홍건적과 왜구를 물리치며 명성과 세력을 얻은 이성계라는 장수가 있었어요. 그는 요동 정벌을 위해 군사들을 이끌고 북쪽으로 향하던 중 위화도라는 곳에서 군사를 돌려 개경을 점령하고, 신진사대부의 지지를 얻어 고려 왕조를 무너뜨렸어요. 그리고 조선이라는 새로운 왕조를 열었지요.
조선은 도읍지를 한양으로 옮기고 새롭게 정치를 펼쳐 나가며 나라를 발전시켰어요.

[조선] 왕

조선을 세운 태조 이성계, 왕자의 난을 일으켜 왕위를 차지한 태종, 학문과 과학 기술을 발달시켜 국가의 기틀을 세운 세종, 폭정을 일삼아 왕위에서 쫓겨난 연산군, 화성에 신도시를 건설하려 했던 정조 등 조선에는 27대에 걸쳐 역사를 이끈 왕들이 있었어요.

위화도에서 군사를 돌려 조선을 세운 태조 이성계

1335년 지금의 함경남도 영흥에서 태어난 이성계는 홍건적의 침입에 맞서 고려의 수도인 개경을 탈환하여 27세의 나이에 고려의 주목받는 인물이 되었어요. 그 후, 원나라와 여진족, 왜구의 침입을 물리치며 장수로서 이름을 크게 떨쳤고, 1388년에는 지금의 수상격인 문하시중의 바로 아래 벼슬인 수문하시중이라는 벼슬에 오르기도 했어요.

1388년 4월, 우왕은 최영을 팔도도통사로 삼고 좌군도통사에 조민수 그리고 우군도통사에 이성계를 임명하여 요동을 정벌하게 했어요. 그러나 이성계는 요동성을 공격할 수 없다고 판단하여 위화도라는 곳에서 군대를 개경으로 돌렸어요. 최영 군대와 접전을 벌인 끝에 승리하여 최영을 유배시키고 우왕을 폐위하여 강화도로 보냈어요. 그리고 조정을 장악한 뒤 고려의 마지막 왕 공양왕을 세웠지요. 1392년 7월에는 공양왕을 원주로 내쫓고 조준, 정도전, 남은, 이방원 등의 추대를 받아 왕위에 올랐어요.

새 왕조의 기틀이 갖추어지자 정도전, 조준 등의 건의를 받아들여 **국호를 조선**으로 바꾸고, 새로운 왕조의 태조가 되었어요. 개경에서 **한양으로 수도를 옮기고, 유교를 숭상**하였답니다.

조선의 기틀을 튼튼히 한 태종

조선의 제3대 왕인 태종의 이름은 **방원**, 이성계의 아들로 고려 시대에는 과거에 급제하기도 하였어요. 조영규를 시켜 정몽주를 살해하게 하는 등 정도전, 조준 등과 함께 아버지인 이성계를 왕으로 세우는 데 큰 역할을 하였지요.

그러나 이성계가 이복동생인 방석을 세자로 삼자, 1차 왕자의 난을 일으켜 정도전과 방석을 제거하였어요. 1400년에는 역시 형제인 방간이 박포 등과 함께 2차 왕자의 난을 일으켰는데, 이방원은 난을 진압하고 세제(왕위를 이어받을 왕의 아우)에 올라 군사를 총괄하며 실권을 장악했어요.

1400년, 형인 정종으로부터 왕위를 물려받아 조선 제3대 왕으로 올랐으며, 왕권을 강화하는 데 큰 힘을 쏟았어요. 개인이 병사를 두는 것을 폐지하면서 공신과 외척을 대대적으로 숙청하였어요. 도평의사사를 **의정부**로 고치는 등 중앙 정치 제도를 개혁하고, 지방 행정과 군사 조직을 정비하였어요.

또한 종이돈인 **저화**를 만들어 화폐 경제를 유도하였으며, **신문고를 설치**하여 백성들의 소리를 직접 들을 수 있는 제도를 마련하였어요. 호패법을 실시하여 인구 수를 정확히 파악해 생활과 경제에 도움을 주는 여러 제도를 시행하기도 하였지요. 학문을 장려하여 책을 펴 내는 주자소를 설치하기도 하였고요. 왕권을 크게 강화하고 국가의 여러 제도를 정비하여 조선의 기틀을 튼튼히 하였답니다.

조선을 크게 부흥시킨 세종대왕

태종의 세째 아들로 조선 제4대 왕인 세종대왕은 정치를 안정시키고, 찬란한 문화를 이룬 위대한 왕이에요. 1420년 **집현전을 설치**하여 많은 인재를 배출하였고, **훈민정음을 창제**, 농업과 과학 기술의 발전, 의약 기술과 음악 및 법제의 정리, 공법의 제정으로 세금 제도의 확립, 국토의 확장 등 수많은 사업을 바탕으로 민족 문화의 기틀을 확립하였지요.

과학 발전에 힘쓰다

간의대를 설치하고 천체 관측 기구인 혼천의를 만들어 천문 기술의 발달을 꾀했어요. 또한 해시계인 앙부일구, 물시계인 자격루를 만들게 하고, 강우량을 재는 측우기를 발명하기 하여 농업에 큰 도움을 주었지요.(측우기는 서양보다 200년 앞서 만들어짐)

영토를 넓히고 국방을 튼튼히

1421년 도성을 개축하는 한편, 1433년 최윤덕을 북방으로 보내 여진족을 정벌했더요. 김종서에게 두만강 방면에 6진, 압록강 방면에 4군을 설치하게 하여 압록강과 두만강 이남을 조선의 영토로 편입시켰지요. 이종무에게 대마도를 정벌토록 했답니다.

농사 발전에 힘쓰다

농사법의 개량을 위해 힘을 써 《농사직설》을 편찬 반포하게 하고, 농업과 양잠에 관한 서적을 편찬하게 하여 농사의 발전에 힘썼어요.

의약 발전에 힘쓰다

의약 서적인 《향약집성방》과 《의방유취》를 편찬케 하여 국민 건강과 의학 발전에 힘썼어요.

법 제도의 기틀을 마련하다

《속육전》 등 법전을 편찬하고 사회 기강을 세우기 위해 형벌을 강화했으며 공법을 제정하여 조선 시대 세금 제도의 기틀을 마련했지요.

음악을 장려하다

악기를 만드는 곳을 두고 박연에게 명하여 아악기를 개조해 아악, 당악, 향악의 모든 악기, 악곡, 악보 등을 정리하고, 〈정대업〉, 〈보태평〉 등을 만들게 하였어요.

조선의 문화 황금 시대를 연 세조

조선의 제7대 왕인 세조는 세종의 둘째 아들이며, 제5대 왕인 문종의 아우였어요. 1452년, 문종이 죽고 어린 단종이 조선의 제6대 왕으로 올랐으나, 1453년에 **계유정난**을 일으켜 어린 단종을 왕위에서 몰아냈어요. 1458년에 **호패법**을 다시 시행하였고, 《경국대전》이라는 법전을 편찬하게 하였으며, 모든 관원들에게 토지를 나누어 주던 과전법을 현직 관원들에게만 나누어 주는 직전법으로 바꾸어 시행하였어요.

조선의 제도를 완성한 성종

세종과 세조의 업적을 기반으로 정책을 펴 나갔던 성종은 1474년에는 《경국대전》을 완성하여 반포하였어요. 책을 만드는 데 힘을 써서 《동국여지승람》, 《동국통감》, 《동문선》, 《악학궤범》 등을 편찬, 간행하게 하였어요. 한편 국방에도 힘을 기울여 두만강과 압록강 방면의 여진족을 몰아내기도 했어요.

실리 외교를 펼친 광해군

광해군은 재위 15년 동안 많은 서적을 편찬, 간행하였어요. 임진왜란 이후 조선의 역사를 다시 편찬하게 하였고, 성과 병기를 수리하게 하였어요. 대외적으로는 **국경 방비와 외교에 주력**하여 1619년 후금의 누루하치가 심양 지방을 공격하여 명나라가 출병을 요구했을 때 강홍립에게 명나라 군대를 원조하게 하면서도 상황을 판단해 외교술을 펴라고 하였어요. 그래서 명나라가 후금에게 패했을 때 후금에게 본의 아닌 출병임을 해명하여 후금의 침략을 모면하는 등 명과 후금 두 나라 사이에서 탁월한 실리 외교를 펼치기도 하였어요. 한편 허균의 《홍길동전》, 허준의 《동의보감》 등의 책도 이때 나왔어요.

사회 제도를 정비한 숙종

1674년, 조선의 제19대 왕인 숙종이 왕위에 올랐을 때는 나라의 관리들이 파벌을 이루어 세력을 다투는 당쟁이 더욱 심해졌어요. 이에 숙종은 왕의 권한을 강화하여 임진왜란 이후 흐트러졌던 **사회 제도를 정비**하는 등 많은 업적을 이루었지요.

 함경도와 평안도를 제외하고 전국적으로 대동법을 확대하여 실시하였으며,

 상평통보를 만들어 상업의 발달을 꾀하기도 하였어요.

 변경 지역에 성을 쌓고 도성을 크게 수리하였으며, 1712년에는 북한산성을 대대적으로 다시 쌓았어요.

 금위영이란 군대를 새로 개편하기도 하였어요.

 1712년, 청나라와 협상하여 백두산 정상에 정계비를 세움으로써 국경선을 확정하였어요.

인재를 고루 등용한 영조

조선 제21대 왕인 영조는 숙종의 둘째 아들로 건강이 좋지 못한 경종이 1724년에 죽자 왕위에 올랐어요. 당파 싸움의 폐단을 없애기 위해 **탕평책**을 써서 당파에 관계없이 인재를 고루 등용하였으며, 또한 죄인이라 하더라도 가혹한 형벌은 금지시켜 인권을 소중히 여겼어요. 신문고 제도를 부활하여 백성들의 억울함을 들어주는 한편, 사치스런 생활과 낭비를 금지하였어요. 농업을 장려하고 **균역법**을 실시하여 백성들의 생활을 안정시켰으며, 총포를 만들고 성을 새로 쌓는 등 국방에도 힘을 기울였지요.

규장각을 설치한 정조

1776년 영조의 뒤를 이어 왕위에 오른 정조는 즉위하면서 본궁을 경희궁에서 창덕궁으로 옮기고 창덕궁 후원에 주합루와 여러 서고 건물을 지으면서 **규장각을 설치**하였지요. 규장각을 설치한 정조는 재능 있고 젊은 인물들을 선발했어요. 또한 외규장각에 검서관을 두어 박제가 같은 서얼 출신의 학자들을 등용하여 출신과 당파가 아닌 능력과 학문을 중심으로 인재를 선발하여 중인들도 조정에 진출할 수 있는 길을 마련하였어요.

정조는 정약용을 시켜 **화성(지금의 수원)을 건설**하도록 하였어요. 산업·교통 등 근대 과학적 요소를 고려하여 새로운 도시를 세워 이곳을 중심으로 자신의 이상이 담긴 개혁 정치를 펼치고자 하였던 것이지요.

규장각 이란....

규장각은 역대 국왕의 시문, 친필 서화를 비롯하여 조선은 물론 중국의 여러 서적들을 모아 보관하던 곳이었어요. 그러나 단순히 문서를 보관하는 곳이 아니라 정조가 왕권을 강화하기 위해 인재들을 선발하고 양성하는 기능을 하였으며, 도서를 편찬하는 데도 큰 노력을 기울여 《정조실록》, 《일성록》 등을 편찬하기도 하였어요.

[조선] 영토와 도읍지

한양으로 도읍지를 옮긴 조선은 두만강과 압록강 유역까지 영토를 넓혔어요. 그래서 조선의 국경선은 오늘날의 한반도와 거의 비슷한 모습을 하게 되었지요.

4군 6진을 설치하여 북쪽 영토를 두만강과 압록강까지

조선 왕조는 초기에 영토 확장에 힘을 기울였어요. 그 결과 세종 때 4군과 6진을 설치하며 북쪽 국경 지역을 개척하여 두만강과 압록강 유역까지 영토를 확장하였어요. 그래서 **조선의 국경선은 오늘날의 한반도와 거의 비슷한 모습**을 하게 되었어요. 조선이 건국되고 태종은 압록강 중류 지역인 중강진 부근에 여연군을 설치하여 우리 영토로 삼았어요. 세종대왕은 여연군을 포함하여 압록강 상류에 자성·무창·우예 4군을 설치하여 조선의 영토로 삼았고, 동북 방면에는 역시 여진족의 침입을 대비하여 두만강 하류 지역에 종성·온성·회령·경원·경흥·부령 6진을 설치하여 군대를 머무르게 하였어요. 이를 4군 6진이라고 하지요.

대마도는 일본 땅?

대마도는 일본말로 '쓰시마'라고 부르는 곳으로 고려 시대 훨씬 이전부터 한반도의 지배를 받아 온 섬이에요.

임진왜란 때 일본이 대마도를 한반도 침략의 거점으로 삼으면서 명치유신 때부터 자기네 영토로 편입시켰지만 19세기 중반까지도 조선의 지배를 받았지요.

일본이 패망하고 대한민국 정부를 세운 이승만 대통령은 대마도 반환(1948년)을 요구하였으며, 이후 4년 뒤인 1952년 '인접 해양의 주권에 대한 대통령 선언'에서 대마도 영유권을 다시 한 번 주장했어요.

하지만 일본은 우리 정부의 주장을 즉각 반박하고 3년 동안 대마도 연구에 몰두, 대마도가 일본 땅이라는 학술적 근거 찾기에 노력했지요. 이처럼 '대마도가 일본 영토'라는 것을 국제적으로 알린 시점은 1950년대 초밖에 안 된답니다.

조선의 도읍지 한양

지방 호족 출신의 장군으로 요동 정벌에 나섰다가 위화도에서 군대를 돌린 이성계는 고려 왕조를 멸망시키고, 1392년 7월 개성의 수창궁에서 새로운 왕이 되었어요.

'조선'이라는 이름의 새 나라를 세우고 새로운 곳으로 수도를 옮기기로 하였는데, 그곳이 바로 한양, **지금의 서울**이에요. 서울은 한반도의 중앙부에 위치하고 있어 나라를 다스리기 편했어요. 또한 남쪽으로는 강이 흐르고 있고 북쪽으로 산이 펼쳐져 있어 외적의 침입을 막기에도 알맞았어요. 가까이 넓은 들과 바다로 나아가는 한강이 있어 백성들이 살기에도 좋고, 교통도 편리한 곳이라 판단했던 것이지요.

[조선] 정치

조선 시대의 정치 제도는 고려 말의 제도를 토대로 하여 재편성한 것으로 정종과 태종 때 대대적인 개편을 거쳐 세조, 성종 때 《경국대전》의 완성과 더불어 정착되었어요.

조선의 실정에 맞는 새 법전 《경국대전》

조선은 중국의 법 제도를 따른 것이 아니라 **우리에게 맞는 법**을 만들어 백성들을 올바르게 다스리기 위해 《경국대전》이라는 법전을 만들었어요. 조선의 국가 조직과 정치·사회·경제 활동에 대한 기본 법전이지요. 《경국대전》은 시간이 흐르면서 수정·보완되었으나 그 기본적인 뼈대는 바뀌지 않았고, 조선 왕조 500년의 **기본 법전**으로 자리를 지켰어요.

최고의 통치 기구 의정부

의정부는 나라 일을 총괄하는 **조선 최고의 행정 기관**이었어요. 영의정·좌의정·우의정의 3정승을 중심으로 구성되었는데, 3정승은 나라의 중요한 일을 논의하고 그것을 합의해 국왕에게 전달하며 왕의 결재는 의정부를 거쳐 해당 관서에 전달되었어요.

왕의 권한을 강화시킨 승정원과 의금부

왕의 권한을 강화시킨 승정원과 의금부라는 기구도 있었어요. 승정원은 **국왕의 비서 기관**으로 왕명의 출납을 맡았으며, 의금부는 **국왕 직속 사법 기관**으로 중대한 죄인을 재판하였지요.

의정부 아래의 행정 실무 기관 6조와 판서

의정부 아래의 행정 실무를 나누어 맡은 기관으로 이부·호부·예부·병부·형부·공부 등 6조라는 것이 있었어요. 그리고 그 장관을 판서라고 하였지요.

- **이부** 관리 임명(인사권 행사)
- **호부** 재정(회계 및 출납)
- **예부** 교육(교육, 문화)
- **병부** 군사(무기, 국방)
- **형부** 법률(직제, 법령)
- **공부** 토목(건설, 성 축조 등)

비리를 감찰하고 왕의 잘못을 지적한 삼사

사헌부·사간원·홍문관을 3사라고 불렀는데, 정사를 비판하고 관리들의 비리를 감찰하는 기능을 담당한 기관이었어요. 사헌부는 관리들의 비리를 감찰하고 풍속을 단속했고, 사간원은 왕이 잘못을 저질렀을 때 이를 비판하는 일을 하였으며, 홍문관은 왕의 자문 기관으로 왕이 전문적인 의견을 물으면 이에 대답해 주는 일을 하였지요. 3사의 언론(말과 글)은 높은 관리들은 물론 왕이라도 함부로 막을 수 없었는데, 3사의 기능 강화는 권력의 독점과 부정을 방지하기 위한 것으로 조선 정치의 특징적인 모습이랍니다.

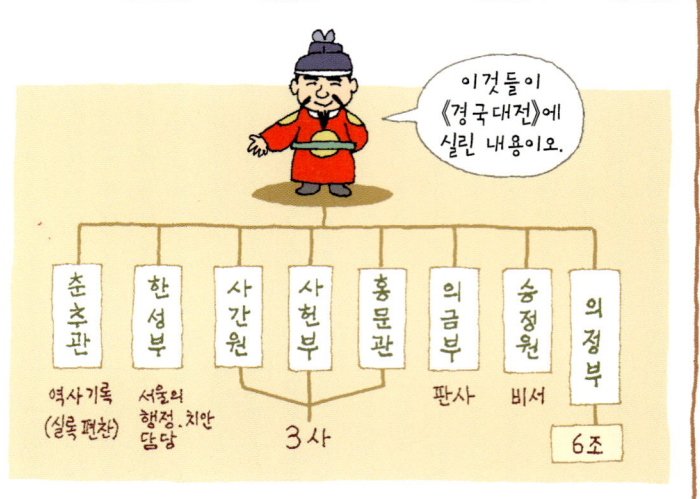

전국의 행정 구역 8도, 각 도를 다스리던 관찰사

조선은 전국을 크게 8도로 나누고 각 도에 관찰사를 파견하여 각 도의 행정·군사 및 사법권을 갖고 다스리게 하였어요. 그리고 각 지방의 수령들을 지휘·감독하게 하였지요. 민생을 순찰하는 감찰관의 기능도 하였고요. 지방의 8도 아래에는 **부·목·군·현**을 두었는데, 전국을 **나라가 직접 지배**하기 위하여 부에는 부윤, 군에는 군수, 현에는 현령과 현감 등을 파견하였으며, 이들을 모두 수령 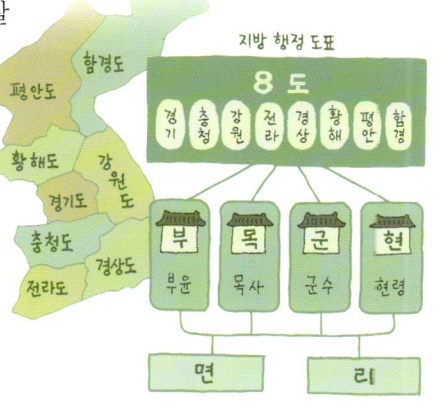 이라고 불러요. 백성을 직접 다스린다고 하여 '**목민관**'이라고도 불렀지요. 수령은 왕을 대신하여 지방의 행정, 사법, 군사권을 가지고 있었어요.

고려 시대까지 특수 행정 구역이었던 향·부곡·소도 일반 군현으로 승격시켰으며, 지방의 향리는 수령의 행정 실무를 보좌하는 세습적인 아전으로 그 격이 낮아졌어요.

조선 후기 최고 회의 기구 비변사

임진왜란과 병자호란을 겪으며 조선의 지배 체제는 크게 흔들리고, 조선 사회는 혼란에 빠졌어요. 그래서 **군사 행정 담당 기구**였던 비변사의 기능과 권력이 강화되어, 조선 후기에는 비변사가 국가 최고 회의 기구가 되었어요.

조선 초기의 학문 연구와 왕의 자문 기관 집현전

세종대왕은 1420년(세종 2년)에 학문을 연구하는 집현전이라는 기관을 확대하였어요. **인재를 양성하고 학문을 발전**시키기 위해서였지요. 집현전에서는 역사에 관한 책을 비롯하여 나라의 문화와 과학 기술을 발전시키는 데 필요한 여러 책을 편찬하였으며, **왕의 자문 역할**을 하기도 하였어요. 세종대왕은 집현전의 학자들에게 학문에 전념할 수 있도록 혜택을 주었고, 집현전 학자들은 세종대왕이 **훈민정음을 창제하는 데 큰 역할**을 하였지요.

정조가 세운 국립 도서관 규장각

규장각은 학문을 좋아한 정조 임금이 1776년 창덕궁 후원에 만든 책들을 보관하고 관리하는 **도서관** 같은 곳이에요. 역대 임금의 시문, 직접 쓴 글씨와 그림 등 왕실의 책과 기록물들을 보관하였으며, 나아가 국가적인 규모로 필요한 수많은 책들을 출판하고 보존하기도 하였어요.

또한 능력과 학식에 상관없이 신분이나 집안의 배경 때문에 등용되기 어려운 인재들을 뽑아 규장각에 배치하여 정치에 나아갈 수 있는 기회를 주기도 하였지요.

규장각에 속한 학자들은 승직 이상의 대우를 받으며 아침저녁으로 왕을 문안하였고, 신하와 왕의 대화 시에는 사관으로서 왕의 언동을 기록하기도 했어요. 이로써 정조는 규장각을 홍문관을 대신하는 학문의 상징적 존재로 부각시켜 홍문관, 승

정원, 춘추관, 종부시 등의 기능을 점진적으로 부여하면서 핵심 기구로 키워 나갔어요. 규장각을 통해 본격적인 문화 정치를 추진하고, 인재를 양성하고자 한 것이었지요.

추천을 통해 인재를 등용한 음서와 천거

과거나 취재 같은 **시험을 치르지 않고도 관리에 등용**되는 음서와 천거라는 제도가 있었어요. 음서는 높은 지위에 있는 관리의 자식들 중 1명에게 특혜를 주어 관리에 채용한 것이었으며, 천거는 높은 관리의 추천을 받아 간단한 시험을 치른 후 관직에 나오게 한 것이었어요. 그러나 천거는 대개 이미 벼슬에 올라 있는 관리들을 대상으로 하였고, 벼슬을 하지 않는 사람이 천거되는 경우는 드물었어요. 또한 음서 출신은 문과에 합격하지 않으면 승진하기도 어려웠답니다.

고려와는 다른 과거 제도

고려 시대부터 시행된 과거 제도는 조선 시대에도 그대로 이어졌어요. 그러나 문관을 크게 숭상하고 무관을 무시하여 24년(예종 11년(1116)~인종 11년(1133))을 제외하고는 무과 시험이 없었던 고려와는 달리, 조선에서는 무과를 과거 시험에 포함시켜 무관을 선발하도록 하였어요. 이렇게 문과와 함께 무과가 실시되어 **문무 양반 체제**를 이루었지요. 그래서 조선 시대를 **양반 사회**라고 부르기도 해요. 문과, 무과와 함께 기술과를 뽑는 잡과도 있었어요.

특별 채용 시험 취재

재주가 부족하거나 나이가 많아 과거 응시가 어려운 사람들은 특별 채용 시험을 거쳐 하급 실무직에 쓰기도 하였는데, 이 시험을 취재라고 불렀어요.

16세 이상은 누구나 국방의 의무

조선은 건국 초부터 군역 제도를 정비하고 군사 조직을 크게 강화하였어요. 태종 이후 개인의 군사인 사병을 모두 폐지하고, 16~60세의 모든 평민 남자는 국방의 의무를 지는 **양인개병제**라는 것을 실시했어요. 이로써 모든 양인(평민)은 현역 군인인 정군과 정군의 비용을 부담하는 보인(봉족)으로 편성되었어요.(다만 현직 관료와 학생만 군역을 면제받았고, 왕의 종친과 외척, 공신이나 고급 관료의 자제들도 고급 특수군에 편입되어 군역을 부담하였지요.)

[조선] 사회와 경제

조선은 양반 중심의 사회였어요. 양반이란 문관인 '동반'과 무관인 '서반'을 함께 부르던 말이었어요. 이것이 벼슬을 할 수 있는 신분을 지칭하는 말로 그 뜻이 변하였지요.

조선 초기의 신분 양인과 천인

조선 초기의 신분은 양인과 천인으로 나뉘었어요. 양인에는 직업의 종류와 귀천에 따라 사(양반)·농(농사꾼)·공(수공업자)·상(상인)의 구별이 있었으나, 왕권이 확고해지고 관료 조직이 정비되어 가면서 관료들은 지배층으로서의 사회적 지위를 굳혀 마침내 '양반'이라는 이름으로 향리나 농민과 뚜렷이 구별되는 신분이 되었지요.

하급 관리나 지방 행정 실무자·기술관 등은 별도로 중인 신분을 이루었고, 농업·상업·수공업에 종사하는 사람들은 이른바 상민이 되었어요. 한편, 그 밑에는 천민 신분으로 노비·광대·무당·창기·백정 등이 있었는데, 노비는 관청이나 개인에 소속되어 매매·증여·상속의 대상이 되기도 하였어요.

 **양반** 원래 문반과 무반을 가리키는 말이었으나 점차 관직을 차지하거나 장차 가질 수 있는 집단을 뜻하는 말로 바뀌었어요. 양반 계층은 관직을 독점하면서 이에 따른 특권을 보장받을 수 있었지요.

 **중인** 양반 밑에서 실무를 담당하였어요. 기술과, 향리, 서리, 토관 등이 중인에 속해요.

 **상민** 농업, 상업, 수공업에 종사하였던 계층이에요. 생산 활동에 종사하였으므로 전세, 역, 공납 등의 의무를 졌어요. 상민은 교육과 출세의 기회가 보장되었으나, 실제로는 매우 제한되어 있었지요. 대부분 농민으로, 농민은 상인이나 공장보다 대우를 받았답니다.

 **천민** 노비, 백정, 광대, 무당, 창기 등이 속해요. 천민의 대부분은 노비였는데, 소유주에 따라 사노비와 공노비로 구분해요. 노비는 결혼하여 가정을 이룰 수 있었으나 매매, 상속, 증여의 대상이 되었지요.

양반들의 생활

- 조선의 상류 계급으로 백성들을 지배하였어요.
- 유학을 공부하고 과거 시험을 통하여 관리가 된 후에 나라를 다스리는 데 참여하였지요.
- 학식과 인품, 유교 정신을 갖춘 사람을 선비라고 하였어요.
- 선비로서 바른 생활을 하여 백성들의 모범이 되도록 했고요.
- 글공부에 힘쓰고, 시 짓기, 활쏘기 등을 하였어요.
- 양반들은 자기 땅의 농사를 노비나 소작농에게 맡겼지요.
- 유교를 숭상하여 충효를 중요하게 여겼어요.
- 집은 안채, 사랑채, 행랑채로 나뉘어 안채에는 여자들이, 사랑채에는 남자들이, 행랑채에는 하인들이 살았답니다.

상민들의 생활

- 주로 농업, 수공업, 상업을 하였어요.
- 대부분 농민으로, 조선 시대 백성의 대부분을 차지하였지요.
- 부유한 농민(상민)과 가난한 농민의 차이가 생겼지만, 땅을 많이 가진 부유한 농민의 수는 적었어요.
- 세금을 내고 군대에 가야 하는 의무가 있었어요.
- 교육을 받을 기회가 없었기 때문에 관리(벼슬)가 될 수 없었지요.
- 수공업자는 서울과 지방의 관청에 속해 있으면서 필요한 물품을 생산해 주었는데, 그 수는 많지 않았어요.
- 상인에는 시전상인과 보부상이 있었는데, 그 수는 많지 않았어요.

조선 상업의 중심이 된 시전과 시전 상인

조선 시대에도 시전(오늘날의 시장)이 생겼어요. **궁궐이나 관아에 필요한 물품**들을 시전을 통해 **공급**받기 위해서였지요. 태종 때 한양의 종루(지금의 종로)를 중심으로 시전 건물을 지어 물품을 팔게 했어요. 시전 상인들은 한 점포마다 한 가지 물품만을 팔며 가격과 품질 검사를 받았어요.

시전을 관리하는 기관 평시서

나라에서는 시전 건물을 지어 상인들이 장사를 할 수 있게 빌려 주는 대가로 상인들에게 일정한 세금을 거둬들였어요. 그래서 나라에서 허가를 해 준 사람들만이 시전에서 장사를 할 수 있었지요.
따라서 시전을 관리하고 감독할 기관이 필요했고, 평시서가 만들어졌어요. 시전의 질서를 바로잡는 일을 했지요. 처음에는 경시서로 불리다가, 세조 때 평시서로 이름을 바꾸었어요.

지방의 시장 장문, 전문 상인 보부상

서울뿐 아니라 지방에도 시장이 생겼어요. 지방의 시장을 **장문**이라 부르는데, 15세기 무렵부터 모습을 보이기 시작했어요. 지방의 일정한 장소, 일정한 날짜(날짜의 간격은 15일, 10일, 5일)에 인근의 농민, 수공업자, 상인 등이 모여 물건을 교환하거나 사고파는 것이에요. 지방의 여러 시장을 돌아다니며 생산자와 소비자를 이어 주는 역할을 하는 행상도 있었는데, 이들을 **보부상**이라고 불렀어요. 이들은 지역 안의 시장권에서 또는 전국적인 시장을 무대로 활동했답니다.

물건을 만드는 수공업자 공장

공장은 조선 시대에는 **생산품을 만드는 장인**을 부르던 말이었어요. 장인은 손으로 물건을 만드는 사람을 말하지요. 조선 시대의 공업은 아직까지 수공업 즉 직접 손으로 만드는 공업이었으며, 공장은 이런 수공업을 담당한 우수한 기술을 가진 사람들이었어요. 나라에서는 공장들을 관리하기 위해 여러 관아를 두었지요.

특산물 대신에 쌀로 공납을 내게 한 대동법

각 지방의 특산물을 나라에 바치는 공납은 물품의 종류와 수량을 국가에서 필요에 따라 정했기 때문에 백성들에게는 큰 부담이 되었어요. 이에 특산물 대신 쌀로 공물을 내게 한 제도가 대동법이에요. 1608년(선조 41년)에 대동법의 실시로 가난한 백성들은 **공납에 대한 부담을 줄일 수** 있었어요.

조선의 세금 제도 전세·역·공납

조선의 국가 재정은 주로 조세 수입, 즉 백성이 내는 세금이었어요. 세금은 전세, 역, 공납이 기본이었지요.

백성이면 꼭 내야 할 세금 3가지

전세	역	공납
농사를 짓는 땅에 부과되는 세금.	나라에 노동력을 제공하는 일. 대규모 토목 공사 등 국가에서 행하는 사업에 나가 일을 하고, 국방의 의무를 져야 했음.	각 고을을 단위로 하여 국가나 왕실에서 필요한 지방 특산물을 국가에 바치는 것.

여섯 가지 중요한 물품을 팔던 육의전

종로에 있던 서울의 시전 중 국가의 허락을 받아야만 팔 수 있는 여섯 물품을 전문적으로 거래하는 큰 상점을 육의전이라고 불렀어요. 여섯 가지의 품목은 **비단, 명주, 무명, 모시, 종이, 어물(생선이나 건어물)**이었어요. 즉, 비단을 파는 선전, 무명을 팔던 면포전, 명주를 팔던 면주전, 모시를 팔던 저포전, 종이를 팔던 지전, 생선이나 건어물을 파는 종로의 내어물전과 서소문 밖의 외어물전을 합친 내외어물전 등이었지요.

조선 시대에 널리 쓰인 화폐 상평통보

시전과 장문 등을 통해 상품의 거래가 활발해지자, 상품을 교환하는 수단이었던 쌀이나 옷감 같은 물품들이 부족하게 되었어요. 이에 금속 화폐를 만들게 되었는데, **'널리 평등하게 통용되는 보배'**라는 뜻의 동전인 상평통보였어요. 품삯이나 세금, 소작료 등도 상평통보로 주고받았으며, 누구나 상평통보를 가지고 물건도 살 수 있게 되었어요.

조선 전기의 무역은 조공 무역

조선 전기의 무역은 기본적으로 중국과의 조공 무역이었어요. 조공은 작은 나라가 큰 나라에게 때마다 공물을 바치면 큰 나라가 그 답례로 하사품을 보내는 형태로 이루어지는 무역이에요. 형태는 그러했지만 중국의 다양한 문물이 필요한 조선 등 아시아 여러 나라는 조공 무역으로 필요한 물품을 확보해야 했답니다.

국경에서 열린 시장 개시와 후시

조선과 중국, 일본 등 동아시아 국가들은 서로 필요한 물품을 국경 지역에서 거래했어요. 이렇게 국경 지역에서 열린 시장 중에 나라에서 인정하여 **공식적으로 열린 시장**을 개시라고 했으며, 각 나라의 **상인들 간에 사사로이 열린 시장**을 후시라고 불렀어요. 그리고 그 무역을 개시 무역 또는 후시 무역이라고 불렀지요.

가난한 백성을 도와주던 환곡

흉년이나 춘궁기에 **곡식을 꾸어 주고** 추수기에 이를 갚게 하던 제도를 환곡이라고 해요. 삼국 시대부터 실시되었는데, 고구려에서는 194년(고국천왕 16년)에 진대법을 시행했으며, 고려에서는 태조 때 흑창, 986년(성종 5년)에 의창, 993년에 상평창 등을 두었어요.

조선의 의료 기관과 의료 시설

조선의 의료 시설로는 혜민서, 동서활인원, 제생원 등이 있었어요. **혜민서**는 서민들을 무료로 치료하고 여자들에게 침술을 가르치는 일을 맡아보던 곳이고, **동서활인원**은 가난한 사람들을 치료하고 옷과 음식을 제공했던 관청이에요. **제생원**은 서울과 지방의 빈민들을 치료하고, 서울에서 발생한 미아를 보호했던 곳이랍니다.

[조선] 생활과 풍습

조선의 생활과 풍습은 고려 때의 모습이 이어진 것도 있지만 새로 바뀌게 된 것들도 많았어요. 유교의 영향으로 의례를 무척 중요하게 여겼으며, 남자 중심의 사회가 되었지요.

조선의 가족 제도는 가부장 제도

조선의 가족 제도는 유교의 영향을 받아 **아버지가 가족의 중심**인 가장이 되어 가족을 통솔하는 형태로 변화해 갔어요. 이를 가부장 제도라고 해요. 결혼이나 상속, 제사 같은 여러 생활의 규범, 풍습도 **남자 중심**으로 바뀌게 되었지요.

결혼한 딸은 출가외인

고려 시대를 지나 조선 중기까지도 결혼 후에 남자가 여자 집에서 생활하는 경우가 있었지만, 17세기를 지나며 결혼을 하면 신부는 신랑의 집으로 들어가 살게 되었어요. 신랑이 신부집에 가서 혼례를 치르고 신부가 신랑의 집으로 들어가는 유교식 혼례를 치렀는데, 이를 **친영**이라고 해요.

조선의 기본 윤리 효와 정절

유교에 바탕을 둔 조선 시대의 가족 제도는 사회 질서를 지탱하는 버팀목 역할을 하였어요. 조선에서는 이러한 가족 제도를 잘 유지하기 위한 윤리 덕목으로 부모를 잘 섬기는 효와 한 남편을 따르는 정절을 강조하였어요. 그래서 과부의 재혼을 금지하고, 효자나 열녀를 크게 표창하기도 하였지요.

결혼할 수 있는 나이는 남자 15세, 여자 14세

조선 시대의 혼인 형태는 한 남자가 한 아내를 두는 **일부일처를 기본**으로 하였어요. 그렇지만 남자들은 본부인 외에 다른 여자를 첩으로 들일 수 있었기 때문에 엄밀한 의미의 일부일처제라고는 할 수 없어요. 그러나 부인과 첩 사이에는 엄격한 구별이 있어서 첩의 자식인 서얼은 문과에 응시할 수 없을 뿐 아니라 제사나 재산 상속 등에서도 **차별**을 받았어요. 혼인은 대개 집안의 가장이 결정하였는데, 법적으로 혼인할 수 있는 나이는 남자가 15세, 여자가 14세였어요.

유교의 영향으로 우대받던 장남

조선 시대 초기에는 아들과 딸이 부모의 재산을 똑같이 상속받는 경우가 많았어요. 집안을 잇는 자식에게 5분의 1의 상속분을 더 준다는 것 말고는 모든 아들과 딸에게 재산을 똑같이 나누어 주는 것이 관행이었지요. 그러나 17세기 이후 제사는 반드시 **큰아들**이 지내야 한다는 의식이 퍼지면서, 재산 상속에서도 큰아들이 우대를 받게 되었어요. 처음에는 딸들이 그리고 점차 큰아들 외의 아들들도 제사나 재산 상속에서 그 권리를 잃고 말았어요. 물론 유교의 영향이었지요.

중요 의례 관·혼·상·제

관혼상제는 인간의 삶에 있어서 가장 중요한 4가지 의례를 말해요. 고대 국가 시절부터 행해 왔으나 특히 유교를 통해 예의를 중요하게 여겼던 조선 시대에는 관혼상제가 단순한 의례 이상으로 중요하게 여겨져 조선 사회의 **생활 풍습의 기초**를 이루었지요.

관례
청소년이 성년이 되는 의식. 여자의 관례는 '계례'라고 했어요. 이때 남자는 상투머리, 여자는 쪽진머리를 했지요.

혼례
신랑, 신부의 뜻에 상관없이 두 집 어른들에 의해 결정되어 혼인을 하였어요.

상례
죽은 이를 위해 그의 가족과 친척 등 아는 사람들이 모여 명복을 비는 장례 의식이에요.

제례
돌아가신 조상에 대한 예로 음식을 나누며 정성껏 제사를 지내는 의식이에요.

4대 명절은 설날·한식·단오·추석

조선 시대에는 설날과 한식, 단오와 추석을 일 년 중 가장 큰 명절로 삼았어요. 조선 후기에 간행된 《동국세시기》라는 책에 보면 다음과 같은 내용이 있답니다. '산소에 올라가서 제사를 올리는 풍속은 설날 아침, 한식, 단오, 추석 네 명절에 행한다. 술, 과일, 식혜, 떡, 국수, 탕, 적 등의 음식으로 제사를 드리는데, 이것을 **명절**이라고 한다. 선대부터 내려오는 풍속을 좇는 가풍에 따라서 다소간 다르지만 한식과 추석이 성행한다.'

설날
음력 정월 초하룻날. 의정부 대신들은 모든 관원을 거느리고 대궐에 나가 새해 인사를 하고, 정전의 뜰로 나가 임금께 하례를 올렸어요.
이날 사당에 지내는 제사를 차례라 하고, 아이들이 새 옷을 입고 어른들을 찾아뵙는 일을 세배라 하지요. 설날에는 남녀가 방 안에서 다 같이 윷놀이를 하고, 젊은 부녀자들은 널뛰기, 남자들은 연날리기를 했답니다.

추석
음력 8월 15일, 추석 또는 중추절이라 하였어요. 우리의 고유 명절로 '가윗날'이라 부르는데, 이는 신라 때로 거슬러 올라가요.
조상의 묘를 찾아가 차례를 지내고 지역별로 다양하고 풍성하며 다채로운 민속 놀이를 했어요.

한식
동지로부터 105일째 되는 날. 한식이라는 명칭은 이 날에 불을 피우지 않고 찬 음식을 먹는다는 옛 습관에서 나온 것이에요. 조선 시대에는 이날 조정에서 향연을 베풀기도 하였어요.

단오
음력 5월 5일, 수릿날이라고도 해요. 여자들은 이날, 나쁜 귀신을 쫓는다는 뜻에서 창포를 삶은 물로 머리를 감고 얼굴도 씻었어요.
남자들은 창포 뿌리를 허리춤에 차고 다녔는데, 나쁜 기운을 물리치기 위해서였대요.

[조선] 예술과 문화

조선 시대에는 훈민정음이 창제되고 역사책을 비롯하여 각 분야의 책들이 출판되어 민족 문화 발전의 기초가 닦아졌어요. 농업을 비롯해 과학과 기술의 눈부신 발전도 이루어졌지요.

우리 민족의 글자를 만들다, 한글 창제

조선 시대 전까지 우리나라는 고유의 문자가 없어서 우리말을 자유롭게 표현할 수 없었어요. 이에 **세종대왕**이 누구나 쉽게 배우고 쓸 수 있으며, 자기의 의사를 마음대로 표현할 수 있는 뛰어난 문자를 만들어 반포하였어요. **훈민정음**이라고 불렸던 한글은 우리 민족의 문화를 크게 발전시켰답니다.

국방을 강화하기 위해 펴낸 지리책과 지도

조선 초기에는 중앙 집권과 국방의 강화를 위하여 지리지와 지도의 편찬에 힘썼어요. 태종 때에는 세계 지도인 〈**혼일강리역대국도지도**〉가 만들어졌는데, 지금 남아 있는 세계 지도 중 동양에서는 가장 오래된 것이에요. 세종 때에는 전국 지도인 〈팔도도〉를 만들었고, 세조 때에는 양성지 등이 〈동국지도〉를 완성하였지요. 조선 후기에 김정호는 〈**대동여지도**〉를 완성하기도 하였어요. 지리책의 편찬도 이어져 세종 때 《신찬팔도지리지》, 성종 때 《동국여지승람》이 편찬되었는데, 여기에는 군현의 연혁·지세·인물·풍속·산물·교통 등이 자세히 수록되어 있어요. 《신증동국여지승람》은 중종 때 편찬되었답니다.

《조선왕조실록》 등 역사서 편찬

조선 시대에는 실록의 편찬을 매우 중요하게 여겨 계속적으로 추진했어요. 한 왕대의 역사를 후대에 남기기 위한 실록의 편찬은 태조 실록부터 철종 실록까지 계속되었으며, 《조선왕조실록》은 세계에 자랑할 만한 **기록 문화유산**으로 평가되고 있어요.

유교적 사회 질서를 위해 편찬된 의례 서적과 법전

유교가 조선 사회의 지배 사상으로 등장하게 되면서 유교적 질서를 확립하기 위하여 윤리와 의례에 관한 서적의 편찬 사업이 이루어졌어요. 세종 때에는 모범이 될 만한 충신, 효자, 열녀 등의 행적을 그림으로 그리고 설명을 붙인 《삼강행실도》를 편찬하였고, 또 성종 때에는 국가의 여러 행사에 필요한 의례를 정비한 《국조오례의》를 편찬하였어요.

조선은 유교적 통치 규범을 성문화하기 위해 법전의 편찬에도 힘을 썼어요. 건국 초기에 정도전은 《조선경국전》과 《경제문감》을 편찬하였고, 조준은 《경제육전》을 편찬하였어요.

성종 때 완성된 《**경국대전**》은 이전, 호전, 예전, 병전, 형전, 공전의 6전으로 구성된 조선의 기본 법전으로, 후기까지 법률 체계의 골격을 이루었어요.

어머니의 병을 낫게 해 달라고 자식은 3년 동안 얼음 바닥에 누워 빌었더니 어머니의 병이 나았다.

나라에서는 아들의 효심을 높이 사 그의 집 앞에 큰 문을 만들어 주었다.

식량이 떨어졌구나. 내 살을 베어 부모님께 음식을 해 드려야지.

▶《삼강행실도》〈효자〉 중에서

후기 사회를 변화시킨 학문 실학

조선 후기에는 두 번의 전쟁 후, 청나라에서 들어온 고증학과 서양의 과학적 사고 방식을 받아들여 실학이라는 학문이 일어났어요. 실학은 생활에 필요한 것을 연구하여 **실용적인 학문**으로 자리를 잡아 갔으나, 권력을 잡고 있는 세력의 반대에 부딪혀 국가 정책에 크게 반영되지는 못하였어요.

실학의 발달과 함께 발달한 국학

실학과 함께 우리 민족의 역사, 지리, 국어 등을 연구하는 국학이 발달하게 되었어요.

역사서	안정복 : 《동사강목》 이긍익 : 《연려실기술》 한치윤 : 《해동역사》 이종휘 : 《동사》 유득공 : 《발해고》(발해사 연구)
지리	이중환 : 《택리지》(각 지역의 자연 환경과 물산, 풍속, 인심 등을 서술)
지도	김정호 〈대동여지도〉
백과사전	이수광 : 《지봉유설》 이익 : 《성호사설》 서유구 : 《임원경제지》

상공업의 발달을 주장한 북학파

18세기 후반에는 농업뿐만 아니라 상공업의 진흥과 기술의 혁신을 주장하는 실학자들이 나타났어요. 이들은 청나라의 문물을 적극적으로 수용하여 **부국강병**과 **이용후생**에 힘쓰자고 주장했는데, 이들을 이용후생학파 또는 북학파라고 했어요.

조선 건축을 대표하는 궁궐 건축

조선의 건축은 사찰을 중심으로 발전한 고려 건축과는 달리 궁궐, 관아, 성문, 학교 등이 건축의 중심이 되었어요. 건국 초기에 도성을 건설하고 경복궁을 지었으며, 곧이어 창덕궁과 창경궁을 세웠지요. 궁궐은 **조선을 상징하는 대표적인 건축물**이랍니다.

사림의 발달로 활발해진 서원 건축

조선은 16세기에 들어와 사림의 진출과 함께 서원의 건축이 활발해졌어요. 서원은 **사설 교육 기관**이라고 할 수 있어요. 산과 하천이 가까이 있어 자연의 이치를 탐구할 수 있는 한적한 곳에 자리했는데, 교육 공간인 강당을 중심으로 사당과 기숙 시설인 동재와 서재를 갖추었어요.

서원 건축은 가람 배치 양식과 주택 양식이 실용적으로 결합되어 독특한 아름다움을 지녔어요. 대표적으로 경주의 옥산서원과 안동의 도산서원이 있으며, 성균관도 서원 건축물이라고 할 수 있지요.

검소하고 소박한 분청사기와 세련된 백자

조선의 공예는 고려 시대와는 달리 사치품보다는 생활 필수품이나 문방구 등에서 그 특색을 나타내었어요. 그중 대표적인 공예 분야는 자기였지요. **분청사기**는 청자에 백토로 분을 발라 다시 구워 낸 것으로, 정형화되지 않으면서도 구김살 없는 우리의 멋을 잘 나타냈지요. 그러나 16세기부터 세련된 **백자**가 본격적으로 생산되면서 분청사기는 점차 그 생산이 줄어들었어요. 백자는 깨끗하고 담백하며 순백의 고상함을 풍겨서 선비들의 취향과 어울려 널리 이용되었답니다.

궁중 음악으로 발전한 아악

조선 시대에는 음악을 백성을 교화하는 수단으로 여겼고, 국가의 각종 의례와 밀접히 관련되어 중요시하였어요. 세종은 **박연**에게 악기를 개량하거나 만들게 하였고, 악곡과 악보를 정리하게 하여 **아악**이 **궁중 음악**으로 발전하게 하였어요. 성종 때 성현은 《악학궤범》을 편찬했는데, 음악의 원리와 역사·악기·무용·의상 및 소도구까지 정리하고 있어요.

후기 서민 문학의 중심 판소리

판소리는 노래와 말로 긴 이야기를 이어 가는 우리의 민족 음악이에요. 숙종 말기에서 영조 초기에 걸쳐 충청도·전라도를 중심으로 발달해 왔지요. 분위기에 따라 광대가 즉흥적으로 이야기를 빼거나 더하며, 서민을 포함한 넓은 계층으로부터 호응을 받았어요. 판소리 작품으로는 열두 마당이 있었으나 지금은 〈춘향가〉, 〈심청가〉, 〈흥보가〉, 〈적벽가〉, 〈수궁가〉 다섯 마당만 전하고 있어요.

지배층의 위선을 풍자한 탈춤

조선 후기에는 사회의 변화와 함께 탈놀이와 산대놀이도 유행하였어요. **탈놀이**는 향촌에서 마을 굿의 일부로 공연되어 인기를 얻었고, **산대놀이**는 산대라는 무대에서 공연되던 가면극이 민중 오락으로 정착되어 도시의 상인이나 중간층의 지원으로 유행하게 되었지요. 이런 가면극에서는 지배층과 그들에게 의지하여 살아가는 승려들의 부패와 위선을 풍자하였어요. 더 나아가 하층 서민인 말뚝이와 취발이를 등장시켜 양반의 허구를 폭로하고 욕보이기도 하였답니다.

인기를 끈 한글 소설

조선 후기에는 한글 소설이 인기였어요. 최초의 한글 소설로 알려진 **허균**의 《홍길동전》은 서얼에 대한 차별의 철폐, 탐관오리의 응징을 통한 이상 사회의 건설을 묘사하는 등 당시의 현실을 날카롭게 비판하였으며, 《춘향전》은 신분 차별의 비합리성을 이야기했어요. 이 외에도 제 목숨을 구하기 위하여 남의 생명을 빼앗으려는 못된 용왕을 골려 주는 토끼, 불합리한 가족 관계에서 희생된 장화·홍련 등의 이야기를 통하여 당시의 사회상을 비추어 보고 선을 권하고 악을 벌주는 권선징악이라는 주제로 백성들을 계몽하기도 하였어요.

크게 발전한 회화

조선 시대에는 회화가 우리나라 미술사상 가장 크게 발전하였어요. 건국 초에 세워진 화가를 양성하는 기관인 **도화원**을 중심으로 회화 미술이 꽃피게 되었지요. 사대부와 화원들이 회화의 발전에 주도적인 역할을 하였으며, 대나무·산수·인물·화초 등 다양한 소재들이 다루어졌어요. 그중에서도 초상화는 동양의 삼국 중에서 가장 높은 수준으로 발달하였어요.

조선 초기 최고의 작품, 몽유도원도

조선 초기에는 안견, 사대부 화가 강희안, 그리고 세종대왕의 아들로 당대 최고의 서예가이며 안견의 후원자였던 안평대군 등이 활동하며 서화의 발전에 크게 기여하였어요. 안평대군이 꿈속에 도원을 여행하고 꿈에 본 바를 안견에 명하여 그리게 한 〈몽유도원도〉는 1447년 4월에 그려진 것으로, 조선 초기의 최대 걸작으로 손꼽히고 있어요.

조선 후기 미술을 이끈 진경산수화

조선 후기의 그림에서 나타난 가장 두드러진 경향은 **진경산수화**와 **풍속화**의 유행이었고, 서예에서는 우리의 정서를 담은 글씨가 등장하였다는 것이에요. 진경산수화는 우리의 자연을 사실적으로 그려 회화의 토착화를 이룩하였으며, 풍속화는 당시 사람들의 생활 정경과 일상적인 모습을 생동감 있게 그려 회화의 폭을 넓혔어요.

진경산수화를 개척한 화가는 18세기에 활약한 **정선**이었어요. 그는 서울 근교와 강원도의 명승지를 두루 답사하여 사실적으로 그려 냈는데, 대표작인 〈인왕제색도〉와 〈금강전도〉에서 바위산은 선으로 묘사하고 흙 산은 묵으로 묘사하는 기법을 사용하여 산수화의 새로운 경지를 열었답니다.

김홍도와 신윤복의 풍속화

정선의 뒤를 이어 산수화와 풍속화에 새 경지를 연 화가는 **김홍도**예요. 그는 산수화, 기록화, 신선도 등을 많이 그렸지만 정감어린 풍속화로 더 유명해요. 밭갈이, 추수, 씨름, 서당 등에서 사람들의 특징을 소탈하고 익살스러운 필치로 묘사했지요. 김홍도에 버금가는 풍속 화가로 **신윤복**이 있어요. 그는 주로 양반들과 부녀자들의 생활과 유흥, 남녀 사이의 애정 등을 감각적, 해학적으로 그렸어요.

일반 대중이 그린 소박한 그림 민화

민중의 미적 감각을 잘 나타낸 민화도 유행했어요. 해, 달, 나무, 꽃, 물고기 등을 소재로 삼아 소원을 기원하고 생활 공간을 장식하였지요. 이런 민화에는 **소박한 우리 정서**가 짙게 배어 있답니다.

[조선] 전쟁

다른 나라의 큰 침략 없이 평화로운 시기가 계속된 적도 있었지만, 일본이 일으킨 임진왜란과 청나라의 침입은 조선의 경제와 사회를 무척 힘들게 만들었어요. 어렵게 전쟁을 이겨 내며 역사를 이어 나갔지만 수많은 희생이 따랐답니다.

김종서의 여진 정벌과 4군 6진

세종대왕 때, 북쪽의 여진족이 조선의 국경 지방을 침입해 조선의 백성들을 괴롭히자, 세종대왕은 김종서 장군을 보내 여진족을 정벌하게 하였어요. 점령한 북방 경계 지역에 4군 6진을 설치하고 그곳으로 조선의 백성들을 이사해서 살게 하였지요. 따라서 이곳이 **조선의 국경**이 되었고 오늘날까지 이어지게 되었답니다.

이종무의 대마도 정벌

조선 세종대왕 때, 왜구는 조선을 자주 침입하였어요. 그래서 세종은 이종무를 대장으로 삼아 왜구의 본거지인 대마도(쓰시마 섬)를 정벌하게 하였어요. 이종무는 함선 227척, 1만 7,000명의 군사로 대마도를 정벌하였고, 한때 조선에서는 이곳을 관리하기도 하였지요.

조선 최대의 전쟁 임진왜란

조선이 건국되고 외국과의 큰 전쟁 없이 200여 년의 평화로운 세월이 흐르자, 나라의 관리들은 나라 밖의 사정을 살피지 않고 국방을 소홀히 하였어요.

이때 일본은 도요토미 히데요시가 100여 년간의 전국 시대를 통일하고 권력을 잡았어요. 그는 자신에게 불만을 품은 세력의 관심을 밖으로 돌리기 위해 다른 나라와의 전쟁을 계획했어요. 그 대상은 가장 가까이 있는 조선이었지요.

1592년, 왜군은 명나라를 침략한다는 구실을 붙여 조선을 침략하였고, 부산에 상륙한 지 20일 만에 서울을 점령하였어요.

선조는 서울을 버리고 의주로 달아났으며, 관리와 양반들도 일본군을 피해 도망하였어요. 민중들은 궁궐과 노비 문서를 불태우는 등 지배층의 무책임한 행동에 크게 분노했지만, 곳곳에서 나라를 지키고자 의병을 일으켰어요.

선조의 요청으로 명나라에서 지원군이 오고, 해전에서 이순신이 거둔 승리를 발판으로 진주성 싸움, 행주대첩 등에서 큰 승리를 거두며 전세는 조선에 유리해져 갔어요. 이에 일본은 교섭을 제안하였고, 이 교섭은 3년을 끌다가 깨지고 말았지요.

1597년 정유년에 일본이 다시 조선을 공격했지만(왜군의 2차 침입을 정유재란이라고 부르기도 함) 왜군은 노량해전에서 크게 패하고, 도요토미 히데요시가 죽자 조선에서 완전히 철수했어요. 이로써 7년간의 전쟁이 끝났어요.

임진왜란의 결과

조선

7년간 전쟁터였던 조선의 땅은 황폐해지고 백성들의 생활은 비참하기 이를 데 없었어요. 조선의 사회 질서는 붕괴되었으며, 많은 사람들이 죽었지요. 또한 수많은 문화재를 잃고, 곳곳에 도둑이 날뛰었어요.

일본

전쟁을 일으킨 도요토미 히데요시가 죽자 도쿠가와 이에야스가 정권을 장악했는데, 조선에서 많은 백성을 포로로 잡아갔어요. 그중에는 도자기 기술자가 있어 일본 도자기업을 발전시켰을 뿐만 아니라, 활자 기술자도 있어 일본의 활자 기술에 커다란 발전을 가져왔지요.

명나라

명나라는 대군을 조선에 파병하여 국력이 소모되었고, 국가 재정까지 어려워졌어요. 이때 만주에 있던 여진족의 세력이 점점 커졌고, 중국에는 명나라 대신 청나라가 세워졌어요.

한산도 대첩

1592년 조선의 **이순신**이 이끄는 수군은 바다에서 계속 승리를 거두었지만 육지에서는 연이어 왜군에게 패했어요. 그러자 왜군은 가덕도와 거제도 부근에서 떼를 지어 출몰하면서 육군과 수군 양쪽으로 공격하려고 하였지요. 이에 전라좌수사 이순신 장군은 전라우수사 이억기, 경상우수사 원균과 함께 왜선을 한산도 앞바다로 유인하여 학이 날개를 편 모양의 **학익진**을 펼치며 왜군을 무찔렀어요. 이 전투의 승리로 조선은 해상권을 완전히 장악하여 육군과 힘을 합해 물자를 조달하려던 왜군의 작전을 쳐부수었어요. 또한 곡창 지대인 전라도 지역을 지켜 왜군에게 큰 타격을 주어 임진왜란의 전세를 역전하는 계기를 마련했지요. **세계 해전사에서 가장 으뜸**이라는 평가를 받는답니다.

진주 대첩

곡창 지역인 전라도 진입에 번번이 실패한 왜군은 전라도로 향하는 관문인 진주성을 점령할 계획을 세웠어요. 그리고 부산, 동래, 김해 지역에 있던 정예병 3만여 명을 동원하여 1592년 10월 5일 진주성을 공격하였어요. 한편 **진주성**에는 **김시민** 목사가 이끄는 3,800명의 군사가 있었는데, 죽기를 각오하고 진주성을 사수키로 결심한 후 만반의 전투 준비를 갖추고 있었지요.

왜군은 신식 무기인 조총을 앞세워 3개 부대로 나누어 공격을 해 왔어요. 김시민 장군은 성안에 아무도 없는 것처럼 위장하여 적군을 끌어들인 후 일시에 공격을 하여 왜군을 당황하게 하였어요. 그리고 6일 동안 성에 사는 백성들과 힘을 합쳐 왜군들과 싸웠어요.

결국 제1차 진주성 전투는 김시민 장군의 탁월한 용병술과 전략술, 그리고 진주성 내의 모든 군·관·민이 결사 항전한 결과, 3만의 왜병 중 2만여 명을 죽거나 다치게 하는 큰 승리를 거두었지요.

행주 대첩

이여송의 명나라 군사가 평양성을 탈환하고 서울을 향해 내려올 때, 수원 가까이 있던 전라 순찰사 **권율**은 군사를 몰아 한강을 건너 행주산성으로 진군하였어요. 명나라 군사와 함께 서울에 모인 일본군을 공격하기 위해서였지요. 그러나 벽제관 싸움에서 이여송의 명나라군은 일본군에 패하여 평양으로 되돌아갔어요. 이에 권율 장군은 산 둘레에 말뚝을 튼튼하게 박아 목책을 세우고 화살과 돌을 모았으며, 물을 담을 항아리를 거두어들여 왜군들이 쳐들어오기를 기다리고 있었어요.

행주산성에 조선군이 주둔해 있다는 소식을 들은 왜군들은 선조 6년(1593년) 2월, 고바야카와를 선봉장으로 무려 3만 명의 정예 부대가 벌판을 까맣게 메우고 밀려들었어요. 그리고 해가 질 무렵까지 아홉 차례나 공격을 해 왔지요. 그러나 굳건한 행주산성은 끄떡도 하지 않았고, 마침내 왜군은 2만 4,000명이나 되는 시체를 남겨 둔 채 물러가고 말았어요. 이때 부녀자들이 긴 치마를 잘라 짧게 만들어 입고 돌을 날라서 석전(돌팔매질)으로 적에게 큰 피해를 입혔는데, 여기에서 '행주치마'라는 말이 생기기도 하였지요. 권율 장군이 지휘한 행주산성의 큰 승리는 임진왜란 3대첩의 하나랍니다.

청나라의 침입 병자호란

조선이 임진왜란을 겪는 동안 만주 지역에서는 여진족의 세력이 점점 커졌어요. 여진족은 후금이라는 나라를 세우고, 명나라를 공격하였지요. 이에 명나라는 임진왜란 때 조선을 도와준 것을 이유로 조선에 지원군을 요청하였어요.

이때 조선의 임금이었던 인조는 후금과의 충돌을 피하고자 중립 외교를 폈던 광해군과 달리, 후금을 멀리하고 명나라와 가까이 지냈어요. 이에 청나라로 이름을 바꾼 후금이 병자호란을 일으켜 조선을 공격하였지요.

청나라군의 공격을 받은 인조는 남한산성으로 들어가 청나라에 대항하였어요. 그러나 추위와 굶주림에 시달리다가 왕자들이 인질로 잡혔다는 소식을 듣자, 눈물을 머금고 항복하고 말았어요.

임진왜란의 피해가 제대로 복구되지도 않은 상태에서 다시 병자호란을 당하고 만 것이에요. 병자호란 후 청나라에 바치는 조공이 늘어나면서 조선 백성들의 생활은 더욱 어려워졌답니다.

[조선] 문화재

조선 왕조가 남긴 훌륭한 문화유산은 수도였던 서울을 중심으로 전국 방방곡곡에 참으로 많아요. 훈민정음, 궁궐과 종묘, 수원 화성 등은 우리 민족의 뛰어난 창의력과 우수한 기술이 어우러진 자랑스런 유산들이지요.

* 사진은 《문화 유산 일기》 중에서 발췌

조선의 대표 궁궐 경복궁

이성계가 조선이라는 새 나라를 세우고 수도를 한양, 지금의 서울로 옮긴 후 새로 만든 왕궁이 경복궁이에요. 1910년 일제에 의해 국권을 빼앗긴 후 경복궁 안에 있는 200여 동의 전각은 거의 다 파괴되고 근정전과 경회루 등 10여 동만 남게 되었지요. 그리고는 일제가 근정전 앞에 조선총독부 건물을 지으며 경복궁은 제 모습까지 잃고 말았는데, 1990년부터 복원 사업이 추진되어 지금도 계속되고 있어요.
지금은 근정전·사정전·만춘전·천춘전·강령전·교태전·자선당·비현각·자경전 등 건물이 10개 남짓밖에 안 되지만, 원래는 200여 개의 건물들이 있던 **조선을 대표하는 궁궐**이었어요. 중요한 모임이나 잔치를 열었던 경회루와 아름다운 정자 향원정도 있지요.

고종 황제가 머물렀던 덕수궁

덕수궁은 원래 성종의 형인 월산대군의 집이었어요. 임진왜란 초기에 선조가 한양에서 도망을 갔다가 돌아왔는데 경복궁과 창덕궁, 창경궁이 모두 화재로 소실되어 이곳에 있는 석어당을 행궁(임시로 머무는 궁전)으로 삼았어요. 그 후 창덕궁을 수리하여 1611년 광해군이 거처를 옮기며 '**경운궁**'이라 이름을 지었지요.
고종이 경운궁으로 옮겨와 국호를 대한 제국이라 바꾸고, 스스로 황제의 지위에 오르며 왕조의 개혁과 중흥을 꾀하고자 경운궁을 대대적으로 수리하였어요. 그러나 힘이 약한 대한 제국은 미국·영국·프랑스·러시아 등 서양의 여러 나라들과 외교 관계를 맺으며 경운궁 내의 부지를 내어 주었고, 경운궁은 수난을 당해야 했지요. 그리고 1907년 7월, 일본의 강압으로 고종이 순종에게 왕위를 물려주고 순종이 창덕궁으로 옮기면서 경운궁은 다시 별궁이 되었답니다.

자연과의 조화로 아름다운 창덕궁

1405년에 태종이 정궁인 경복궁의 이궁(별궁)으로 지은 궁궐이에요. **경복궁의 동쪽에 위치**한다고 하여 이웃한 창경궁과 함께 **동궐**이라고 불렀어요. 임진왜란으로 모든 궁이 불에 타자 광해군 때에 다시 지어 정궁으로 썼으며, 고종이 경복궁을 중건할 때까지 258년 동안 여러 왕들이 정사를 살핀 궁이었지요. 경복궁의 주요 건물이 좌우대칭의 일직선상에 놓여 있다면 창덕궁은 산자락을 따라 건물들을 골짜기에 안기도록 배치해 비정형적 조형미를 보여 주지요. 현재 남아 있는 조선의 궁궐 중에서 그 원형이 잘 보존된 창덕궁은 1997년 **유네스코 세계 문화유산**으로 등록되었어요.

왕후를 위해 세운 창경궁

원래 이곳에는 세종대왕이 상왕인 태종을 모시기 위하여 1418년에 건립한 수강궁이 있었는데, 성종 14년(1483년)에 수강궁을 중건하여 창경궁으로 이름을 바꾸었어요. 성종은 세조의 비 정희왕후와 생모가 되는 소혜왕후, 양모인 예종의 비 안순왕후를 모시기 위해 수강궁을 중건한 것이랍니다.

독특한 건축 양식 종묘

종묘는 조선의 역대 임금과 왕비의 신주를 모신 **왕실의 사당**이에요. 신주는 위패라는 나무패에 죽은 사람의 이름을 적어 놓은 것을 말해요. 정면이 매우 길고 수평성이 강조된 독특한 형식의 건물 모습은 종묘 제도의 발생지인 중국과는 다른 건축 양식으로, 서양 건축에서는 그 유례를 찾아볼 수 없는 세계적으로 희귀한 건축물이지요. 그 의미와 예술적인 가치가 뛰어나 **유네스코 세계 문화유산**으로 등록되었어요.

세계 무형 유산 걸작 종묘 제례악

왕과 왕비의 신주를 모신 사당(종묘)에서 제사(종묘 제례)를 지낼 때 연주하는 음악을 '종묘 제례악'이라고 해요. 본래 세종 29년(1447년)에 궁중 회례연에 사용하기 위해 창작하였으며, 세조 10년(1464년)에 제사에 맞도록 고친 후 지금까지 전승되고 있어요. 매년 5월 첫째 일요일에 행하는 종묘대제에서 보태평 11곡과 정대업 11곡이 연주되고 있지요. 종묘 제례악은 **조선 시대의 기악 연주와 노래·춤이 어우러진 궁중 음악**으로 우리의 문화적 전통과 특성이 잘 나타나 있는데, 외국에서는 볼 수 없는 독특한 멋과 아름다움을 지니고 있지요. 중요 무형문화재 제56호 종묘 제례와 더불어 2001년 5월 18일에 **유네스코 세계 무형 유산 걸작**으로 선정되었어요.

동서양 건축술의 조화 수원 화성

수원 화성은 중국, 일본 등지에서 찾아볼 수 없는 독특한 형태로 **군사적 방어 기능과 상업적 기능**을 함께 갖추고 있어요. 시설의 기능이 과학적이고 합리적이며, 실용적인 구조로 되어 있어 동양 성곽 중에 가장 뛰어나다는 평가를 받고 있어요. 유네스코 위원회에서는 수원 화성에 대해 '18세기에 완공된 짧은 역사의 유산이지만, 동서양의 군사 시설 이론을 잘 배합시킨 독특한 성으로서 방어적 기능이 뛰어난 특징을 가지고 있다. 약 6키로미터에 달하는 성벽 안에는 4개의 성문이 있으며, 모든 건축물이 각기 모양과 디자인이 다른 다양성을 지니고 있다.'고 그 가치를 평가하고 있어요.

백성을 가르치는 과학적인 글자 훈민정음

조선의 제4대 임금인 세종대왕께서 정인지, 신숙주, 성삼문, 최항, 박팽년 등 집현전 학자들에게 **우리글**을 만들게 하여 그 글의 이름을 훈민정음이라고 지었어요. 훈민정음은 '백성을 가르치는 바른 소리'란 뜻이지요. 1913년 한글학자인 주시경 선생이 자랑스러운 우리글을 지키고 널리 쓰이게 하기 위해 '한민족의 글', '큰 글'이란 뜻으로 **'한글'**이라는 이름을 새로 붙였고, 지금까지 불려 오게 된 것이에요.
세종대왕이 훈민정음을 창제하기 전에는 중국의 글자인 한자를 빌어서 사용했어요. 말은 중국 말이 아닌 우리말을 썼고요. 그런데 한자는 우리말을 옮기는 데 적합하지 않아 훈민정음을 새로 만든 것이랍니다.

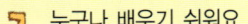

ㄱ. 누구나 배우기 쉬워요.
ㄴ. 발음 기관을 본떠서 만든 과학적인 글자예요.
ㄷ. 독창적으로 만든 글자이지요.
ㄹ. 글자를 만든 목적과 만든 사람, 만든 때가 분명해요.
ㅁ. 글자 쓰기의 폭이 넓은 글이에요.(무엇이든 소리 나는 대로 쓸 수 있음)

종합 역사책 《조선왕조실록》

《조선왕조실록》은 태조부터 철종 임금까지 25대 472년간(1392~1863년)의 역사를 각 왕별로 기록한 책이에요. 1,893권 888책으로 되어 있지요. 한 왕조의 역사적 기록으로는 세계에서 가장 오랜 세월에 걸쳐 기록된 책이며, 그 분량도 어마어마해요.
《조선왕조실록》에 기록된 내용들을 살펴보면 조선 시대의 정치, 외교, 군사, 법률, 경제, 산업, 교통, 통신, 사회, 풍속, 미술, 종교, 천문, 지리 등 각 방면의 다양한 내용이 기록되어 있어 **종합 역사책**이라고 할 수 있어요.

민족의 정서를 표현한 음악 판소리

판소리는 한 명의 소리꾼이 북 치는 사람의 장단에 맞추어 노래와 말로 긴 이야기를 엮어 가는 우리 전통 음악이에요. 판은 '여러 사람이 모인 곳'이란 뜻이며 소리는 '음악', '노래'를 말하지요. 판소리는 우리 민족의 **시대적 정서를 나타내는 전통 예술**로 당시의 삶의 정서를 해학적으로 표현하는 독특한 음악이며, 계층에 상관없이 누구나 즐겨 들은 음악이기도 해요. 그래서 판소리 다섯 마당이 모두 중요 무형 문화재로 지정되었고, 그 독창성과 우수성을 세계에 인정받아 2003년 11월 7일 유네스코 인류 구전 및 무형 유산 걸작으로 선정되었답니다.

조선의 성문을 대표하는 남대문

남대문의 본래 이름은 **숭례문**으로, 한양의 성문 중 가장 먼저 계획된 문이에요. 우리나라에 남아 있는 목조 건물 중 **최대 규모의 성곽 건축물**이라고 할 수 있어요. 조선 시대 서울의 관문으로 도성의 정문이며, 중국의 사신과 사람들은 모두 이 숭례문을 통하여 출입하였다고 해요. 숭례문의 현판은 양녕대군이 쓴 것이라고 《지붕유설》에 기록되어 있으며, 다른 대문들과 달리 세로로 쓰여 있는 이유는 경복궁을 마주 보는 관악산의 화기를 누르기 위함이라네요.

조선 시대 한양의 출입문은 대문으로 동쪽 흥인지문·서쪽 돈의문·남쪽 숭례문·북쪽 숙정문이 있으며, 소문으로 동북쪽 혜화문·서북쪽 창의문-자하문·동남쪽 광희문-수구문·서남쪽 소의문이 있어요.

우수한 과학 기술로 설계된 판옥선과 거북선

판옥선은 왜적이 옥선으로 침범하자 이에 대응하기 위해 1555년(명종 10년)에 만든 배예요. 그전까지 사용하던 평선 대신 배 위의 네 귀에 기둥을 세우고 사면을 가려 마룻대를 얹었지요. 지붕을 덮어 2층 구조로 된 배에서 노를 젓는 병사들은 아래층에, 공격을 담당하는 병사들은 위층에 배치했어요. 그 결과, 서로 방해받지 않고 전투에 임할 수 있었지요. 기동성과 견고함을 갖춘 판옥선은 임진왜란 때 거북선과 더불어 많은 활약을 한 가장 규모가 컸던 전투선이었어요.

임진왜란 때 판옥선과 함께 큰 전과를 거둔 조선 수군의 싸움 배는 바로 **거북선**이에요. 거북 모양의 등 위에는 창칼을 꽂고, 배의 앞에는 용머리를 달았지요. 배의 좌우에는 각각 6개의 대포 구멍을 내었고, 승선 인원은 130여 명이었다고 해요. 사천포 해전 때 처음으로 실전에 투입되었지요.

판옥선과 거북선의 활약, 성능 좋은 화약 무기로 조선 수군은 임진왜란을 일으킨 왜군을 이 땅에서 물러가게 했답니다.

세계 최초로 만든 측우기

조선 세종 이후부터 말기에 이르기까지 **강우량(비가 오는 양)을 측정**하기 위하여 쓰인 기구가 바로 측우기예요. 유럽에서는 1639년 이탈리아의 B. 가스텔리가 처음으로 측우기로 강우량을 쟀다고 하며, 프랑스 파리에서는 1658년부터, 영국에서는 1677년부터 관측하였어요. 그런데 조선에서는 이미 1441년에 측우기를 만들었으니, 서양보다 약 200년이나 앞섰던 것이에요.

[조선]
옷

조선은 신분의 구분이 엄격했던 사회여서 옷도 신분에 따라 달랐어요. 또한 예의와 의례를 중요하게 여겨 의례에 맞게 입는 다양한 옷들이 있었으며, 옷을 입는 것도 예의에 따라야 했지요. 그러나 후기가 되면서 실용적으로 변하기 시작했어요.

유교의 영향으로 신분에 따라 구별된 옷

왕과 왕비복(면복, 원삼)

조선 시대의 옷은 고려 시대의 것을 그대로 계승하였어요. 다른 점이 있다면 조선 사회는 엄격한 신분 사회여서 신분과 계급에 따라 옷이 엄격하게 구별되었다는 것이지요. 신분과 계급 질서를 유지하는 데에는 옷이 중요한 요소였기 때문이에요.
왕과 왕비는 왕복·왕비복을 입고, 양반은 백관복과 선비복, 중인과 상인은 서민복을, 그리고 천민들은 천인복을 입고 다녔어요. **왕**은 면복·조복·상복·편복이라는 왕복을 입었어요. **면복**은 국가의 중요한 행사가 있었을 때 입던 옷으로, 곤복이라는 옷에 면류관이라는 모자를 썼어요. **조복**은 조정에서 신하들의 하례를 받을 때 입던 옷이며, 강사포라는 옷에 원유관이라는 모자를 썼어요. **상복**은 왕이 평상시 집무를 볼 때 입던 옷으로, 붉은색 곤룡포에 익선관이라는 모자를 썼어요. **편복**은 왕이 평소에 입던 평상복으로, 저고리와 바지 그리고 두루마기를 입고 머리에는 망건과 상투관을 썼어요.

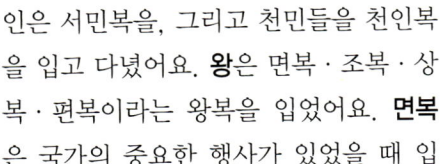
관리복(조복, 제복) 　 군복(구군복)

조선의 **관리**들은 조복·제복·공복·상복 등 백관복을 입었어요. 백관복은 벼슬을 한 관리들이 입는 관복을 말하는 거예요. **조복**은 명절과 경축일에 입던 옷으로, 벼슬에 따라 색과 무늬가 다른 옷을 입었으며 머리에는 양관이라는 모자를 썼어요. **제복**은 종묘 사직에 제사를 지낼 때, **공복**은 조정에 나갈 때 입는 옷으로 복두라는 모자를 썼지요. **상복**은 평상시 업무를 볼 때 입던 옷인데, 문관의 옷에는 학이 새겨진 흉배(가슴과 등에 붙이던 네모난 헝겊 장식)를 달고, 무관의 옷에는 호랑이가 새겨진 흉배를 달았어요.

양반복(선비, 학동)

서민복(평민)

난삼(앵삼)과 심의

난삼(앵삼) 　 심의

벼슬에서 물러나거나 벼슬하지 않은 양반들은 난삼 혹은 앵삼이라고 불리는 옥색 비단으로 만든 넓은 소매의 옷을 입었고, 흰색 천으로 만든 심의라는 옷도 양반들이 즐겨 입던 옷이에요. 머리에는 '건'을 썼어요.

관리복(문관복, 무관복)

적의, 노의, 장삼, 원삼, 활옷

활옷　　 당의　　 왕비복(적의)　 왕복(곤룡포)

왕비와 왕세자비 그리고 공주 등 왕실 여자들은 적의, 노의, 장삼, 원삼, 활옷, 당의 등의 옷을 입었어요. 적의는 꿩 무늬를 수놓은 붉은 비단옷으로 나라의 중요한 행사 때 왕비나 왕세자비가 입는 대례복이며, 노의는 적의 다음가는 예복으로 비와 빈이 입는 예복이었어요. 장삼은 왕족과 문무관의 부인들이 입는 예복으로, 모양은 긴 두루마기 같고 가슴과 등에 흉배가 달려 있었어요. 원삼은 비와 빈의 소례복·문무관 부인들의 대례복·서민들은 혼례복으로 입었으며, 화려한 무늬가 수놓아져 있는 활옷은 공주의 대례복·양반 계층의 예복·일반 서민들은 혼례복으로 입었어요.

여자들의 평상복은 저고리와 치마

양반집 여자들은 평상복으로 저고리와 치마 그리고 바지를 입었어요. 저고리는 계절에 따라 여름에는 홑저고리, 겨울에는 겹저고리, 솜저고리, 누비저고리 등을 입었으며, 치마는 저고리의 길이 따라 길고 짧게 해서 입었지요.
또한 조선 시대부터 **바지를 치마 속에 입기 시작**했어요. 바지가 속옷이 된 것이에요. 일반 백성들도 저고리와 치마를 입고 치마 속에 속바지를 입었으며, 천민들은 두루치라는 폭이 좁고 길이가 짧은 치마를 입고 다녔어요.

치마 입는 법에서도 신분의 차이가

치마 입는 법에서도 신분과 계급의 차이가 있었어요. 양반집 부인은 치마를 왼쪽으로 여미고, 서민 계급은 오른쪽으로 여며 양반과 상민을 가렸지요. 색에도 차이를 두었는데 양반 계급의 여자는 출가하여 아기를 낳을 때까지 다홍 치마를 주로 입고, 중년이 되면 남색 치마, 노년이 되면 옥회색 계통의 치마를 입었어요. 노비들은 5세까지는 별 차이가 없이 다홍 치마를 입고, 중년 이후에는 감색이나 고동색을 많이 입었다고 해요.

조선 시대 사람들이 신던 신발

조선 시대 왕족과 양반 남자들은 목이 긴 목화나 목이 낮은 태사혜, 분투혜, 정신 등 가죽으로 만든 신을 신었어요. 왕족 여자들과 양반집 여자들은 당혜와 운혜라는 가죽과 비단으로 만든 신을 신었고요. 일반 백성들은 짚을 엮어 만든 짚신과 삼으로 만든 구(미투리)라는 신을 신고 다녔고, 나막신이라 불리는 나무로 만든 신도 신었어요.

조선 여자들의 머리 장식

조선 시대 여자들은 다양한 머리 모양을 하고 다녔어요. 궁중의 행사나 예를 갖추어야 하는 자리에 했던 대수머리·어여머리, 가르마 가운데에 첩지라는 머리 장식품을 놓고 머리를 양쪽으로 땋아 함께 묶은 뒤에 쪽을 지는 첩지머리, 결혼을 안 한 처녀들이 머리를 길게 땋아 늘이고 그 끝에 댕기를 매는 댕기머리 등이 있었어요. 그리고 비녀, 첩지, 떨잠, 댕기 등의 장신구로 머리를 아름답게 꾸몄답니다.

대수머리

떠구지머리

어여머리

첩지머리

새앙머리

얹은머리

쪽진머리

댕기머리

[조선] 음식

조선 시대에는 궁중 음식을 비롯해 음식 문화가 발달했어요. 예의와 격식을 차려 음식을 만들었으며, 고추가 수입되어 지금과 같은 김치의 모습이 완성되었답니다.

계층에 따라 궁중 음식·반가 음식·서민 음식

조선 시대에는 농업이 크게 발달하여 곡식과 채소의 생산이 늘어났고 품질 개선이 이루어졌어요. 음식의 조리에 관한 책들도 출판되어 음식 문화가 크게 발달하였어요. 조선 시대의 음식은 궁중에서 먹던 **궁중 음식**, 양반집의 **반가 음식**, 일반 백성들의 **서민 음식**을 비롯해 각 지역의 향토 음식까지 저마다 특색 있게 발달했어요.

전국의 특산물을 재료로 만든 궁중 음식

음식 문화가 가장 발달한 곳은 궁중이었어요. 지금 우리가 알고 있는 궁중 음식은 주로 조선 시대에 이루어진 것이라고 볼 수 있지요. 궁중 음식은 전국에서 올라온 특산물을 재료로 수십 년 동안 조리하는 일을 담당한 솜씨 좋은 주방 상궁이 만들었어요. 전문 조리사가 좋은 먹거리를 좋은 은 그릇, 자기 그릇에 담고 좋은 상에 차려 내니 **조선에서 제일 좋은 음식**이었지요.

궁중 음식을 만드는 곳 소주방과 생과방

궁중에서는 음식을 한 곳에서 만드는 것이 아니라 중전·대비전·세자빈의 전각 등 각 전각마다 주방 상궁이 만들었어요. 음식을 만드는 부서로는 '소주방'과 '생과방'이 있는데, 소주방은 내소주방과 외소주방으로 나누어져요. 내소주방은 임금이 아침저녁으로 먹는 수라를 맡았고, 외소주방은 잔치 음식을 만드는 부서였어요. 생과방은 수라 이외에 음료와 과자를 만드는 부서였고요.

왕의 밥상은 수라상

조선 시대 임금이 드셨던 밥상을 수라상이라고 해요. **임금이 먹는 밥은 수라**이고요. 수라상의 반찬은 12가지로 정해져 있었고, 내용은 계절에 따라 바뀌었지요. 오전 6~7시에 죽 또는 미음으로 상을 차리고, 아침 수라는 오전 9~10시에, 오후 1~2시에 다과상, 국수장국, 만두국, 떡국상 등을 차려 내며, 저녁 수라는 오후 6~7시였어요.

수라상은 3개의 상으로 차려졌어요.

죽상 새벽이나 이른 아침, 자리에서 일어나 부담 없이 가볍게 먹을 수 있는 음식상

반상 밥과 반찬을 주로 하여 격식을 갖추어 차리는 상차림

면상 국수를 주식으로 차리는 상을 '면상'이라 하며, 주로 점심 때 먹는 상

궁중 음식이 민간에 전래된 계기 진연과 진찬

궁중에는 진연과 진찬이라는 잔치가 있었어요. **진연**은 나라의 일로 경사가 있을 때 베푸는 잔치이고, **진찬**은 왕족간에 경사가 있을 때 베푸는 잔치였어요. 진연 잔치 때 궁중에서는 진연도감을 설치하고 대령숙수라는 남자 전문 요리사가 음식을 담당하였어요. 진연 음식은 백지로 싸서 신하에게 내려졌고, 궁중 음식이 민간에 전해지는 계기가 되었지요.

궁중은 12첩, 반가는 7첩, 서민은 3첩

음식 차리는 방식을 보면 궁중은 12첩 반상, 반가에서는 7첩 반상이 보통이었으며, 5첩은 어느 정도 여유가 있었던 서민, 3첩은 있는 대로 적당히 먹었던 서민들의 상차림이었어요. 신분이나 재력에 따라 음식의 범위가 달라졌지요. 상을 차리는 원칙은 궁중, 반가, 상민 모두에 큰 차이가 없었어요.

조선 시대에 수입된 고추, 호박, 고구마, 감자

17세기 초에 호박, 고추, 옥수수, 고구마, 사과, 수박 등이 전래되었어요. 그중 일본에서 수입된 고추는 김치의 양념으로 자리 잡으면서 김치의 맛과 모양에 큰 변화를 가져왔어요. 고추가 김치에 쓰였다는 기록은 《산림경제》라는 책에 처음 나와요. 오이에 처음으로 고춧가루를 사용하여 김치를 담가 먹었고, 이후 김치에는 젓갈도 다양하게 쓰이게 되었답니다.

궁중 음식과 닮은 반가(양반집) 음식

조선의 왕족은 반드시 다른 성을 가진 사람과 결혼해야 했어요. 양반집의 딸을 왕비로 맞이하고, 공주는 양반집으로 시집을 갔지요. 이러한 혼인 제도에 의해 궁에서는 하사품을 음식으로 내리고, 양반집에서는 궁에 진상을 하면서 서로 음식 교류가 자연스럽게 이루어졌어요. 그래서 양반집의 음식은 궁중 음식과 닮은 것이 많았어요. 음식 이름만 달랐지요.

계절과 절기에 따라 시식과 절식

조선 시대에는 상차림과 식사 예법이 잘 다듬어져서 의례 음식의 차림새나 명절 음식의 종류가 전국적으로 통일되었어요.
시식은 각 계절에 따라 나는 식품으로 만드는 음식을 말하며, **절식**은 명절에 차려 먹는 음식을 말해요.

요리 백과사전 《음식디미방》

《음식디미방》은 1670년경, 안동에 살던 정부인 장씨가 쓴 **한글 요리책**이에요. 다양한 음식의 조리법이 종류별로 나뉘어 체계적으로 적혀 있어요. 국수, 만두를 비롯해 모두 146가지 음식에 대한 조리법과 조리 기구, 음식 재료의 보관법이 적혀 있답니다. 지금도 이 책을 따라서 그대로 요리를 할 수 있을 정도라고 해요.

【조선】
집

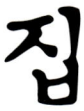

조선 시대의 집은 크게 양반들이 사는 반가와 일반 서민들이 사는 민가로 나뉘어요. 양반집은 주로 지붕에 기와를 얹은 기와집이고, 민가는 볏짚을 얹은 초가집이었지요. 양반집은 유교의 영향으로 남녀가 생활하는 공간이 달랐어요.

조선 시대의 상류 주택

조선의 상류 주택은 크게 여자들이 사용하는 안채와 남자들이 사용하는 사랑채로 나누어졌어요. 안채는 집안의 주인마님을 비롯한 여성들의 공간으로 주택의 안쪽에 자리하며, 가부장적 제도의 권위를 상징하는 사랑채는 집안의 가장과 장자를 비롯한 남자들이 글공부를 하거나 풍류를 즐기던 공간이었어요.

전통 주택은 **신분의 높고 낮음에 따라 공간을 다르게 배치**하였어요. 안채와 사랑채는 양반들이, 대문에서 가장 가까운 곳에 위치한 행랑채에는 머슴들이 생활했답니다.

우리나라 전통 주택의 지붕, 초가지붕과 기와지붕

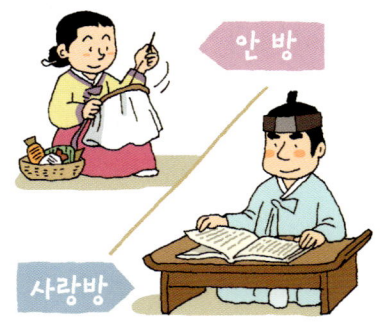

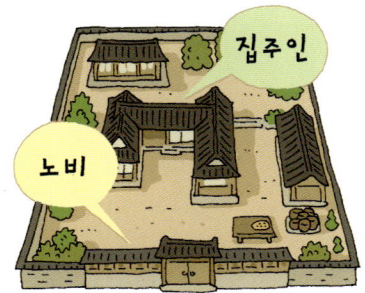

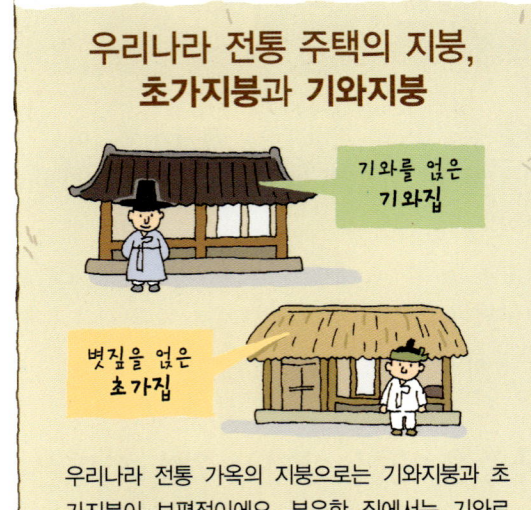

우리나라 전통 가옥의 지붕으로는 기와지붕과 초가지붕이 보편적이에요. 부유한 집에서는 기와로 지붕을 올렸고 서민들이 거주하는 일반 농가에서는 대부분 볏짚으로 이은 초가지붕을 얹었지요. 초가지붕은 겨울에는 열을 빼기지 않고 여름에는 태양열을 막아 주었는데, 구하기 쉽고 비도 잘 스며들지 않아 지붕의 재료로 가장 널리 쓰였답니다.

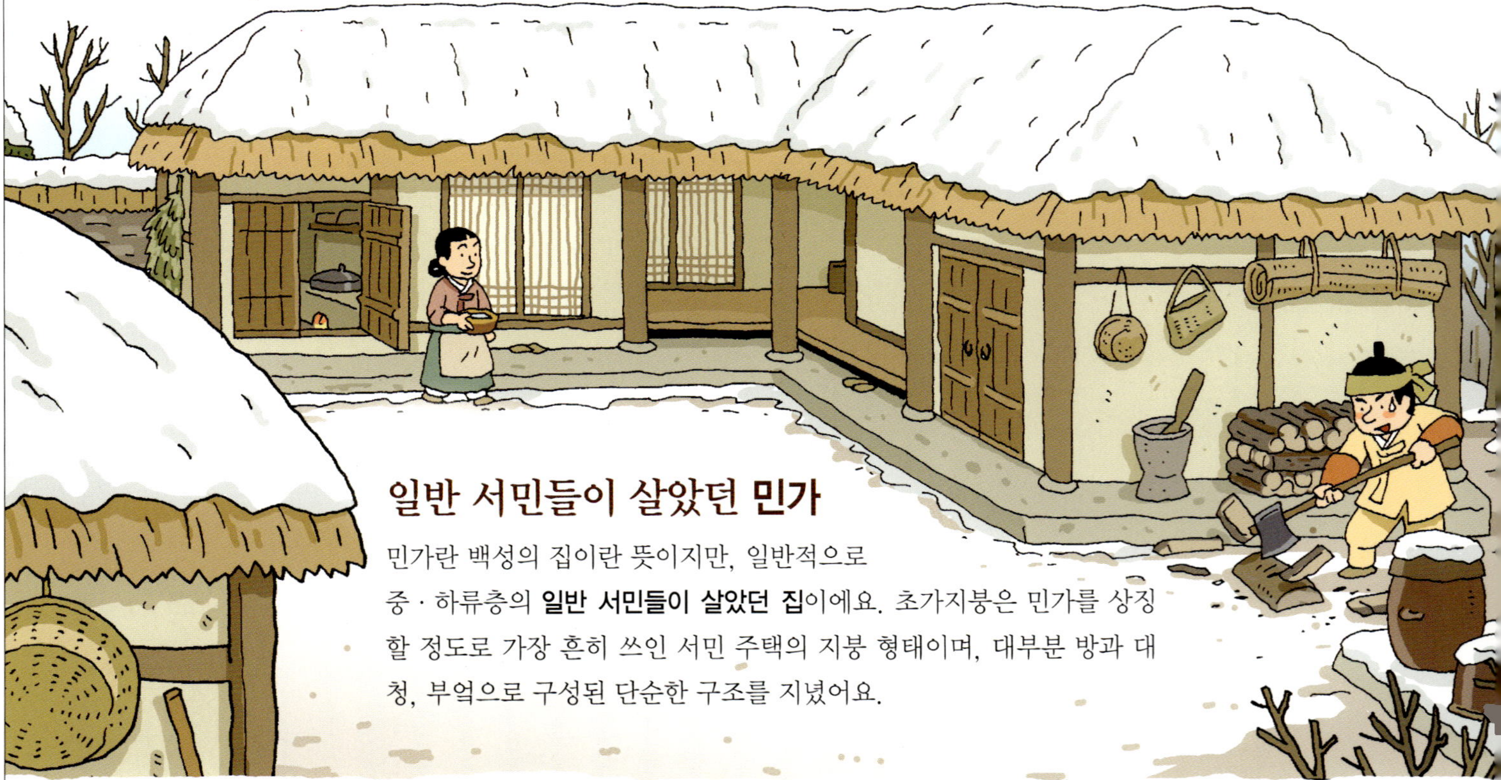

일반 서민들이 살았던 민가

민가란 백성의 집이란 뜻이지만, 일반적으로 중 · 하류층의 **일반 서민들이 살았던 집**이에요. 초가지붕은 민가를 상징할 정도로 가장 흔히 쓰인 서민 주택의 지붕 형태이며, 대부분 방과 대청, 부엌으로 구성된 단순한 구조를 지녔어요.

한옥 둘러보기

❶ **안채** - 집안의 여성들이 지내던 공간으로 대문으로부터 가장 안쪽에 자리해요. 출산, 임종 등 집안의 중요한 일이 이루어지던 여성들의 주된 생활 공간이었답니다.

❷ **사랑채** - 외부로부터 온 손님들에게 숙식을 대접하거나, 이웃이나 친지들이 모여서 친목을 나누고, 집안 어른이 어린 자녀들에게 학문과 교양을 가르쳤던 장소예요.

❸ **사당채** - 조선 시대에는 조상 숭배 의식의 정착과 함께 중상류의 주택에는 대문으로부터 가장 안쪽, 안채의 뒤쪽이나 사랑채 뒤쪽 제일 높은 곳에 '사당'이라는 의례 공간을 마련하기도 하였어요.

❹ **행랑채** - 대문에서 가장 가까운 곳에 위치하여 집안에서 가장 신분이 낮은 머슴들이 생활하는 곳이에요. 안채, 사랑채와의 중간에 청지기가 거처하는 공간도 있었어요.

❺ **별당채** - 규모가 있는 집안의 가옥에는 안채의 뒤쪽에 별당채가 자리하고 있어요. 결혼 전의 딸들이 기거하는 곳을 '초당', 결혼 전의 남자아이들이 글공부 하는 방을 '서당'이라고 했어요.

❻ **곳간채** - 중·상류층의 주택 중에서도 부유한 집안은 곳간채가 따로 있었어요. 오래 저장해야 하는 음식이나 여러 가지 생활 용품들을 저장, 보관하였지요.

❼ **대청** - 안채나 사랑채의 방 사이에 있는 넓은 마루를 '대청'이라고 했어요. 대청은 조선 시대 상류 주택의 의식과 권위를 표현하는 상징적인 공간이며, 오늘날 거실에 해당하는 공간이지요.

❽ **사랑방** - 보통 사랑 대청과 사랑방으로 이루어진 사랑방은 집안의 가장인 남자 어른이 잠을 자거나 식사를 하는 방이에요.

❾ **부엌** - 안채에 안방과 가까이 있으며, 일부 대가들의 집에는 반빗간이라 하여 별채로 독립시키기도 하였어요.

❿ **장독대** - 발효 음식은 햇빛이 잘 들고 통풍이 잘 되는 양지바른 곳에 두었으며, 이곳에 정한수를 떠 놓고 소원을 빌기도 하였답니다.

⓫ **우물** - 우물은 이미 삼국 시대부터 집집마다 있었어요. 井자 모양으로 방틀을 짜고 물을 들어 올리는 도르래를 설치했는데, 우물은 냉장고의 역할도 하였지요.

⓬ **뒷간** - 화장실을 뒷간이라고 하였으며, 본채와는 좀 떨어진 곳에 만들어 두었어요.

집 203

과학과 기술

[조선]

과학과 기술을 크게 장려한 세종대왕 때를 시작으로 조선의 과학 기술은 크게 발전해 갔어요. 외국의 앞선 기술을 받아들여 우리 현실에 맞게 응용해 더욱 훌륭한 기술을 펼치기도 하였지요.

농사 기술을 발전시킨 책 《농사직설》과 《금양잡록》

조선은 농업을 중요하게 여겨 농업을 발전시키기 위한 정책을 펼쳤어요. 세종 때에는 우리나라의 풍토에 맞는 농사 기술과 품종의 개량을 위하여 《농사직설》이라는 책을 편찬하였고, 성종 때 강희맹은 금양(지금의 시흥) 지방에서 직접 경험하고 들은 농경 방법을 《금양잡록》이라는 책에 소개하였어요.

조선 초기의 과학 기술을 이끈 천문학

성리학에서는 천재지변을 국왕의 부덕과 연관지어 생각했으며, 기상의 변화가 농업에 큰 영향을 주기 때문에 나라에서는 천문 기상 관측에 특별한 관심을 기울였어요. 이에 태조 4년(1395년)에는 최초의 천문석각도(돌에 새긴 별자리 그림)로서 〈천상열차분야지도〉가 만들어졌어요.

농업과 함께 천문과 기상, 측량술이 발달하여 천체 관측 기구가 발명되다

농업을 연구하는 학문이 발달함에 따라 농업에 관련된 천문·기상·측량·수학의 발달을 가져왔고, 천체·시간·기상·토지의 정확한 측정을 위해 각종 기구가 만들어졌어요.

천체 관측 기구로 혼천의·간의 등이 제작되었고, 시간 측정 기구인 앙부일구(해시계)·자격루(물시계) 등이 만들어졌는데, 그 성능이 매우 우수하였어요. 특히 세종 때에는 세계 최초로 측우기를 제작하여 전국 각지의 강수량을 과학적으로 측정하였어요.

조선 후기에 들어서며 천문학에서는 여러 가지 새 학설이 나오기도 하였어요. 17세기 초의 이수광은 일식·월식·조수의 간만 등에 관심을 보였고, 김석문·홍대용 등은 지구의 자전설을 주장하여 전통적인 천동설을 비판하는 근거를 마련하기도 했어요.

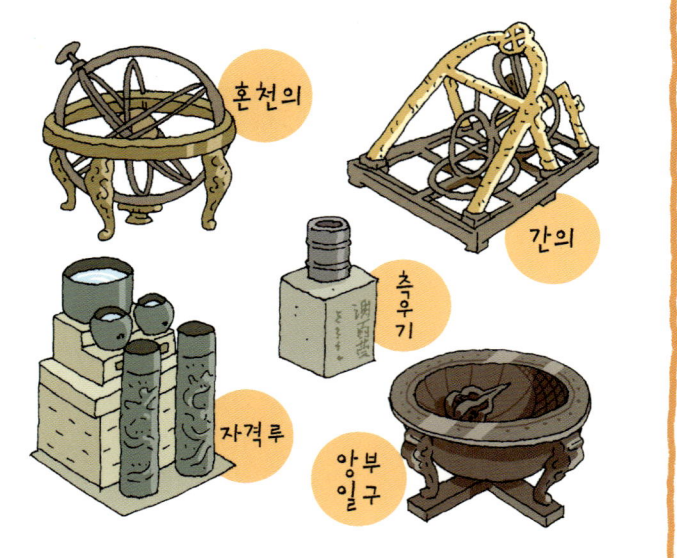

조선만의 역법서와 수학 교재

중국의 달력을 이용해 오다가 세종 때에 이르러 원나라와 명나라의 역법과 이슬람권의 역법을 참고하여 '칠정산내외편'이라는 조선만의 고유한 역법을 만들었어요. 이 역법은 오차가 적고 우리 실정에 잘 맞아 농사 시기 등 백성들의 생활에 도움이 되었어요. 《산학계몽》, 《상명산법》이라는 수학 교재도 있었어요.

《동의보감》 등 우수한 의학·약학 서적 출간

세종 때는 우리나라의 풍토에 알맞는 약재와 치료 방법을 개발·정리한 《향약집성방》, 《의방유취》라는 의학 백과사전이 편찬되어 의학과 약학에 큰 발전을 가져왔어요. 임진왜란이 지나고 광해군 때는 **허준**이 《**동의보감**》이라는 동양 최고의 의학서를 편찬하였으며, 정약용은 마마를 연구하여 《마과회통》이란 책을 저술하고, 종두법을 처음으로 실험하였어요.

그 후 **이제마**는 《**동의수세보원**》이라는 책을 써서 체질에 맞는 진료법인 '사상의학'을 주장하기도 하였어요. 이는 사람의 체질을 태양인, 태음인, 소양인, 소음인으로 구분하여 치료하는 체질 의학 이론으로 오늘날까지도 한의학계에서 쓰이고 있지요.

조선의 뛰어난 무기 제조 기술

조선 전기의 과학 기술의 성과는 군사 무기 분야에도 큰 영향을 미쳤어요. 그중에서도 문종 때 발명된 **화차**는 높은 무기 제조 기술의 수준을 보여 주고 있지요. 이것은 수레 위에 발사대를 설치해 **신기전**이라는 100개의 화살을 한꺼번에 날려 보낼 수 있는 무기였어요. 화약 연료로 날려 보내기 때문에 보통 활에 비하여 사정거리가 2배가 넘으며, 발사체의 앞부분에는 발화통이 붙어 있어서 목표점에 다다르면 폭발하게 되어 있었어요. 발사대의 각도를 자유롭게 조정할 수 있어 목표 지점을 선택할 수 있었으며, 수레를 그대로 놓았을 때의 각도는 가장 먼 거리를 날 수 있는 43도였다고 하니 당시 과학 기술의 수준을 짐작할 수 있어요.

화포와 화차, 판옥선과 거북선 등 조선 시대에 개발된 무기들은 임진왜란을 승리로 이끄는 데 큰 역할을 하기도 했어요.

활발한 편찬 사업으로 활자 개발·인쇄술 발달

한글의 발명과 활발한 편찬 사업은 인쇄 문화와 제지술의 발달을 가져왔어요. 태종 때의 **계미자**, 세종 때의 **갑인자**는 정교하기로 이름난 **활자**였으며, 종이 만드는 원료만도 20여 가지가 개발되고 그 생산량도 많았어요.

정약용이 고안해 낸 거중기

19세기 초, 정약용은 많은 기계를 제작하거나 설계하였어요. 그는 서양 선교사가 중국에서 펴낸 《기기도설》을 참고하여 거중기를 만들었어요. 이 거중기는 **수원 화성을 만들 때 사용**되어 공사 기간을 단축하고 공사비를 줄이는 데 크게 이바지하였지요. 또한 **정약용**은 정조가 수원에 행차할 때 한강을 안전하게 건널 수 있도록 배다리를 설계하기도 하였어요.

[조선] 인물

조선에는 발명 왕 장영실, 한의학을 발전시킨 허준, 대동여지도를 만든 김정호, 나라를 위기에서 구한 영웅 이순신, 학문을 통해 세상을 바르게 이끌고자 한 이황, 이이, 정약용 등 수많은 인물들이 있었어요.

조선의 발명 왕 **장영실**

노비였던 장영실은 어려서부터 손재주가 뛰어나 관청의 무기와 농기구들을 잘 다루었어요. 세종대왕은 기계를 만들고 고치는 일에 탁월한 그의 재능을 인정해 궁중에 들어와 여러 가지 발명품을 만들게 하였지요. 천체를 관측하는 기구인 **혼천의**, 해시계인 **앙부일구**, 물시계인 **자격루**, 비의 양을 재는 **측우기** 등을 발명하여 과학 기술의 발전에 큰 공을 세웠어요.

도산서당을 지어 인재를 길러 낸 **이황**

이황은 1501년에 태어나 32세에 문과 시험에 급제하여 벼슬길에 올랐어요. 43세까지 중요한 자리를 거치며 청렴하고 정직한 관직 생활을 하였지요. 그 후 명종 16년(1561년)에 도산서당과 농운정사를 세워 그곳에서 인격을 수양하고, 학문을 연구하며, 나라의 장래를 위해 바르고 참된 인재를 많이 길러 냈어요. **도산서당**은 요즘의 사립학교와 같은 것이에요.

조선의 제13대 임금인 명종은 이황의 인품과 학문을 존경하여 여러 차례 관직에 나와 줄 것을 부탁하였으나, 그때마다 이황은 정중히 거절하였어요. 명종에 이어 선조가 임금에 오르자 이황은 유학의 개요를 그림과 함께 정리하여 설명한 〈성학십도〉를 만들어 올렸는데, 선조는 그것으로 병풍을 만들어 가까이에서 즐겨 보며 임금의 도리를 새겼다고 해요.

나라 개혁을 위해 힘쓴 **이이**

율곡 이이는 29세까지 모두 9차례의 과거에 모두 장원하여 '아홉 번 장원한 인물'이라는 별명을 얻었어요. 34세에 왕도 정치를 회복할 수 있는 내용이 담긴 《**동호문답**》을 지어 임금께 올렸고, 39세에는 우부승지에 임명된 후 국가적 재난에 대한 대책을 적은 〈만언봉사〉를 적어서 올렸어요. 그는 41세에 관직에서 물러나 청계당을 짓고 학문을 시작하는 이들을 위해 《**격몽요결**》이라는 책을 편찬하였으며, 나라의 폐단을 지적한 〈시무육조〉를 짓는 등 나라의 앞날을 걱정해 나라의 개혁을 위해 힘썼어요. 이황과 함께 조선의 대학자로 높이 평가받고 있답니다.

한국의 어머니상 **신사임당**

신사임당은 일곱 살 때부터 안견의 화풍을 배워 그림을 그리기 시작했으며, 서예에도 재능을 보여 그림과 글씨에 뛰어난 작품을 남겼어요.

율곡 선생은 어머니인 신사임당을 두고 '나에게는 남자 스승은 없다. 나의 스승은 오직 어머니 한 분뿐이었다.'고 했을 정도로, 신사임당은 율곡의 높고 깊은 학문에 큰 영향을 미쳤어요. 사임당은 일곱 자녀들 중 특히 율곡에게 정성을 들여 학문을 가르쳤으며, 큰딸 매창과 넷째 아들 우에게는 그림에 더욱 정진하게 하여 화가로서 대성하게 하였지요. 이런 점에서 사임당은 자녀를 재능에 따라 교육시킨 **슬기로운 지혜를 발휘했던 훌륭한 어머니**로 평가받고 있답니다.

바다를 지켜 나라를 구한 영웅 이순신

임진왜란 때의 장군으로 시호는 충무이며, 1576년 무과에 급제하였고, 1591년 유성룡의 추천으로 전라 좌도 수군절도사에 임명되었어요. 세계 최초의 철갑선인 거북선을 만들어 왜적에 맞섰으며, 임진왜란이 일어나자 옥포·노량·당포·한산도 등지에서 적을 크게 무찔러 **삼도 수군 통제사**가 되었지요. 1597년 모함을 받아 옥에 갇혔다가 백의종군하여 함선 12척으로 명량해협에서 130여 척의 왜군 함대를 상대로 큰 승리를 거두었어요. 1598년 철수하는 적을 노량해전에서 무찌르던 중 유탄에 맞아 전사하였어요. 《난중일기》를 남기기도 하였지요.

동의보감을 써 의학을 발전시킨 허준

허준은 1592년 임진왜란이 일어나 선조가 궁궐을 떠나 도성을 버리고 의주로 피난길에 오를 때 선조를 의주까지 모셨어요. 전쟁으로 의학 서적들이 없어지자 의서 편찬의 중요성을 느낀 선조 임금의 명을 받아 흩어져 있던 의서들을 정리하고 일반 백성들이 읽을 수 있는 언해본으로 편찬하였어요. 1610년에는 **동양 최고의 의학서**로 일컬어지는 《동의보감》 25권을 완성하였답니다.

조선을 대표하는 풍속 화가 김홍도

김홍도는 문인 화가인 호조참판 강세황의 추천으로 **도화서의 화원**이 되었어요. 그곳에서 실력을 인정받아 임금의 초상화를 그리는 어진 화원이 되어 정조의 초상화를 그리기도 했지요. 1788년 정조의 명을 받아 홀로 대마도에 가서 일본의 지도를 모사해 가지고 돌아오기도 했으며, 뛰어난 실력을 인정받아 왕명으로 여러 작품의 그림을 그리기도 했어요. 산수화·인물화·신선화·불화·풍속화에 모두 능하였고, 특히 **산수화와 풍속화에 새로운 경지를 개척**했어요. 산수화에서는 사실 묘사와 더불어 조국 강산의 아름다움을 예술로 승화시켜 당시의 신윤복, 김득신 같은 화가들에게 큰 영향을 주었으며, 풍속화는 서민들의 생활 모습을 익살스럽고 구수한 필치로 그려 내 조선 민중의 정서를 가장 잘 표현했다는 평가를 받고 있답니다.

목민심서를 쓴 정약용

정약용은 22세 때 진사 시험에 합격하여 성균관에 들어가게 되었는데, 이때 정조 임금의 눈에 띄어 인정을 받게 되었어요. 28세에는 대과에 급제하여 벼슬길에 나가게 되었고, 백성을 잘 보살피는 어진 정치를 펼치기도 했어요. 고을 수령이 지켜야 할 지침을 밝히면서 관리들의 폭정을 비판한 《목민심서》, 관제 개혁과 부국강병을 논한 《경세유표》, 형벌 일을 맡은 벼슬아치들이 유의할 점을 써 놓은 《흠흠심서》 등의 책을 펴 내기도 했어요. 황해도 곡산의 부사로 있을 때는 천연두로 고생하는 백성들을 위해 천연두의 예방과 치료에 도움을 주는 《마과회통》이라는 의서를 펴 내기도 하였고요.

대동여지도를 만든 김정호

김정호는 모든 사람에게 우리 국토의 모습과 생생한 정보를 주기 위해 더 보기 좋고 정확한, 사람들이 갖고 다니기에 편리한 〈대동여지도〉라는 지도를 만든 인물이에요. 〈대동여지도〉는 종이에 직접 그려서 만든 이전의 지도와는 달리 목판에 조각을 하여 만든 **목판 지도**예요. 오늘날의 지도와 비교해 보아도 손색이 없을 정도로 매우 정확한 지도랍니다. 우리나라의 옛 지도 중 최고의 작품으로 평가받고 있지요. '대동'은 우리나라를 일컫는 말로 '동방의 큰 나라'라는 뜻이에요.

개화기
대한 제국

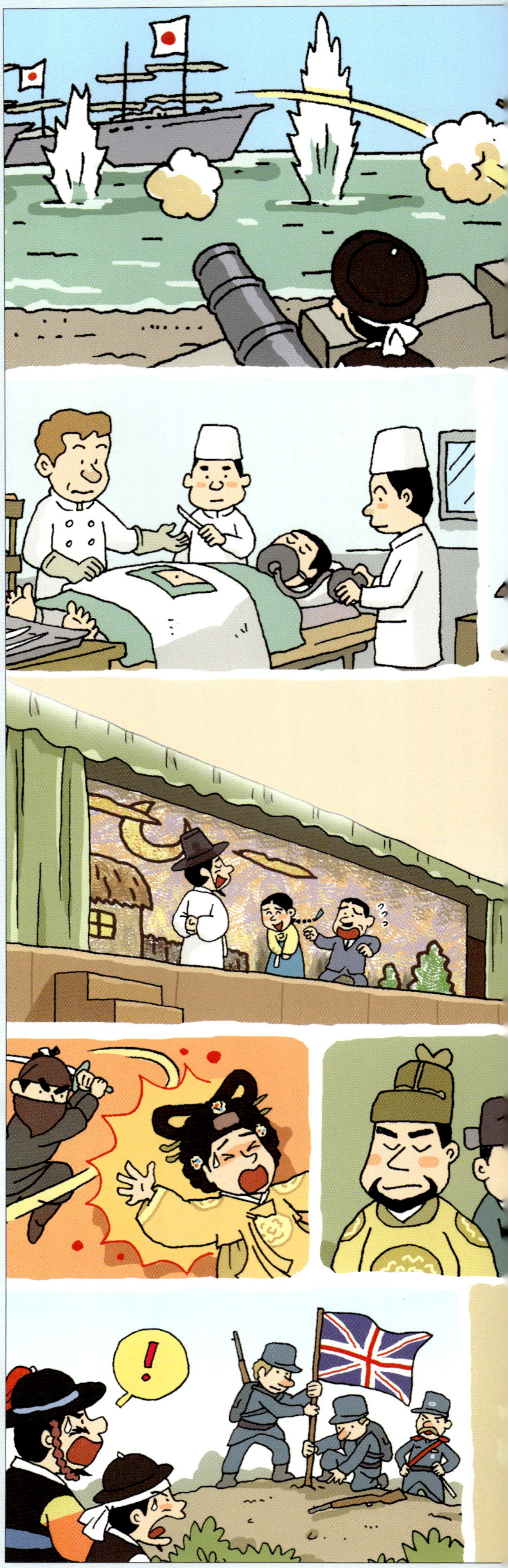

임진왜란과 병자호란이라는 큰 전란을 겪은 조선은 혼란을 이겨 내고 개혁을 펼치며 나라를 정비해 나갔어요. 실학이라는 새로운 학문과 서민 문화가 성장하기도 하였고요.

그러나 1800년대에 들어서면서 왕의 인척들이 세력을 독점하며 점차 사회는 부패해 갔고, 밖으로는 일본과 서양의 강대국들이 조선을 침략할 기회를 엿보고 있었지요.

이에 고종이 왕위에 오르면서 실권을 잡은 고종의 아버지 흥선 대원군은 외국과 교역을 하지 않는 쇄국 정책을 펼치며 외국의 침입을 막고자 하였으나, 결국 조선은 1876년 개항을 하며 외국의 문물을 받아들이게 되었어요.

근대화의 물결 속에 고종은 나라의 이름을 대한 제국으로 바꾸고, 나라의 주권을 지키며 근대화를 이루어 나라를 발전시키고자 하였어요.

[개화기-대한 제국]

왕

대한 제국은 주변 강대국들의 침입에 맞서 주권을 지키며 근대화를 이루려 했던 고종 황제와 고종의 둘째 아들로 1907년 고종에 이어 왕위에 오른 순종까지 이어졌어요. 대한 제국이 무너지면서 순종은 조선의 마지막 왕이 되고 말았지요.

대한 제국을 선포하고 황제가 된 **고종 황제**

조선의 제26대 왕인 고종은 대한 제국의 초대 황제로서 이름은 '형'이었어요. 11세에 왕위에 올랐으나 나이가 어려 즉위 후 10년간은 아버지 **흥선 대원군**이 대신 나랏일을 돌보았어요. 흥선 대원군이 물러난 후 **강화도조약**으로 일본에 문호를 개방하였고, 여러 나라와도 통상을 시작하였어요. 고종은 1897년, **대한 제국을 선포**하고 왕을 황제로 칭하면서 우리나라가 독립 국가임을 세계에 알렸어요. 1907년에는 헤이그 만국 평화 회의(군비 축소와 세계 평화를 위하여 네덜란드의 헤이그에서 열린 국제 회의로 이준, 이상설 등이 파견됨)에 밀사를 파견하여 일본의 조선 침략에 대한 부당성을 세계에 알리고자 했으나 실패하고, 이 일을 빌미로 일제에 의해 왕위에서 쫓겨났어요. 고종은 1919년에 죽었는데 독살된 것으로 전해지고 있어요.

조선의 마지막 임금 **순종**

고종의 둘째 아들로 1875년(고종 12년) 2월에 세자가 되었고 1897년 황태자에 책봉되었으며 1907년에 고종이 왕위에서 물러나자 고종의 뒤를 이어 왕위에 올랐어요. 같은 해에는 일본인의 조선 관리 임용을 허용한 **한일신협약**을 체결하였고, 8월 1일에는 다시 일본의 압력으로 군대를 해산하였지요. 12월에는 유학을 시킨다는 구실로 황태자가 일본에 인질로 잡혀 갔고, 1910년 8월 29일에는 국권을 일제에게 완전히 빼앗겨 조선 왕조의 **마지막 왕**이 되었어요. 이로써 조선 왕조는 27대 519년 만에 망하고, 일본의 지배를 받게 되었지요.

일제에 의해 대한 제국이 무너진 뒤, 순종은 황제의 위치에서 왕으로 강등되어 창덕궁에 머물렀어요. 일본은 창덕궁에 머무르는 그를 이왕이라 불렀고, 겉으로만 왕의 대우를 했어요. 순종은 폐위된 후 16년 동안 창덕궁에 머물다가 1926년 4월 25일에 53세로 한 많은 생을 마쳤어요. 그해 6월 10일에 그의 국장(장례식)이 치러졌는데, 이때 6·10 만세 운동이 일어났어요. 1919년 고종의 국장 때 3·1 운동이 일어난 것처럼 말이에요.

[개화기-대한 제국]
영토와 도읍지

대한 제국은 안타깝게도 주변 강대국들의 침략과 간섭으로 영토를 제대로 지키지 못했어요. 독도와 압록강·두만강 이북의 간도 땅을 외국에 빼앗기기도 했지요.

열강들의 간섭과 침입에 시달린 영토

대한 제국은 1897년부터 1910년까지 조선의 새로운 국가 이름이에요. 1897년 10월 12일 고종은 황제 즉위식을 거행하고 조선의 국호를 '대한 제국'으로 바꾸었으며, 대한 제국이 완전한 자주 독립 국가임을 세계에 알렸어요.

그렇지만 러시아, 일본, 청나라 등 주변 열강들의 침략과 간섭으로 마산항의 일부 토지를 러시아에게 빌려 주고, 일제에게 경상도·함경도·경기도의 어업권을 빼앗기는 등 **영토에 대한 권리를 제대로 지켜 내지 못했어요.** 1903년 러시아의 용암포 점령 사건을 빌미로 일본은 1904년 러시아와 전쟁을 일으키고 서울을 강제로 점령하였어요. 그리고 대한 제국을 무력으로 위협해 한일의정서라는 조약을 강제적으로 맺게 하였지요. '대한 제국에서 군사 전략 상 필요한 토지를 일본이 마음대로 이용할 수 있는 권리를 가진다.'는 내용의 조약이었어요.

독도를 일본에게 빼앗기다

러·일 전쟁에서 승리한 일본은 만주와 한반도에 본격적으로 진출하기 시작했어요. 러·일 전쟁 중에 일본은 독도를 일본의 영토로 편입하기도 하였는데, 이는 대한 제국의 의사와 상관없이 강제적으로 행해진 것이었어요.

잃어버린 땅, 간도

간도는 넓게는 만주 지역 전체를, 일반적으로는 백두산 북쪽의 만주 지역 일대, 흔히 우리가 연변이라고 부르는 지역인 북간도를 가리켜요. 이 땅은 예로부터 **우리 조상들이 개간하고 영유권을 행사한 우리 고유의 영토**로, 조선 후기에는 조선과 청나라 어디에도 속하지 않았던 땅이었어요.

그런데 을사조약으로 조선의 외교권을 빼앗은 일제가 1909년 만주의 철도 부설권과 광산 채굴권을 얻는 대가로 간도 지역을 청나라에 넘기는 **간도 협약**을 체결했지요. 이 협약은 대한 제국을 배제하고 이해 관계가 없는 일본이 맺은 조약으로 국제법적인 효력이 없어요. 더욱이 중국과 일본은 1952년 4월에 '1941년 12월 이전의 모든 협약·협정을 무효로 한다.'고 선언하여 간도 협약 역시 이미 효력을 상실한 것인데, 안타깝게도 간도는 지금도 중국의 영토에 속해 있답니다.

[개화기-대한 제국]
정치

주변 강대국들의 침략과 근대화의 물결 속에 조선은 정치적으로 큰 변화를 겪게 되었어요. 갑신정변과 갑오개혁 같은 근대화의 고통을 겪었으며, 일본에게 외교권을 빼앗기기도 했지요.

강제 교섭의 구실로 삼은 운요호 사건

일본은 1875년 **운요호**라는 배를 앞세워 중국에 이르는 뱃길을 연구한다는 구실로 서해안을 거슬러 강화도 부근에 이르렀고, 먹을 물을 구한다며 강화도 초지진 포대에 접근하였어요. 이에 조선군은 포격을 가하였고, 운요호에서도 초지진 포대를 향해 발포하였지요. 영종도에 상륙한 일본군은 불을 지르는 등 못된 짓을 하다가 일본으로 돌아갔어요.

운요호 사건이 있은 후, 일본은 먹을 물을 구하기 위해 초지진에 접근했던 일본 배가 조선군의 포격으로 많은 피해를 입었다고 항의하며 여러 척의 군함으로 부산 앞 바다에서 무력 시위를 하였어요. 조선과 교섭을 하려고 일부러 이 같은 사건을 일으켰던 것이지요.

조선을 외국에게 개방한 강화도 조약

1876년, 일본은 6척의 군함을 이끌고 강화도에 와서 위협을 가하는 한편, 우리 정부에 담판을 요구하였고 결국 조선은 그들과 회담을 벌였어요. 여러 차례의 회담 끝에 강화도에서 조약을 맺었는데, 이것이 **우리나라 최초의 근대식 조약**인 강화도 조약이에요.

강화도 조약은 일본과의 무역을 위해 세 항구를 연다는 것을 포함해 일본의 경제 침략을 가능하게 하는 조약들이 중심 내용이었어요. 우리나라의 권익이 지켜지지 못한 **불평등 조약**이었지요.

근대식 군대 별기군

외세에 대항하기 위해 기존의 군제를 개편하고 **신식 군대**를 만들었어요. 5개의 군영으로 나뉘었던 기존 군제를 무위영과 장어영 2개의 군영으로 통합했으며, 별기군이란 신식 군대를 설치하였어요. 별기군은 기존 군대에서 지원자 80명을 선발하여 1881년 4월 무위영 소속으로 출발하였지요. 우리나라 최초의 근대식 군대로 소총으로 무장하고 신식 훈련을 받았어요.

외국의 문물을 배우기 위해 파견한 시찰단

수신사	영선사	조사시찰단

일본의 문물을 시찰하기 위하여 1876년 김기수를 중심으로 일본으로 1차 파견하였고, 1880년 김홍집을 중심으로 2차를 파견하였어요.	김윤식을 중심 인물로 1881년 청나라로 파견한 시찰단. 신식 무기의 제조 및 사용법을 배우기 위하여 파견했으며, 무기 제조 기술을 배우게 하였어요.	일본에 들어온 서양 문물을 살피고, 배우기 위해 일본으로 파견된 시찰단이에요. 1881년 박정양, 어윤중, 홍영식 등의 개화파를 보냈어요. 신사유람단이라고도 해요.

구식 군대가 불만을 터뜨린 임오군란

1882년(고종 19년) 6월에 일본식 군제와 민씨 정권에 반항하여 일어난 **구식 군대의 반란**이에요. 1876년 강화도 조약 후, 조선은 정치 개혁을 위해 통리기무아문과 기기창 등 여러 기관과 시설을 세우고 수신사 파견 등을 통해 외국 문물을 받아들이려고 노력했어요. 또한 구식 군대의 체제였던 5군영을 2군영으로 줄이고 신무기로 무장한 별기군을 만들었지요.

구식 군대는 별기군의 양성과 5군영 폐지에 불만을 품고 있었는데, 1882년 봉급으로 지급되던 쌀이 너무 오랫동안 지급되지 않아 불만이 쌓이고 있었어요. 그러다가 밀린 쌀이 일부 지급되었는데, 그 속에 겨와 모래가 섞여 있었고 양도 절반밖에 되지 않았어요. 이에  화가 난 군인 중 4명이 쌀을 나눠 주던 관리를 구타한 사건이 일어나고, 그들이 감옥에 갇히자 군인들은 이들을 위해 구명 운동을 했지만 실패했어요. 결국, 그들은 흥선 대원군의 지원에 힘입어 포도청을 습격하고 별기군 교련장, 일본 공사관 등 많은 사람을 살해했어요. 이를 감당할 수 없게 된 고종은 결국 대원군에게 정권을 넘기죠. 그 후 대원군은 군인들에게 정상적인 급료, 별기군 폐지, 5군영 복구 등을 약속했어요. 임오군란을 계기로 다시 정권을 잡은 대원군은 여러 가지 개혁을 실행하는 등 사태를 수습하려 노력했으나 결국 실패하고, 청나라로 끌려갔어요. 한편 일본은 임오군란 때 일본 공사관이 습격받은 것을 빌미로 조선과 **제물포 조약**을 맺었어요.

새로운 정부를 세우려던 갑신정변

1884년에 서재필, 김옥균, 박영효 등의 급진 개화파가 일본의 도움을 받아서 조선에 대한 청나라의 간섭을 없애고 **근대적인 정부를 세우려고 일으킨 정변**이에요. 정변은 불법으로 정권을 바꾸려는 것을 말해요. 1884년에 급진 개화파는 우정국 개국 축하 연회를 통해 개혁에 반대하는 세력을 없애고, 14개의 개혁 정치 내용으로 구성된 개혁안을 내세웠어요. 그러나 청나라의 개입으로 3일 만에 실패했으며, 중심 인물들은 일본으로 망명하였지요. 갑신정변은 우리나라에서 처음 일어난 근대화 운동이었지만, 일반 민중들의 지지를 얻지 못하였고, 외국의 힘을 빌어 정치적 목적을 이루려고 한 것이 문제였어요.

영국 함대가 침범한 거문도 사건

거문도 사건은 1885년 4월부터 약 2년간 영국의 동양 함대가 전남 거문도를 점령한 사건을 말해요. 당시 러시아의 남하 정책을 경계했던 영국은 러시아가 조선에 진출하는 것을 막고자 거문도를 점령하였어요. 조선은 영국의 불법 침입과 점령에 강하게 항의했지만, 영국군은 러시아를 핑계로 물러가지 않았지요. 결국 청나라의 중재로 조선의 영토를 침범하지 않겠다는 러시아의 약속을 받아 낸 후, 1887년에 영국 함대가 철수했어요. 이 사건을 계기로 **청나라**는 조선에 대한 자신들의 지위를 한층 높이며 **내정 간섭을 강화**하였답니다.

부패한 관리를 몰아내려던 동학 농민 운동

1894년 전라도 고부 지방의 군수 조병갑은 무리한 세금을 거두어 자기 욕심을 채우고, 죄 없는 사람에게 죄를 씌워 강제적으로 재산을 빼앗았어요. 또한 자기 아버지의 비각을 세운다고 백성들에게 돈을 거두는 등 군민들을 못살게 하였어요.

고부 군수의 횡포를 참다못해 전봉준을 중심으로 동학 교도와 농민들이 고부 관아를 점령하고, 관아의 창고를 열어 굶주린 사람에게 곡식을 나누어 주었어요.

이들은 한때 전주까지 입성, 전라도 일대를 장악했어요. 그러나 청나라 군대와 일본군이 동학 진압군에 가담했고, 외세가 개입하는 것을 막기 위해 전주에서 관군과 전주 화약을 맺어 개혁을 약속받고 자진 해산했지요.

그러나 양국 군대는 철수하지 않았고, 급기야는 일본군이 경복궁을 점령하고 개혁을 강요했어요. 이에 외국 세력의 반대를 목적으로 동학민들이 다시 일어났으나, 공주 우금치 전투에서 패하고 지도자였던 전봉준이 체포됨으로써 동학 농민 운동은 실패하고 말았어요.

이후 일본과 청은 전쟁을 벌였고, 그 전쟁에서 일본이 승리하면서 청나라는 조선에 대한 종주권을 포기하게 되었어요.

갑오개혁

청·일 전쟁에서 승리한 일본은 조선에 대한 내정 개혁을 요구하며 군대로 궁궐을 포위하고 대원군을 앞세워 민씨 일파를 몰아냈어요. 그리고 김홍집을 중심으로 하는 친일 정부를 세워 조선의 제도 개혁을 요구하였지요.

이에 1894년, 조선은 **일본의 요구에 따라 개혁을 실시**하였는데, 종래의 신분 제도와 체제를 근대적 국가의 형태로 고친 것이에요. 이를 갑오개혁 또는 갑오경장이라고 하지요.

을미사변

청·일 전쟁에서 승리한 일본이 요동 반도를 차지하자, 러시아·프랑스·독일은 일본에게 요동 반도를 다시 청나라에게 돌려주라고 요구하였어요. 일본이 요동 반도를 포기하자, 명성 황후는 이 기회에 러시아의 힘을 빌려 일본의 세력을 몰아내려고 하였지요. 이에 1895년 10월 8일, 일본은 일본군과 불량배들을 동원해 궁궐에 침입하고 **명성 황후를 시해(살해)** 하는 만행을 저질렀어요. 이 사건을 을미사변이라고 해요.

아관 파천

일본이 명성 황후를 시해하자 **고종**은 신변의 위협을 느껴 **러시아 공사관으로 피신**하였는데(1896년), 이것을 아관 파천이라고 해요. '아(당시 러시아를 아라사로 불렀음)관'은 러시아의 공사관이고, '파천'은 임금이 처소를 옮기는 것을 뜻해요. 임금이 다른 나라의 공사관에서 머물러 나라의 권위가 크게 떨어지자, 독립 협회를 중심으로 한 백성들은 고종에게 궁궐로 돌아올 것을 요구하였고, 결국 1년 만에 고종은 다시 경운궁으로 환궁하였답니다.

대한 제국을 선포한 광무 개혁

1897년, 러시아 공사관에서 경운궁으로 돌아온 고종은 10월 12일 조선이 **독립 국가임을 선언**하며 나라의 이름을 '대한 제국', 연호를 '광무'로 하며 원구단에서 황제 즉위식을 거행했어요. 더 이상 중국의 속국이 아닌 자주 국가임을 선포하면서 약해진 왕의 권한을 다시 강화하려고 한 것이지요. 이에 따라 개혁적인 정책을 펴 나갔는데, 이것을 광무 개혁이라고 해요. 그리고 이 개혁 정책을 러·일 전쟁 직전(1904년 2월)까지 이어 갔어요.

독립 협회

아관 파천으로 조선에서의 일본의 세력은 주춤했지만 서구 열강들의 간섭과 침탈은 더욱 심해졌어요. 이러한 상황에서 갑신정변을 일으키는 데 앞장섰던 서재필이 귀국하여 《독립신문》을 발행하고 독립 협회를 만들었어요. 그리고 나라의 주권을 다른 나라로부터 되찾자는 **주권 독립 운동**과 국민의 권리를 보호하자는 **민권 운동**을 벌였어요.

독립 협회의 활동
- 독립문과 독립관을 세워 국민의 자주 의식을 높이려고 함.
- 강연·토론회 개최, 신문 발간으로 민중 계몽 운동을 벌임.
- 우리나라 최초의 민중 대회인 만민 공동회를 개최함.
- 러시아 공사관에 있는 고종을 경운궁으로 돌아오라고 요구함.
- 국회의 설치를 주장하며 국민의 참정권을 요구함.

새로운 개혁을 요구한 만민 공동회

독립 협회는 개혁에 대한 백성들의 지지를 얻기 위해 만민 공동회라는 **민중 대회**를 열었어요. 연설을 통해 정부의 매국적 행위를 비판하고 개혁안을 결의하였지요. 만민 공동회를 통해 정부에 대한 비판의 목소리가 커지자, 조선 정부는 독립 협회를 탄압하였어요. 결국 독립 협회는 3년 만에 해산되었지만, 만민 공동회는 계속 열렸답니다.

일본에게 외교권을 빼앗긴 을사조약

1905년(광무 9년), 일본이 **대한 제국의 외교권을 박탈**하기 위하여 강압적으로 맺은 조약이에요. 러·일 전쟁에서 승리한 일본은 이토 히로부미를 파견하여 조선의 외교권을 접수하고, 일본 통감부를 설치한다는 등의 5개 조문의 협약안 체결을 강요했어요. 8대신 중 5대신(을사오적)의 찬성을 얻어 체결한 굴욕적인 조약이에요. 이에 1906년, 프랑스의 레이 교수는 을사조약이 국제조약에 필요한 요건을 갖추지 않아 국제조약으로 인정할 수 없다고 지적했답니다.

을사조약의 부당함을 알리려 한 헤이그 밀사 파견

1907년, 고종은 네덜란드의 헤이그에서 열리는 만국 평화 회의에 이준, 이상설, 이위종 3인의 특사를 비밀리에 보냈어요. 밀사를 통해 **을사조약** 체결은 일본의 강압에 의한 것임을 폭로하여 이를 **무효화**하려던 것이었지요. 그러나 일제의 방해로 밀사는 회의에 참석조차 할 수 없었답니다.

조선을 식민지로 만들기 위한 기구 통감부

을사조약의 체결로 조선을 세계에서 고립시킨 일본은 조선의 정치를 마음대로 간섭하기 위해 1906년 통감부라는 기구를 설치하였어요. 대한 제국의 국권을 완전히 빼앗기 위해서였지요.

[개화기-대한 제국]
사회와 경제

근대식 산업 시설이 생겨났으며, 은행이 세워져 상업의 발달을 꾀하기도 하였어요. 그렇지만 일본의 경제 침략이 본격적으로 시작되기도 하였지요.

외국에 쌀 수출을 금지한 방곡령

1876년 강화도 조약 이후, 일본은 조선의 쌀, 콩 등의 곡식을 독점할 목적으로 대량으로 사들였어요. 조선에는 영국의 면제품과 일본에서 만든 일용품을 팔았고요. 그 결과 조선의 가내 수공업은 몰락의 길을 걸었고, 조선에서는 곡물이 크게 부족하게 되었어요.

1888년에는 흉년이 들었는데, 나라에서는 미리 모아 둔 곡식이 없어 굶주리는 백성을 구제할 길이 없었지요. 그러자 전국 여러 곳에서 연달아 폭동이 일어났고, 곡물 수출항인 원산을 관장하던 함경도 관찰사 조병식은 1889년 9월 원산항을 통하여 해외로 **곡물이 빠져 나가는 것을 금지**하는 방곡령을 발표하였어요.

이에 일본은 자기들에게 보고된 방곡령 예고 시기가 한 달이 채 되지 못했다는 이유를 들어 방곡령의 해제를 요구했어요. 또한 조병식의 해임을 요청하고, 그 시기에 일본인 상인들이 손해 본 것을 배상해 달라고 하였지요. 결국 조선 정부는 일본의 강압에 못 이겨 방곡령을 해제하고 말았답니다.

갑오개혁으로 변화된 조선 사회
양반과 상민(반상)의 계급 타파, 문벌을 초월한 인재의 등용, 인신매매의 금지, 천민 대우의 폐지 등 전통적인 양반 체제의 신분 제도를 없앴으며, 조혼 금지, 과부의 재혼 허용, 양자 제도의 개정, 의복 제도의 간소화 등 인습적인 전통을 근대적인 것으로 바꾸었어요.

기계 공업 부흥으로 생긴 근대식 공장

1880년대에 정부는 기기국·전환국·직조국·조지국을 설치하고 직영 공장을 운영하였어요. 민간에서도 근대적 기계 공업을 일으켜 대한 직조 공장, 종로 직조사, 한성 제직 회사 등이 상품 생산에 기계화를 도입하기 시작하였어요. 그러나 자본이나 기술면에서 우세한 일본인들이 조선의 공장을 장악했지요.

기기국 - 병기를 만들던 기관　**전환국** - 화폐를 만드는 기관
직조국 - 옷감을 만드는 기관　**조지국** - 종이를 만드는 기관

'나라의 빚을 국민이 갚자' 국채 보상 운동

1907년 2월, 대구의 광문사라는 회사에서 회사의 이름을 대동광문회로 바꾸는 특별한 회의가 있었어요. 이때 서상돈이란 사람이 **나라의 빚을 갚는** 국채 보상 운동을 펼치자고 제의하였고, 전원이 찬성하며 운동이 시작되었어요.

1905년, 대한 제국과 을사조약을 맺은 일본은 대한 제국의 경제를 어렵게 만들려고 강제로 조선 정부에게 돈을 빌려 주었고, 조선 정부는 외채를 갚을 수 없는 지경에 이르렀지요. 결국 나라의 주권까지 빼앗기게 될까 봐 국민들 사이에서 이런 운동이 벌어진 것이에요.

비밀 독립운동 단체 신민회

1907년, 을사조약이 맺어진 뒤 미국에서 돌아온 **안창호**를 중심으로 이갑, 양기탁, 이동녕, 신채호 등이 조직한 비밀 단체예요.
신민회는 정치·경제·문화·교육의 각 방면에 걸쳐 진흥 운동을 전개하여 국가의 힘을 키우고자 하였으며, 평양에 대성 학교, 정주에 오산 학교를 세우고 〈대한매일신보〉를 발행하였어요.

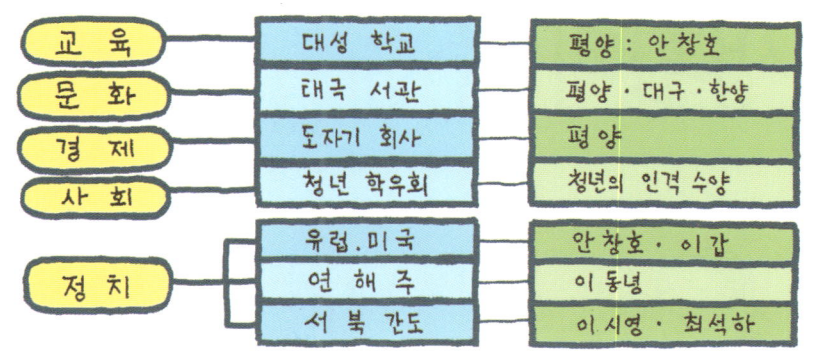

활발한 활동을 벌인 은행

개국과 근대화의 물결 속에 외국의 여러 은행이 문을 열어 활동을 시작하자, 우리의 자본과 경제를 지키려고 우리 민족의 자본으로 여러 은행들이 세워졌어요. **조선 은행, 한성 은행, 대한 천일 은행** 등이 대표적이지요. 처음에는 조선 상인들이 이용하며 활발하게 업무를 펼쳤으나, 일본의 방해로 경영이 어려워져 문을 닫거나 일본계 은행에게 넘어가고 말았어요.

열강의 이권 침탈

명성 황후가 살해된 후 신변의 위협을 느낀 고종이 러시아 공관으로 피신하자, 이 틈을 타 여러 나라들이 서로 이권을 다투며 여러 사업권들을 가져갔어요.

- 러시아: 종성 금광 채굴권, 압록강·두만강 일대의 삼림 벌채권
- 일본: 경부선·경원선 철도 부설권, 직산 금광 채굴권
- 미국: 경인선 철도 부설권, 운산 금광 채굴권, 서울의 전등·전차·전화 부설권
- 프랑스: 경의선 철도 부설권
- 독일: 당현 금광 채굴권

노터치(No touch!)가 노다지로

운산 금광의 경우 우리나라 금의 4분의 1을 생산하고 있었는데, 미국이 한 푼의 보상도 없이 가져갔어요. 조선 정부는 미국을 통해 국제 사회에서 정치적 영향력을 행사할 수 있기를 바라면서 넘겨준 것이었으나, 미국은 오직 경제적 이권에만 관심을 가졌어요. 이를 통해 미국은 40년 동안 총 900만 톤, 5,600만원에 달하는 생산고를 올렸어요. 1907년 당시 조선 전체의 외채가 1,300만원이었으니, 이 돈이 얼마나 큰 돈인 줄 알겠지요? 미국인들이 이때 우리나라 사람들에게 "No touch!(손대지 말라)"를 연발하였는데, 사람들은 이 말을 노다지로 알아들어 금이 많이 나오는 곳에 이 말을 사용하게 되었다고 해요.

서재필의 〈독립신문〉 발간

서재필이 1896년에 〈독립신문〉을 발간하였어요. 민중을 계몽하고 대한 제국의 이권을 지키며, 정부의 시책을 비판하고 국민의 단결과 애국심을 높이기 위해서였지요. **한글과 영문으로** 간행하여 국민을 계몽하고 자주 정신을 일깨웠으며 조선에 있는 외국인들에게 우리의 소식을 전해 주는 역할도 하였어요.

[개화기-대한 제국] 생활과 풍습

이 시기에는 생활과 풍습에도 큰 변화가 일어났어요. 머리를 짧게 자르게 한 단발령이 실시되었고, 전기와 전신·우편 시설이 생겨났으며, 철도 등 새로운 교통 수단이 나타났지요.

머리를 짧게 자르게 한 단발령

1895년에 단발령이 실시되었을 때 백성들은 머리를 깎지 않으려고 했어요. '신체와 모발과 살갗은 부모님께 받은 것이니라. 내 몸은 완전히 내 것이 아니라 부모님의 것이고, 동시에 천지 신명의 것이기도 하다.'라는 유교적 생각 때문에 단발령은 받아들일 수 없는 일이었지요. 그래서 '내 목을 자를 수는 있어도 내 머리카락은 자를 수 없다.'며 강하게 반발하는 사람들도 있었어요. 하지만 고종이 손수 머리를 자르고, 신식 문명을 접하는 사람들이 늘면서 머리를 깎는 사람이 많아졌어요.

사라진 노비, 금지된 조혼, 허용된 재혼

사회 체제를 근대적으로 고친 갑오개혁으로, 대한 제국 때는 신분 제도에 큰 변화가 일어났어요. 양반과 상민으로 구분된 양반 계급이 무너졌고, 사람을 사고팔지 못하게 하여 노비가 사라지게 되었어요. 또한 어린 나이에 결혼을 시키는 조혼이 금지되었으며, 자유 의사에 따라 과부의 재혼을 허용하였지요.

전차와 전등이 생겨나다

1899년 서대문과 청량리 사이에 처음으로 전차를 놓았고, 이어서 전등이 설치되었어요.

새롭게 생겨난 교통 수단

1890년대에는 미국과 일본에서 **자동차**와 **인력거**가 들어오고 객마차가 등장하였으며, 황실에서는 자동차를 구입하여 운행하기 시작하였어요.

개통된 경인선·경부선·경의선 철도

1899년 노량진과 제물포 사이에 개통된 경인선이 **우리나라 최초의 철도**예요. 그 뒤 1904년에 경부선, 1905년에 경의선, 1914년에 경원선이 각각 완성되었는데, 처음 열차를 타는 사람들은 열차를 **쇠수레**라 불렀고 열차에 오를 때 짚신을 벗기도 하였대요.

우편 업무를 시작한 우정국

일본, 미국 등의 우편 시설을 여러 번 돌아보고 온 홍영식의 건의로, 마침내 1884년 10월에 우리나라 최초로 우편 업무를 보는 우정국이라는 기관이 설립되었어요. 갑신정변으로 잠시 폐지되었다가 1894년에 다시 운영되면서 **우표의 발행과 우편 배달 업무**를 시작하였지요. 이때 편지를 전해 주는 집배원을 벙거지꾼이라 부르기도 했어요. 1900년에는 스위스 베른에 있는 만국 우편 연합에 가입하여 외국과도 우편물을 교환하게 되었어요.

새로 생겨난 전화

전화는 1896년에 경복궁에 처음으로 놓였어요. 민간 전화는 왕궁에 설치된 후 10년 뒤에 설치되었지요. 궁중에서 신하들이 황제와 통화를 할 때면 관복을 갖춰 입고 전화를 향해 큰절을 세 번 올린 후 무릎을 꿇고 통화를 했다고 하네요.

전신 시설이 생겨나다

전신 시설은 청나라에 의해 1885년에 서울-인천 및 서울-의주 사이에 처음으로 가설되고, 그 뒤 서울-부산 사이에 놓였어요. 전신은 문자로 쓴 말을 먼 곳까지 전달하는 방법으로, 1837년 미국의 모스가 발명한 통신 기기예요.

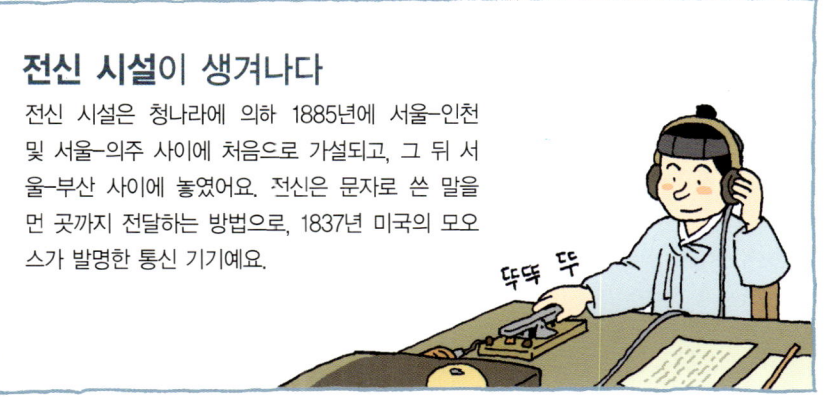

서양에서 들여온 신식 학교

서양 문물이 소개되자, 다른 나라의 힘을 빌리지 않고 우리 스스로 힘 있는 나라를 만들기 위해서는 신식 학문을 배워야 한다는 주장이 많아졌어요. 그래서 새롭게 여러 신식 학교들이 세워졌지요. 신식 학교에서는 독서와 글씨 쓰기 이외에도 외국어, 지리, 기술 등 새로운 내용을 가르쳤어요.

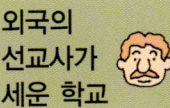

외국의 선교사가 세운 학교	나라에서 세운 학교	애국지사가 세운 민족 사립 학교
배재 학당, 이화 학당, 경신 학교, 정신 여학교, 광성 학교, 숭실 학교 등	육영 학원, 한성 사범 학교, 소학교, 중학교 등	양정 의숙, 보성 학교, 휘문 학교, 오산 학교, 대성 학교, 진명 여학교 등

여자들도 학교에 다닐 수 있게 되다

그전까지는 남자들만 서당에 다니며 공부하였으나, 신식 학교가 생기면서 여자들도 학교에 다니며 공부를 할 수 있게 되었답니다.

외국 선교사에 의해 들어온 근대식 의료 기술

근대식 의료 기술은 외국 선교사에 의해 들어왔어요. 이때 대한의원의 책임자로 있던 **지석영**은 **종두법**을 보급시켜 국민 건강에 크게 공헌하였답니다.

미국인 선교사 알렌이 세운 우리나라 최초의 근대식 병원

국립 의료 기관

정부에서 세운 도립 병원

대한 제국의 5대 신문

대한 제국 시절, 정치적 계몽 운동이 활발해지면서 언론 기관도 잇달아 생겨 **국민을 계몽**하고 **민족 여론을 조성**하는 데 크게 이바지하였어요. 우리나라 최초의 신문은 〈한성순보〉였으나 이는 관보의 성격을 띤 것이며, 본격적인 신문으로 〈황성신문〉과 〈제국신문〉이 창간되었고, 〈대한매일신보〉도 언론 기관의 활동에 동참하여 민족 정신을 고취시켰답니다.

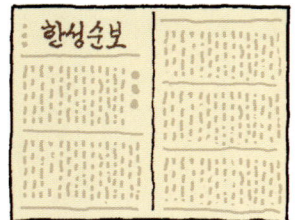

한성순보 – 1883년 창간. 박영효가 관여한 우리나라 최초의 신문. 관보의 성격. 순 한문으로 간행. 열흘에 한 번씩 발행. 1886년에 한성주보로 이름이 바뀜.

독립신문 – 1896년 서재필이 창간. 우리나라 최초의 민간 신문으로 일간지. 한글과 영문으로 발행. 국민 계몽과 자주 정신을 고취시킴.

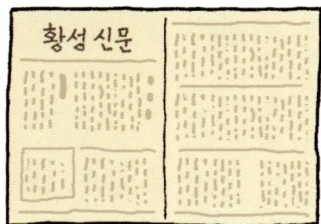

황성신문 – 1898년 남궁억, 장지연 등이 창간. 을사조약의 부당함을 폭로한 장지연의 '시일야방성대곡(이날을 목 놓아 통곡한다)'을 게재하는 등 애국 논설로 민족 의식과 항일 정신을 높임. 국한문 혼용체 사용.

제국신문 – 1898년 창간. 이종면, 이종일 등이 중심. 여성 계몽을 위해 한글로 간행. 민족적·애국적 색채가 짙음.

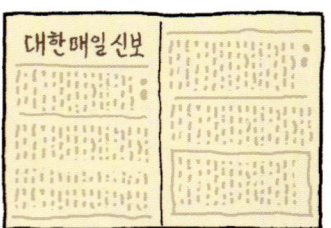

대한매일신보 – 1904년 양기탁과 영국인 베델이 간행. 항일·애국 논설로 민족 정신을 고취시킴. 신채호, 박은식 선생이 주필로 활동. 고종 퇴위 반대 운동과 국채 보상 운동을 지원하고 의병의 소식을 전함.

[개화기-대한 제국]

예술과 문화

본격적으로 서양의 문화가 들어오기 시작하면서 예술과 문화에도 많은 변화가 생겼어요. 번역 문학 작품이 소개되고, 소설과 시 같은 문예 분야에도 새로운 바람이 일었답니다.

서양 문물을 소개한 책 《서유견문》

《서유견문》은 개화기 정치가인 **유길준**이 미국 유학 때 유럽을 순방하며 보고 느낀 것들을 기록한 책으로, 우리나라 최초로 한글과 한자를 섞어 쓴 국한문 혼용체로 쓰여졌어요. 1895년에 간행되어 갑오개혁의 사상적 배경이 되기도 하였지요.

개화기의 새로운 문학 신체시와 신소설

최남선은 1908년 〈소년〉이라는 잡지에 〈해(海)에게서 소년(少年)에게〉라는 시를 발표하였어요. **신체시**라고 불리는 새로운 양식이었지요. 또한 **신소설**이라고 불리는 소설이 발표되었는데 이인직의 《혈의누(1906년)》와 《귀의성(1908년)》, 이해조의 《화의혈(1911년)》, 안국선의 《금수회의록(1908년)》 등이 대표적인 작품이에요. 이광수는 1917년에 《무정》이라는 한국 최초의 장편 소설을 발표했지요.

새로 소개된 번역 문학

신문학의 발달과 더불어 외국의 문학 작품들도 번역되었어요. 《성경》, 《천로역정》과 같은 기독교 계통의 책과 《이솝 이야기》, 《로빈슨 표류기》 등의 문학 작품이 널리 읽혔어요.

판소리 대신 인기를 얻은 창극

판소리 대신 창극이라는 새로운 형식의 노래극이 생겼어요. 창극은 판소리에 극적인 요소를 첨가해 각 등장 인물별로 그 역을 분담하여 노래를 하는 양식이에요.

서양식 악곡에 맞춰 부른 창가

이 시기에는 신식 노래인 창가가 유행했는데 〈독립가〉, 〈권학가〉, 〈애국가〉 등이 유명했어요. 그중에서도 〈애국가〉는 국민들 사이에 널리 애창되어 민족 의식을 높이는 데 크게 이바지하였지요.

직업인으로 위치를 굳힌 미술가

미술 부문에서는 미술가들이 직업인으로서의 위치를 굳혀 갔으며, 서양의 화풍이 소개되어 서양식 유화가 그려지기 시작하였어요.

우리나라 최초의 극장 원각사

1908년 세워진 원각사는 우리나라 최초의 국립 극장이었어요. 영화관이 아니라 **연극과 판소리 등을 공연하는 장소**였지요. 처음에는 〈춘향가〉, 〈심청가〉 등 판소리를 주로 공연하다가, 〈은세계〉라는 작품을 상연하였는데 〈은세계〉는 우리나라 신연극의 시작이었어요. 원각사에 이어 어성좌・단성사・연흥사 등의 극장이 생겼으며, 원각사의 신극 운동은 약 1년 반 동안 계속되다가 1910년에 막을 내렸어요.

[개화기-대한 제국] 전쟁

조선의 항구를 개방하라는 요구와 함께 미국과 프랑스 함대의 공격을 받았으며, 일본을 비롯한 주변 강대국들의 크고 작은 침략을 받기도 하였어요. 조선을 식민지로 삼으려는 일본이 청나라, 러시아와 전쟁을 벌이기도 하였고요.

프랑스 함대의 공격 병인양요

1866년(병인년), 대원군은 천주교를 믿는 사람들을 탄압하여 프랑스 선교사 9명과 조선의 천주교인 8,000명을 학살하였어요. 이를 **병인박해**라고 해요. 이때 조선을 탈출한 리델 신부가 중국 톈진에 주둔해 있던 프랑스 함대의 로즈 제독에게 이를 알렸고, 프랑스 함대는 군함을 몰아 강화도를 점령하였어요. 그러나 문수산성, 정족산성의 싸움에서 크게 지고 40일 만에 물러갔어요. 병인양요란 '병인년(1866년)에 서양인들이 일으킨 난리'라는 뜻이지요.

미국 군함의 공격 신미양요

1866년, **미국의 제너럴셔먼호**가 대동강에서 평양 군민들에 의해 불탔어요. 미국은 이 사건을 빌미로 조선과 통상을 맺으려고 1871년에 군함과 병력을 이끌고 조선을 침략하여 조선 정부에 사과와 손해 배상을 요구했어요. 그러나 조선 정부가 이를 거절하자, 미군은 전함 두 척으로 강화의 초지진을 점령하고 계속해서 덕진진과 광성진도 점령했어요. 이에 조선은 광성진에서 미군과 전투를 벌였어요. 피해가 커지자 미국은 아무 성과 없이 조선에서 철수하였는데, 이를 신미양요라고 해요.

병인양요와 신미양요의 결과

당시 조선에서는 흥선 대원군이 외국과 교류를 하지 않는 쇄국 정책을 펴고 있었어요. 두 번에 걸쳐 서양 전함의 공격을 막아 낸 조선은, 두 사건을 계기로 서울의 종로와 전국 각지에 외국인을 배척하는 척화비를 세우며 쇄국 정책을 더욱 강화하였어요. 척화비에는 '침범해 오는 서양의 오랑캐와는 친하게 지낼 수 없다.'는 뜻의 글을 새겨 넣었지요.

청나라와 일본의 세력 다툼 청·일 전쟁

청·일 전쟁은 1894~1895년에 청나라와 일본과의 사이에 벌어진 전쟁이에요. 이전부터 조선에 지배권을 주장해 오던 청나라와 근대화 이후 우리나라에 세력을 뻗쳐 오던 일본은 임오군란과 갑신정변에 관여하며 심한 대립 관계에 놓였어요. 한편 동학 농민 운동으로 우리 정부가 청나라에 원병을 요청하여 청나라 군대가 파병되자, 이에 맞서 일본은 일본의 공사관과 거류민을 보호한다는 구실로 군대를 보내 왔어요. 이에 양국의 대립은 더욱 심해졌고, 1894년 7월 25일에 풍도 앞바다에서 일본군이 청나라 군대에 대하여 전쟁을 일으켰어요.

전쟁은 **일본의 승리**로 끝나고 청나라는 요동 반도, 대만 등을 일본에 내어 주게 되었어요. 또한 일본은 청·일 전쟁의 승리로 조선에서 중국의 세력을 몰아냈으며, 한반도에 대한 침략의 야욕을 드러냈어요. 대륙 침략의 기초를 더욱 굳히게 된 것이지요.

한반도에서 러시아를 몰아낸 러·일 전쟁

러·일 전쟁은 1904~1905년에 러시아와 일본 사이에 벌어진 전쟁이에요. 세력을 확장하던 러시아와 일본은 **만주와 한반도의 지배권을 둘러싸고 대립**하게 되었고, 러시아와 국교를 단절한 일본이 1904년 2월 8일에 뤼순군항을 기습 공격함으로써 전쟁이 시작되었어요.

전쟁은 **일본의 승리**로 끝이 났고, 1905년에 미국의 루스벨트 대통령의 중재로 포츠머스 조약을 체결하였지요. 그 결과, 일본은 조선에 대한 지배권을 인정받고, 요동 반도를 차지하여 대륙 침략의 발판을 마련하게 되었답니다.

러·일 전쟁의 결과

- 러시아는 조선에서 손을 뗀다.
- 일본은 조선에서 우월권을 가진다.
- 일본은 요동 반도를 차지한다.
- 미국과 영국은 조선이 일본의 영향권 안에 있음을 인정한다.
- 러시아는 동해·오호츠크해·베링해에 있는 러시아령 연안의 어업권을 일본에게 넘긴다.

【개화기-대한 제국】 문화재

근대화의 물결 속에 덕수궁에 외국인이 설계한 신식 건물이 들어서는 등 새로운 문화재들이 생겨났어요. 독립문과 명동성당, 러시아 공사관, 정동교회 등의 건물들은 전통 건축물과는 다른 전혀 새로운 형태의 건물들이었지요.

우편 업무를 담당하던 우정국

조선 말기 우편 업무를 담당하던 관청이에요. 1884년에 설치되어 그 해 10월에 처음으로 우편 업무를 시작했어요. 앞면 5칸, 옆면 3칸 규모이며, 지붕 옆모습이 여덟 팔(八)자 모양인 팔작지붕 건물이에요. 현재는 우정 기념관으로 쓰고 있는데, 기념관 기능에 따라 일부를 고쳐 옛날 모습을 제대로 간직하고 있지는 못해요. 이 우정국 건물은 근대식 우편 제도를 도입하여 국내·외 우편 사무를 시작한 유서 깊은 곳으로 그 의의가 크며, 우정국 개국식을 계기로 개화파가 **갑신정변**을 일으킨 장소여서 역사적 가치가 높은 곳이에요.

흥선 대원군이 살던 운현궁

운현궁은 **흥선 대원군**이 살았던 집으로, 고종이 자란 곳이기도 해요. 제일 앞 남쪽에 대원군의 사랑채인 노안당이 있고, 뒤쪽인 북쪽으로 행랑채가 동서로 길게 뻗어 있으며 북쪽에는 안채인 노락당이 자리 잡고 있어요. 고종이 즉위하자 흥선 대원군은 이곳에서 정치를 했으며, 창덕궁과 운현궁 사이의 왕래를 쉽게 하기 위해 직통문을 설치하기도 하였어요.

독립 정신을 키우려 세운 독립문

갑오개혁 이후 자주 독립의 의지를 다짐하기 위해 세운 기념물이에요. 중국 사신을 맞이하던 영은문을 헐고 그 자리에 독립문을 세웠지요. 서재필이 조직한 **독립 협회**의 주도로 국왕의 동의를 얻고 뜻 있는 애국지사와 국민들의 폭넓은 지지를 받으며, 프랑스 파리의 개선문을 본떠 완성하였어요. 화강석을 쌓아 만든 문의 중앙에는 무지개 모양의 홍예문이 있고, 왼쪽 내부에는 정상으로 통하는 돌층계가 있어요. 정상에는 돌난간이 둘러져 있으며, 홍예문의 가운데 이맛돌에는 조선 왕조의 상징인 오얏꽃 무늬가 새겨져 있답니다. 그 위의 앞뒤에는 한글과 한자로 독립문이라는 글씨와 그 양 옆에 태극기가 새겨져 있지요.

덕수궁 안에 세운 서양식 건물 덕수궁 석조전

서울 중구 정동 덕수궁 안에 있는 석조 건물로, 1900년에 착공하여 1910년에 완공했어요. 3층 석조 건물로 정면 54.2미터, 측면 31미터이며, 1층은 거실, 2층은 접견실 및 홀, 3층은 황제와 황후의 침실, 거실, 욕실 등으로 사용되었지요. 이 건물은 앞에 있는 정원과 함께 18세기 **신고전주의** 유럽의 궁전 건축 양식을 본뜬 것이며, 당시에 건축된 서양식 건물 가운데 규모가 가장 크답니다. 1945년, 이곳에서 미·소 공동 위원회가 열렸고, 6·25 전쟁 이후 1986년까지 국립 현대 미술관으로 사용되다가 지금은 한국 문화 예술 진흥원이 사용하고 있어요.

최초로 벽돌로 지은 교회 명동성당

1883년 무렵, 블랑 주교가 김 가밀로라는 조선인의 명의로 종현 일대의 대지를 구입하면서 명동성당의 건립이 시작되었어요. 성당의 설계와 공사의 감독은 코스트 신부가 맡아 진행하였고, 1893년에 완성하였어요. **우리나라 최초의 벽돌로 쌓은 교회**이며, 순수한 고딕식 구조로 지어졌어요. 건축에 사용한 벽돌은 그 모양이 20여 종에 달할 뿐 아니라 색깔도 붉은 것과 회색 2종류가 있는데, 이들을 적절하게 사용함으로써 조화롭고 아름다운 건물을 완성하였어요.

우리나라 최초의 기독교 교회당 정동교회

서울 중구 정동에 있는 **우리나라 최초의 기독교 교회당**이에요. 1895년 9월에 공사를 시작하여, 1897년에 건축된 고딕풍의 붉은 벽돌 건물이지요.

르네상스식 벽돌집 옛 러시아 공사관

러시아 공사관은 조선 말 러시아와 수호 조약이 맺어진 1885년 직후에 착공되어 1890년에 준공되었어요. 르네상스식의 우아한 2층 벽돌집으로 러시아인 사바틴이 설계하였다고 해요.

대표적인 석조 건물 한국은행 본관

한국은행 본관은 일본인 다츠노 긴고가 설계하였어요. 1908년 11월에 착공하여 1912년 1월에 지상 3층, 지하 1층의 석조 건물로 준공하였어요. 르네상스 양식이며, 평면 구조는 좌우 대칭의 #자 모양으로 석조 및 철근 콘크리트 구조로 된 건물이지요. 1945년 광복과 함께 한국은행 본관이 되었어요.

근대식 병원 건물 옛 대한의원 본관

서울 대학 병원 구내의 고풍스런 2층 벽돌집이 옛 대한의원의 건물이에요. 대한의원은 1907년 대한 제국 정부가 앞서 세워졌던 광제원과 경성 의학교 부속 병원, 적십자 병원 등을 통합하여 의정부 직속으로 세웠어요. 대한 제국 탁지부 건축소에서 설계·시공한 건물로, 1907년 3월에 착공하여 1908년 11월에 준공되었지요.

상공업을 가르치던 건물 옛 공업 전습소 본관

대학로의 한국 방송 통신대의 본관이 바로 옛 공업 전습소의 본관 건물이에요. 이 건물은 탁지부 건축소에서 설계하고, 일본인 요시다 겐조오가 시공을 맡아 1908년에 준공되었어요. 공업 전습소는 대한 제국 시절 상공업 진흥 정책의 하나로 지어져, 염직·직조·제지·금은 세공·목공 등의 근대 기술을 교육한 기관이지요. 이 건물은 2층의 르네상스식 건축으로 좌우 대칭을 이루는 H자 모양의 목조 건물이며, 대한 제국 때 지은 목조 건물로는 유일하게 원형을 잘 유지하고 있어요. **대한 제국 탁지부가 설계**한 몇 안 되는 건물로 역사적 가치가 크답니다.

문화재 225

【개화기-대한 제국】
옷·음식·집

개화기에는 다른 나라와 교류하면서 서양 문물이 계속 들어와 생활 모습도 많이 바뀌었어요. 양반과 평민에 대한 계급이 무너지면서 의식주에 놀랄 만한 변화가 생겼지요.

새로 들어온 서양식 옷 양복과 양장

개화기에는 서양 문물이 들어와 양복을 입는 사람들이 늘어났어요. 여자는 양장을 하거나 한복을 개량하여 치마 길이를 짧게 하여 활동하기에 편리하게 고쳐 입었어요. 전통 복식의 경우는 기본 형태는 유지하면서도 저고리 길이에 변화가 생겼으며, 고름 대신 브로치를 달거나 통치마를 입기도 하였지요.

상투를 자른 짧은 머리

상투를 자르라는 단발령 때문에 남자는 머리를 점차 짧게 자르고, 모자를 썼어요. 여자들도 활동하기 편리하게 머리를 자른 모습이 많아졌어요.

빵, 과자 같은 서양 음식이 들어오다

일본인이나 서양인이 드나듦에 따라 새로운 식품이 유행하게 되었어요. 서양에서는 빵·과자·설탕·우유 제품·케이크 등이 들어왔으며, 일본의 영향으로 단무지·유부·어묵 등을 파는 상점이 생겨났어요. 또한 과수원에서 사과, 배, 복숭아 등의 과일을 재배하기 시작했답니다.

남녀가 함께하는 식사 풍경

개화기에는 음식을 먹는 모습에도 변화가 생겼는데, 여자들도 남자들과 한 자리에서 식사를 하게 되었어요. 유교 사회에서는 볼 수 없었던 풍경이지요.

새로운 서양식 건축 양식

서양 사람들과 일본 사람들이 들어오면서 서양식 건물과 일본식 건물이 많이 세워졌어요. 우리나라 고유의 건축 양식을 살리면서 서양 건축의 좋은 점을 살린 절충식 주택도 많이 나타났지요.

기와 대신 벽돌집

서양식 건물이나 주택이 늘어나면서 건축의 주 재료도 바뀌었어요. 나무와 기와를 사용했던 그 전과 달리 시멘트와 벽돌의 사용이 늘어났지요.

[개화기-대한 제국]
과학과 기술

부국강병을 위해 서양 기술을 배워야 한다는 생각은 개화 사상과 연결되었으며, 과학 기술이 나라를 부강하게 한다고 생각하여 정부가 앞장서서 과학 기술을 받아들였어요.

서구의 기계 수입과 근대식 공장

정부는 서구의 앞선 기술을 배우기 위해 근대적인 공장을 세워 직접 운영하였어요. 옷감을 만드는 **직조국**은 1888년에 다량의 방직 기계를 구입하고 중국인 기술자를 고용하였으며, 종이를 만드는 **조지국**은 1891년에 일본 상인으로부터 각종 제지 기계를 구입하였어요. 광산 개발을 위해 1888년 미국에서 채광기를 들여오고 미국인 광산 기술자를 데려 오기도 하였지요. 이런 정부의 움직임에 영향을 받아 민간인들도 서양 과학 기술을 받아들이려는 움직임이 일어나 각종 기계를 수입하여 근대 공업을 발달시켜 갔어요.

새로 발달한 전기와 통신 사업

개항 이후 서양의 근대 과학 문명과 발달된 기술이 전해지면서 1887년에 먼저 통신 시설이 들어왔어요. 경복궁에 전등이 설치되었으며, 1884년에 부산과 일본 나가사키 사이에 해저 전선의 설치, 1885년 전보국의 설치, 1887년에는 서울·공주·대구·부산을 연결하는 전선을 설치했어요. 1898년에 궁중과 정부 각 부서 사이와 서울과 인천 사이에 전화를 설치하였고, 경인 철도에 이어 경부·경의 철도가 놓였지요. 이런 과학 기술의 보급은 일제를 비롯한 열강의 이권 침탈에 의한 것이 많았으나, 이 때문에 개화기 조선의 과학 기술의 발전에 보탬을 주기도 하였어요.

기술을 가르치는 학교가 세워지다

1894년 갑오개혁 이후 근대 학교가 설립되면서 기술 교육도 실시되었어요. 특히 대한 제국의 산업 진흥 정책과 관련되어 과학 기술을 교육하는 학교가 세워졌는데, 기예 학교·경성 의학교·상공 학교·철도 학교·광업 학교·공업 전습소·전무 학당·우무 학당 등이 그것이에요.

신기술을 배우기 위해 **시찰단 파견**

1880년대, 일본에 **조사시찰단**을 파견하고 청나라에 **영선사**를 보내면서 근대적 기술 도입의 중요한 계기가 마련되었어요. 정부는 박문국·기기창·전환국 등 근대 시설을 갖추어 신문·잡지 등을 편찬·발간하고, 무기를 제조하며, 화폐를 만들었지요.

우리나라 최초의 근대식 병원 **광혜원**

광혜원은 1885년(고종 22년)에 고종의 허락과 미국인 선교사 알렌의 주관 아래 세워진 우리나라 최초의 현대식 병원이에요. 2월 25일에 문을 열었는데, 3월 12일부터 제중원이라는 이름으로 그쳐 부르게 되었지요.

[개화기-대한 제국]
인물

대한 제국 시기에는 흥선 대원군과 명성 황후, 신채호, 주시경, 안중근, 김옥균, 서재필 등 급하게 변하는 정치와 나라의 운명이 위태로운 상황을 맞아 민족과 조국을 지키려는 인물들의 활약이 두드러졌어요.

쇄국 정책을 펼친 흥선 대원군

철종 임금이 아들이 없이 죽자, 자신의 둘째 아들 명복(고종)을 왕위에 세우고 강력한 정치를 폈어요. **서원을 정리**하였으며, 상민에게만 징수하던 군포를 양반에게도 징수하는 **호포법을 실시**하고, 환곡제를 사창제로 개혁하였어요. 또한 **경복궁 중건**을 위해 백성들에게 원납전이라는 세금을 내게 하고, 역역을 부담시켜 백성들의 원성을 사기도 하였으며, 나라의 개방을 반대하는 **쇄국 정책**을 시행하였지요.
명성 황후와 권력 다툼을 벌이다 최익현 등의 상소로 자리에서 물러났다가 임오군란을 계기로 다시 정권을 잡았으나 청나라 개입으로 톈진에 끌려가 3년을 보냈지요.
1895년 일본 공사 미우라가 일으킨 을미사변을 통하여 다시 정권을 장악하였으며, 아관 파천으로 친러 정부가 성립되자 은퇴하였어요.

불의를 못 참은 애국지사 최익현

1855년(철종 6년) 문과에 급제하여 벼슬에 나아가 부정과 부패를 없애며 이름을 날렸어요. 1868년(고종 5년)에 경복궁 중건의 중지, 당백전 발행에 따르는 재정의 파탄 등을 들어 흥선 대원군의 잘못을 지적한 글을 임금에게 올리기도 했지요. 1905년 을사조약이 체결되자 납세 거부, 철도 이용 안 하기, 일본 상품 불매 운동을 호소하였어요. 74세의 나이로 전북에서 **의병을 모집**, 순창에서 약 400명의 의병을 이끌고 관군·일본군에 대항하여 싸웠으나 패하고 쓰시마섬에 유배되었어요. 유배지에서 적이 주는 음식을 거절하며 단식을 계속하다가 죽음을 맞고 말았지요.

개화 정책을 실시한 명성 황후

명성 황후는 고종이 왕위에 오른 3년 뒤인 1866년, 16세의 나이로 왕비가 되었어요. 왕비가 된 후부터 정치에 직접 관여하기 시작해, 고종을 대신해 나라 일을 돌보는 흥선 대원군과 서로 다투는 처지가 되었지요. 최익현의 상소로 흥선 대원군이 물러나자 명성 황후는 민씨 일파를 불러들였으며, 흥선 대원군이 고집했던 쇄국 정책을 버리고 **개화 정책**을 폈어요. 청·일 전쟁에서 승리한 일본은 명성 황후의 세력을 몰아내고 친일 개화파를 앞세워 갑오개혁을 추진했는데, 이에 명성 황후는 러시아와 손잡고 일본 세력을 몰아내려 하였어요. 그러자 일본은 1895년 8월 8일, 일본 군대와 자객들을 시켜 명성 황후를 시해하고 시신을 불태우는 만행을 저질렀어요.

〈독립신문〉을 만든 서재필

나라를 개혁하려는 갑신정변에 함께한 서재필은 3일 만에 갑신정변이 실패로 돌아가자, 갑신정변을 이끌었던 김옥균, 박영효 등과 일본으로 망명을 하였어요. 그리고 다시 미국으로 건너가 의과 대학 야간부에서 공부하여 국내 최초로 의사가 되었지요.
11년 만에 고국으로 돌아와 정부로부터 4,400원을 지원받아 〈독립신문〉을 만들고 독립 협회도 조직했으며, **독립 협회**를 통해 국권 회복과 자주 독립에 힘을 쏟았어요. 청나라의 사신을 맞아 대접했던 장소인 모화관을 독립관으로 바꿔 독립 협회의 집회장으로 사용하였으며, 영은문이 헐린 자리에 **독립문**을 세워 자주 정신을 높이기도 하였지요.

일본의 침략 흉계를 규탄한 장지연

을미사변 때 명성 황후가 시해되자 의병의 궐기를 호소하는 글을 각처에 발송하였고, 1897년 아관 파천 때 고종의 환궁을 요청하는 만인소라는 글의 초안을 작성하기도 하였어요. 이승만·남궁억·양홍묵 등과 **만민 공동회**를 열어 정부의 잘못을 꾸짖었으며, 1901년 〈황성신문〉사 사장이 되어 민중 계몽에 앞장섰어요.

1905년 을사조약이 체결되자, 〈황성신문〉에 '**시일야 방성 대곡(이날을 목 놓아 통곡한다)**'이라는 사설을 써서 일본의 침략 흉계를 날카롭게 꼬집어 온 국민에게 알렸어요.

한글 보급에 앞장 선 주시경

1896년 독립 협회에 참여하였고, 〈독립신문〉 교정원으로 일하면서 협성회를 창립하여 〈협성회보〉를 발간하였어요. 한글 기사체의 통일과 연구에 힘쓰는 한편, 여러 학교와 강습소의 교사·강사직을 맡아 한글을 가르치고 보급하는 데 일생을 바쳤어요. 1898년 《국어문법》을 완성하였으며, 1910년 이를 발간하였지요. 1905년 **국어 연구와 사전 편찬 사업**에 관한 건의서를 정부에 제출하였고, 1907년 학부(교육부)의 국문 연구소 위원이 되어 우리말과 글의 체계를 세워 국어학 중흥의 선구자가 되었어요.

이토 히로부미를 저격한 안중근

1906년 진남포에서 삼흥 학교를 세워 나라를 구할 인재를 키우던 안중근은 1907년, 진남포를 떠나 러시아의 블라디보스토크로 갔어요. 1908년 봄, 그곳에서 김두성, 이범윤과 의병 부대를 조직하고 일제에 대항하는 투쟁을 벌였지요.

그러다가 1909년 **이토 히로부미가 하얼빈**을 방문한다는 소식을 듣고 이토 히로부미를 없앨 계획으로 하얼빈에 갔어요. 이토 히로부미는 일본의 총리대신을 지낸 인물로, 조선의 주권을 빼앗는 데 중심이 되고 초대 조선 통감이 되었어요. 안중근은 하얼빈 역에서 민족의 독립과 동양의 평화를 위해 이토 히로부미를 저격하였지요. 이토 히로부미가 죽은 지 5개월 만인 1910년 3월 26일 오전 10시, 안중근은 교수형을 당해 순국하였답니다.

대한 독립 만세!

민족 의식을 높인 역사 학자 신채호

1897년 성균관에 들어가 1905년 성균관 박사가 되었으나, 그해 을사조약이 체결되자 〈황성신문〉에 논설을 쓰기 시작하여 이듬해 〈대한매일신보〉 주필로 활약하였어요. **민족 영웅전과 역사 논문을 발표**하여 민족 의식을 높이는 데 힘썼어요. 1907년 신민회와 국채 보상 운동 등에 참가하였고, 상하이의 대한민국 임시 정부에 들어가 독립운동을 했어요. 적과 타협 없이 독립 투쟁을 하는 동안 '독립이란 주어지는 것이 아니라 쟁취하는 것이다.'라는 결론을 얻었지요.

이 같은 견해는 그의 역사 연구에도 그대로 반영되어 '고조선'과 '묘청의 난' 등에 새로운 해석을 시도했고, 《조선상고사》, 《이순신전》, 《을지문덕전》 등의 많은 역사책을 써 한국 **근대 사학의 기초**를 다졌답니다.

일제 강점기

1905년 을사조약으로 조선의 외교권을 빼앗은 일제는 결국 1910년에 한일병합에 대한 조약을 강제로 맺게 하여 조선의 주권까지 빼앗았어요. 조선 총독부를 설치하고 여러 식민지 정책을 펼치며 우리 민족의 주권뿐 아니라 역사와 문화, 경제 등 모든 것을 말살하려고 하였고요.

억울하게 나라를 잃은 우리 민족은 빼앗긴 주권을 되찾고 민족 정신을 계승해 나가기 위해 여러 노력을 기울였는데, 그 노력에는 수많은 희생이 따르기도 하였지요.

1919년 3월 1일에는 독립 만세 운동을 펼쳐 전국 방방곡곡, 그리고 바다 건너 해외에서도 독립을 부르짖는 만세의 메아리가 울려 퍼졌으며, 조국의 광복을 위해 임시 정부를 세우기도 하였어요.

[일제 강점기]
정치

1910년 한일병합으로 조선의 주권을 빼앗은 일제는 헌병과 경찰을 앞세워 한반도를 통치하려고 하였으며, 우리 민족은 이에 맞서 나라의 주권을 되찾기 위해 국내는 물론 해외에서 적극적인 항일 투쟁을 벌여 나갔어요.

1910년 일제에게 국권을 빼앗김

헤이그 특사 파견을 구실로 고종 황제를 물러나게 한 일제는 군대를 해산시킨 후 사법권을 빼앗았어요. 또한 경찰권마저 장악하여 행정과 사법, 치안 등 모든 지배권을 강화해 갔어요. 그리고 1910년 8월 22일, 일제는 이완용을 중심으로 한 친일 내각에게 **대한 제국을 일제에 합병하는 조약**(한일병합조약)을 강요하여, 마침내 우리 민족의 국권을 강제로 빼앗았어요.

조선을 통치하기 위해 세운 조선 총독부

한일병합 후 일본은 대한 제국의 정치에 간섭하려고 설치했던 통감부를 없애고, 보다 강력한 통치 기구인 조선 총독부를 만들었어요. **한반도를 직접 지배하기 위해서였지요.** 조선 총독은 육·해군 대장 출신으로 조선의 행정권, 사법권, 군사권 등 모든 권한을 장악하였어요. 그 후 조선 총독부는 일제가 대한 제국의 국민들을 탄압하고 우리의 고유한 민족성을 말살시키며 재산과 토지, 자원 등의 경제권을 빼앗아 가는 데 앞장섰어요.

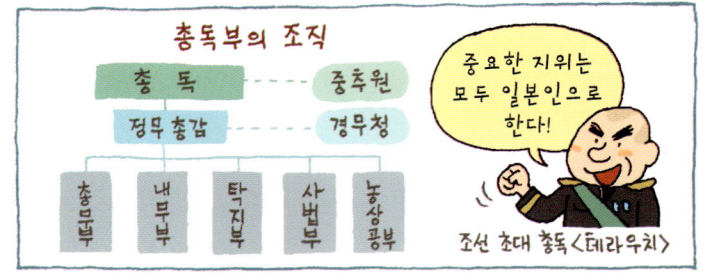

1910년대 일제의 헌병 경찰 통치

일제는 대한 제국의 국권을 강제로 빼앗은 1910년부터 1919년 3·1 운동 때까지 조선 총독부를 통해 강력한 헌병과 경찰을 내세워 **무력으로 한반도를 지배**하였어요. 모든 집회를 금지하고 한글로 된 신문도 없앴으며, 관리는 물론 선생님들에게도 제복을 입고 칼을 차게 하여 위압적인 분위기를 만들었어요. 또한 조선의 산업과 경제를 그들의 지배 아래 두기 위해 '회사령'이라는 것을 실시했어요. 토지 조사 사업을 통해 토지를 빼앗고, 민족 자본이 성장하는 것을 막았어요. 광산물과 어장을 약탈하는 한편, 무역을 통한 경제 수탈을 이어 갔지요. 교통·운수·철도·도로·항만·통신·금융·재정·화폐 등 모든 부문을 일제의 지배 아래에 두어 정치·군사에 이어 경제적 지배의 기반을 마련하였어요.

한민족을 분열시키기 위한 문화 통치

일제의 탄압과 민족 말살 정책에 대항하여 3·1 운동이 일어나자, 이에 위협을 느낀 일제는 무력으로 한반도를 지배하는 무단 정치 대신 문화 정치를 내세웠어요. 우리말 신문의 발행을 허가하는 등 타협하는 형태의 정치를 펴는 듯하였으나, **한민족을 분열시키는 속셈**이 숨어 있었지요.

헌병 경찰 제도를 없애고 보통 경찰제로 바꾸어 통치 방식을 완화시켰지만, 오히려 형사·순사 등 하급 경찰관의 수는 더 늘어났답니다. 경찰 주재소·파출소 등도 더욱 늘려 조선인의 감시를 강화하는 등 기본적 인권은 1910년대보다 더욱 위협받게 되었지요.

온 국민이 대한 독립 만세를 외친 3·1 운동

1910년 일본에게 강제로 주권을 빼앗긴 조선은 일본 제국주의의 침략에 대항하여 나라 안팎에서 투쟁을 벌였어요.

— 조국을 빼앗길 수는 없습니다~!

일본은 헌병 경찰 제도를 실시하여 한민족의 고유 문화를 말살하였고, 경제적인 이권을 독점하였으며 독립운동을 탄압하였어요.

이러한 일본의 폭력과 탄압은 조선의 지식인·학생·종교인뿐만 아니라, 농민·노동자에 이르기까지 모든 국민의 반일 감정을 불러일으켰어요.

— 일제는 물러가라!

1914년에 일어난 제1차 세계대전이 독일의 패전으로 끝나고, 1918년 1월 미국의 윌슨 대통령은 전쟁 후 처리 원칙을 파리 강화 회의에 제출하였는데, 그 가운데는 민족 자결주의의 내용이 들어 있었어요.

— 미국 윌슨 대통령: 한 나라의 운명은 그 민족 스스로 결정해야 합니다.

민족 자결주의의 원칙은 우리나라의 독립 운동가들에게 용기를 불어넣어 주었어요. 그래서 민족 지도자들은 파리 강화 회의에 민족 대표를 파견하여 우리 민족의 독립 열의를 전달하고, 국제적인 협조를 얻으려 하였어요.

파리 강화 회의

이에 상하이에서 조직된 독립투사들의 모임인 신한 청년당은 김규식을 민족 대표로 파리에 보냈어요.

— 청년당 파리 파견. 독립 운동 준비!

1919년 2월 8일, 일본에 있던 조선 유학생들은 도쿄에 모여 독립을 요구하는 선언서와 결의문을 선포하고 시위를 벌였는데, 이것이 2·8 독립 선언이에요.

조선 독립! 도쿄역

학생들의 독립 시위 운동이 일어나자, 민족 지도자 33인은 1919년 3월 1일 오후 2시에 서울의 태화관에 모여 독립 선언서를 낭독하였어요.

— 우리 대한 제국은 자주 독립 국가임을….

이에 맞춰 탑골 공원에서 학생들을 중심으로 만세 운동을 벌였고, 서울 시민과 고종 황제의 장례식에 참석한 지방 사람들도 함께했어요.

대한 독립 만세~

나라의 독립을 외치는 만세 운동은 주요 도시에서 전국 각지로 퍼져 나갔어요. 면사무소, 헌병 주재소, 토지 회사, 친일 지주 등을 습격하기도 하였어요.

이화 학당에 다니다 고향으로 내려온 유관순은 아우내 장터에서 만세 운동을 벌였어요. 헌병대에 잡혀 심한 고문을 받았지만, 굴하지 않고 독립 만세를 외치다 1920년에 죽음을 맞았지요.

— 대한… 독립… 만세!

3·1 운동은 나라 밖으로도 퍼져 만주와 연해주, 하와이, 미국, 멕시코 심지어는 일본 도쿄와 오사카의 동포들도 만세 운동을 벌였답니다.

대한 독립 만세~

3.1 운동의 결과

3·1 운동 이후, 한민족의 독립 의지와 단결심에 놀란 일본은 통치 방식을 바꾸게 되었어요. 한편, 우리 민족은 독립의 뜻을 모아 임시 정부를 세우고, 보다 체계적인 독립운동을 펼칠 준비를 하였지요.

3.1 운동의 의의

3·1 운동은 우리 민족에게 독립할 수 있다는 희망과 자신감을 안겨 주었어요. 그리고 우리 민족의 독립 의지를 전 세계에 널리 알렸으며, 중국·인도·동남 아시아 및 중동 지역의 제국주의에 반대하는 민족 운동에도 영향을 주었답니다.

항일 결사 단체 한인 애국단

1926년, 중국 상하이에서 **김구**가 중심이 되어 조직된 한인 애국단은 항일 결사 단체였어요. 1932년, **이봉창**이 일본 도쿄에서 국왕이 탄 마차에 수류탄을 던진 의거와 **윤봉길**이 상하이 훙커우 공원의 행사장에 폭탄을 던져 많은 일본인을 죽이거나 부상을 입힌 의거를 지휘하였어요.

국내의 독립 운동 단체를 통합한 신간회

1927년에 국내의 독립 운동 단체를 통합하여 신간회가 조직되었어요. 국가의 힘을 기르는 데에 목적을 둔 신간회는 일제와의 타협을 반대하였으며, 우리말 교육을 주장하고 학생 독립 운동을 지원하였어요.

조국의 광복을 위해 임시 정부 수립

조선의 민족 지도자들은 3·1 운동 이후 일본 통치에 조직적으로 항거하기 위하여, 1919년 4월 13일 중국 **상하이**에 **대한민국 임시 정부**를 세웠어요. 그리고 1945년 8·15 광복까지 중국의 여러 곳으로 청사를 옮기며 **광복 운동을 전개**하였지요.

임시 정부의 각료에는 임시의정원 의장 이동녕, 국무총리 이승만, 내무총장 안창호, 외무총장 김규식, 법무총장 이시영, 재무총장 최재형, 군무총장 이동휘, 교통총장 문창범 등이 임명되었지요. 1919년 6월 11일 임시 헌법을 제정, 공포하고 이승만을 임시 대통령으로 선출하는 한편 내각을 개편하였지요.

대한민국 임시 정부의 활동 내용

- 임시 정부는 국내와 연결되는 비밀 연락망을 조직하여 국내에 임시 정부의 소식을 전하는 데 힘쓰고, 독립 자금을 전달받기도 하였어요.
- 육군 무관 학교를 세워 무장 독립군을 길러 냈어요.
- 〈독립 신문〉을 발간하였으며
- 일본의 침략 사실과 우리 역사의 우수성을 알리기 위해 책을 펴 냈지요.
- 세계 각지에 외교관을 파견하여 우리의 독립에 대한 간절한 희망을 호소하였어요.
- 1941년 태평양 전쟁이 일어나자, 일본과 독일에 각각 선전포고를 하고 광복군을 연합군의 일원으로 미얀마·사이판·필리핀 등지에 파견하였답니다.

1926년, 다시 울려 퍼진 6·10 만세 운동

1926년 6월 10일, 조선의 마지막 임금인 **순종의 장례일**에 일어난 항일 만세 운동이에요. 이날은 전국적인 항일 만세 운동을 일으킬 계획이었으나 사전에 들키고 말았어요. 그래도 학생들이 주동이 되어 황제의 상여가 종로를 지날 때 일제히 격문을 뿌리고 만세를 불렀어요. 이에 민중들이 합세하여 시위 운동이 확대되었는데, 주권 회복을 바라던 우리의 민족 정신을 다시 한번 불러일으켜 뒷날 **광주 학생 운동의 발판**이 되었답니다.

'우리 학생들도 일제를 반대한다' 광주 학생 항일 운동

일제의 민족 자주성 말살 정치

1931년, 일제는 만주 사변을 일으켜 중국 대륙을 침략했어요. 그리고 우리나라를 그들의 침략 전쟁 수행을 위한 전쟁 물자 보급 기지로 삼았어요. 1937년의 중·일 전쟁, 1941년의 태평양 전쟁어 일본은 우리나라의 인력과 물자를 강제 동원하였던 것이지요. 또한 학교의 조선어과를 폐지하고 **조선어의 사용을 금지**하였으며, 조선 청년을 전쟁터에 보냈어요. 1940년에는 이름까지도 일본식으로 고치도록 강요하였고, 많은 조선인을 강제로 탄광 등으로 끌고 갔어요.

[일제 강점기]
사회와 경제

일제는 토지 조사 사업과 동양 척식 주식회사를 세워 조선의 토지와 자원을 빼앗아 갔어요. 또한 산미 증식 계획이라는 사업을 벌여 조선의 땅에서 생산되는 쌀까지 빼앗아 갔지요.

조선의 토지를 빼앗아 간 조선 총독부의 **토지 조사 사업**

일제는 1910년부터 1918년에 걸쳐 조선에서 토지 조사 사업이라는 것을 벌였어요. 토지를 소유하고 있는 사람, 토지의 가격, 토지의 모양과 상태 등 토지에 관한 여러 사항을 측량하여 기록한 것이에요. 이렇게 일제가 조선의 토지를 조사한 이유는 새로 행정 구역이나 도를 설정하여 식민지를 지배하는 데 도움을 얻고, 주인이 없거나 신고가 되어 있지 않는 땅을 자신들의 것으로 삼아 조선을 통치하는 재정으로 만들려는 것이었어요. 또한 토지의 소유를 확인하여 세금을 걷어 **수탈 정책의 기반을 마련**하려 한 것이랍니다.

토지 조사 사업의 결과

토지를 소유해 왔으나 신고 기간 안에 신고를 하지 않은 땅, 문중이나 마을 공동 소유의 땅을 모두 일본에게 빼앗기고 말았어요.

조선 총독부는 조선의 전 국토의 40%에 해당하는 토지를 차지하게 되었어요.

조선 총독부는 이들 토지를 동양 척식 주식회사를 비롯한 일본 토지 회사와 일본의 이주자들에게 공짜로 또는 싼 값으로 팔아 일본인 대지주가 나타나게 되었어요.

일제는 강제로 빼앗은 토지를 조선의 소작인에게 빌려 주어 50%가 넘는 소작료를 바치게 하였으며, 가난한 소작농에게 빌려 준 곡물에 대해서는 20%가 넘는 이자를 내게 했어요.

농민들의 삶은 더욱 어려워졌고, 조선의 경제권도 많은 부분이 일본에게 넘어갔어요.

동인도 회사를 본떠 만든 **동양 척식 주식회사**

일제는 동양 척식 주식회사라는 회사를 세워 조선의 토지와 자원을 강제로 빼앗는 데 이용하였어요. 영국 등 서양 제국들이 아시아에 동인도 회사를 세워 경제력을 착취한 것처럼 말이에요. 세력이 커지자 착취의 대상을 조선뿐 아니라 몽골, 중국, 필리핀 등으로 넓히기도 하였지요.

경제 침탈의 앞잡이 조선 식산 은행

조선 식산 은행은 1918년 10월에 일본이 조선에 세운 특수 은행이에요. 1,000만원의 자본금으로 출발하였는데, 일본이 조선에서 신용 기구를 통한 착취를 강화하려고 만들었어요. 보통 은행의 업무를 하면서 농촌 수탈에 자금을 대 주고 **식민지 산업을 지원**하며 조선인에 대한 가혹한 착취와 약탈을 하였답니다.

동양 척식 주식회사에 폭탄을 던진 나석주

나석주 의사는 1926년 5월 김구, 김창숙 등과 논의하여 민족 혼을 일깨우기 위해서는 국내의 일제 기관과 친일 부호들을 제거해야 한다는 데 의견을 모으고 일제의 착취 기관이었던 식산 은행과 동양 척식 주식회사를 폭파하기로 결의했어요. 12월 28일 오후 2시에 식산 은행과 동양 척식 회사에 들어가 폭탄을 던지고 권총으로 일본인들을 사살한 후 35세의 나이로 자결했어요.

쌀도 빼앗으려 한 산미 증식 계획

제1차 세계대전 때 일본은 공업화를 추진하며 군수품과 물자를 생산하는 데 힘을 쏟았어요. 그 결과 농업 생산력이 줄어들어 식량이 부족해졌는데, 부족한 식량을 조선에서 들여오려고 산미 증식 계획이라는 이름 아래 쌀 생산을 늘리고 그것을 일본으로 가져갔어요.

그러나 늘어난 양보다 일본으로 가지고 가는 양이 훨씬 많아 조선인들은 식량이 부족해 허덕여야 했지요. 이를 견디다 못한 농민들은 화전민이 되어 숨어 지내거나 만주나 연해주로 떠나 갔답니다.

'조선 사람은 조선 물건을 쓰자' 물산 장려 운동

1920년대에 일제가 조선을 경제적으로 착취하자, 이에 민족 지도자들은 경제적 자립을 통해 민족 독립의 기틀을 마련해야 한다고 생각해 물산 장려 운동을 벌였어요. 조선의 국산품을 사용하여 생산을 늘려 **민족 자본과 기업을 성장시키자는 운동**이었지요. 1922년에 조만식 등 민족 자본가들을 중심으로 평양에서 시작되었으며, 종교계·교육계 지도자들도 참여하였지요. 1923년 1월, 서울에서 물산 장려회를 조직해 '내 살림 내 것으로', '조선 사람 조선 것' 이라는 구호와 함께 여러 실천 사항을 마련하였어요. 국산품 애용과 소비 절약, 금주·금연 운동 등을 벌였고, 운동은 전국으로 퍼져 나갔지요.

'양복을 입지 말자' 등 물산 장려회의 실천 사항

물산 장려회는 국민들의 직접적인 참여를 위해 물산 장려 운동의 구체적인 실천 사항을 마련하였어요.

- 남자는 무명베 두루마기를, 여자는 검은 물을 들인 무명치마를 입는다.
- 설탕·소금·과일·음료를 제외한 나머지 음식물은 모두 우리 것을 사서 먹는다.
- 일상 용품은 우리 땅에서 생산한 토산품으로 하되, 부득이한 경우 외국 제품을 사용하더라도 되도록 절약을 한다.

안타깝게 실패한 물산 장려 운동

일제에 대항하여 경제권을 지키기 위해 시작된 물산 장려 운동은 일제의 탄압과 방해로 운동을 시작할 당시의 순수했던 목적이 변질되었으며, 나중에는 흐지부지되고 말았어요.

[일제 강점기] 생활과 풍습

일제는 조선인들에게 일본식으로 이름과 성을 바꾸게 하였어요. 새로운 여러 문물과 시설이 생겨나기도 했지만, 나라를 잃은 백성들의 생활은 희망을 잃은 채 어둡고 쓸쓸하기만 했어요.

일본식으로 이름과 성을 바꾸게 한 창씨개명(일본식 성명 강요)

조선 총독부는 1940년, 조선인의 성씨와 이름을 일본식으로 바꾸는 창씨개명을 실시하였어요. 겉으로는 '일본과 조선은 하나여서 같이 살고 같이 죽는다.'는 구실을 내세웠지만, 속으로는 우리의 민족 정신을 말살하려는 것이었어요.

창씨개명을 한 가구 수는 6개월 동안 7퍼센트밖에 안 되었어요. 그러자 총독부는 창씨개명을 안 한 사람들에게는 자녀의 학교 입학 금지, 직장 취업 불가, 행정 민원 서류 취급 불가, 식량 배급 금지, 우편 배달 제외 등의 불이익을 안겼고, 결국 80퍼센트에 달하는 가구가 창씨개명을 하였답니다.

예로부터 씨족 의식이 강했던 우리 민족은 성 바꾸는 것을 가장 큰 굴욕으로 여겨 어떻게든 고유의 성이나 본관의 흔적을 남기려고 애를 썼지요. 김씨는 김산(金山), 이씨는 이가(李家), 장씨는 장전(張田)을 성으로 썼고, 청주 한씨는 청주의 옛 이름인 서원(西原)을 그대로 성으로 삼기도 하였어요. 이름 또한 일부러 우스꽝스럽게 짓기도 하였답니다.

조선인들에게 신사 참배 강요

신사는 일본에서 섬기는 신과 천황 등의 위패를 모신 곳이에요. 일제는 남산 밑의 대신사를 비롯하여 여러 곳에 신사를 세우고, 일본의 문화와 역사를 존경한다는 의미로 조선인들에게 신사 참배를 강요하였어요. 1930년대에는 교회와 기독교계 사립학교에까지 참배를 강요하였답니다.

야스쿠니 신사는?

일본 도쿄의 중심지인 지요다구 황궁 북쪽에 있는 신사예요. 원래는 메이지 유신 직후인 1869년 막부 군과의 전쟁에서 숨진 전사자의 영혼을 제사 지내기 위해 세워졌는데, 1978년에 도조 히데키 등 태평양 전쟁을 일으킨 전범 14명의 위패를 이곳에 옮겨 놓아 문제가 되고 있지요.

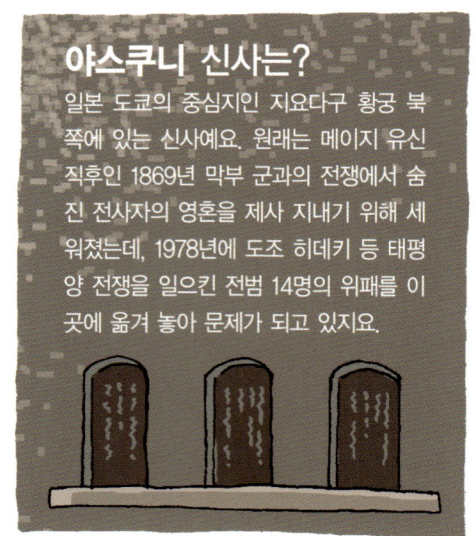

민족 문화 말살 정책의 하나였던 우리말 사용 금지

일제는 민족 문화 말살 정책의 하나로 우리말 대신 일본어를 쓰도록 강요하였으며, 학교에서도 우리말과 한글을 가르치지 못하도록 하였어요.

조선의 여자들을 희생시킨 일본군 위안부

일제는 태평양 전쟁 때 조선의 젊은 여자들을 강제로 끌고 가 육체적, 정신적으로 착취했어요. 일본의 점령지인 중국, 필리핀 등지에서 **일본군들에게 성노예 생활을 강요당한** 일본군 위안부가 있었어요. 여공 모집, 식당 종업원 모집 등을 구실로 여성들을 모아 강제로 전쟁터로 보냈답니다.

조선의 젊은이들을 희생시킨 징병과 징용

태평양 전쟁을 일으킨 일제는 조선의 남자들을 전쟁터, 광산 등으로 강제로 끌고 갔어요. 군대에 입대하게 하여 전쟁터로 끌고 간 것을 **징병**, 노동력이 필요한 힘든 곳에 일꾼으로 끌고 간 것을 **징용**이라고 해요.

물자나 식량을 강제로 바치게 한 공출

일본은 전쟁을 치를 목적으로 일반 백성들에게 물자나 식량을 강제로 바치게 했는데, 이를 공출이라고 해요. 쌀과 보리 등의 식량은 물론이고 면화·고사리·마 등도 걷어 갔지요. 또한 태평양 전쟁에 쓸 전쟁 무기를 만들기 위해 집집마다 쇠붙이라는 쇠붙이는 모두 빼앗아 갔어요. 심지어는 밥그릇과 숟가락까지 말이에요.

사람들의 반발 속에 생긴 대중목욕탕

1920년 6월 4일, 평양에 대중목욕탕이 생겼어요. 유교적 관습이 배어 있던 당시 우리나라 사람들은 거세게 반발했지요. 여러 사람이 모인 곳에서 벗고 목욕을 하는 것은 천민들이나 하는 것으로 여겼으니까요. 하지만 5년 뒤인 1925년, 서울에도 대중목욕탕이 생겼고 점차 전국으로 퍼져 나갔답니다.

[일제 강점기] 예술과 문화

일제 탄압의 암흑기에도 예술 활동은 이어졌어요. 근대 문학이 싹텄고, 우리글을 지키기 위한 여러 활동들이 이어졌으며, 영화《아리랑》이 발표되기도 하였지요.

국어를 연구한 조선어연구회

1921년에 조선어연구회라는 단체가 만들어졌어요. 〈한글〉이라는 잡지를 발간하고, 한글 기념일인 '가갸날'을 정했지요. 곧 조선어학회로 개편되어 《우리말 큰 사전》을 준비하던 중, 일제의 탄압으로 해체되었다가, 광복 이후 '한글학회'로 이름이 바뀌어 다시 활동했어요.

문맹 퇴치 운동과 농촌 계몽 운동

일제 시대에 우리 민족은 문맹 퇴치 운동과 농촌 계몽 운동을 전개하였어요. 1920년대 초부터 학생·지식 청년·문화 단체 등이 계몽 운동을 시작했고, 1930년을 전후한 시기에는 언론계와 청년 학생이 힘을 합쳐 민족의 힘을 키우고자 노력하였지요.

새로 싹튼 근대 문학

일제 강점기에는 근대 문학이 싹튼 시기로 이광수, 최남선 등이 대표적인 인물이에요. 또한 한용운, 김소월, 염상섭 등도 민족 정서와 민족 의식을 담은 작품을 통하여 근대 문학 발전에 이바지하였지요. 김소월의 아름다운 서정시는 많은 사람들이 널리 애송하였답니다.

일제 탄압 속에서도 빛을 발한 예술

일제 탄압의 암흑기 속에서도 안익태, 윤극영 등이 많은 음악 활동을 하였어요. 안익태는 〈애국가〉와 〈한국 환상곡〉을 작곡하였지요.

미술에서는 안중식이 한국 전통 회화를 발전시켰으며, 고희동과 이중섭은 서양화를 대표하였어요.

연극에서도 토월회·극예술 연구회 등의 활동으로 근대 연극이 발전하였고, 영화에서는 나운규가 우리의 정서를 담은 《아리랑》을 발표하여 영화 발전에 기여하였지요.

조국을 잃은 슬픔을 위로해 준 영화《아리랑》

나운규가 제작한 영화 《아리랑》은 1926년 10월 1일 단성사에서 개봉하였는데, 이 영화의 개봉은 그 자체가 하나의 사건이었어요. 개봉 첫날부터 관중이 구름처럼 몰려들어 감동에 벅차서 목 놓아 우는 사람, 아리랑을 합창하는 사람, 심지어 대한 독립 만세를 외치는 사람까지 그야말로 감동의 소용돌이였다고 해요.
영화 《아리랑》은 전국 곳곳에서 상영되었고, 주제가인 아리랑은 조국을 잃은 조선인들이 민족의 애국가처럼 부르게 되었답니다.

일제 강점기에 더욱 사랑받은 민족의 노래 아리랑

우리 민족의 정서를 잘 표현한 노래인 아리랑은 일제 강점기 때 더욱 사랑을 받고 불렸어요. 당시의 독립군들은 행군을 할 때 군가로 아리랑을 애창했으며, 임시 정부를 수립하였을 때도 애국가가 만들어지기 전까지 아리랑을 불렀다고도 해요. 이러한 아리랑의 종류는 무려 500여 가지에 이른답니다.

[일제 강점기]

문화재 · 옷

일제 강점기에는 일본의 동경 역사를 본뜬 서울 역사가 지어졌으며, 탑골 공원이 생겨나기도 했어요. 일제의 강요로 우리 고유의 옷인 한복 대신 국민복이라는 작업복을 입어야 했지요.

일제 강점기에 세워진 서울 역사

서울 역사는 동경대 교수였던 일본인 쓰가모토 야스시가 설계하고, 1922년 6월에 착공하여 1925년 9월에 준공되었어요. 벽돌과 석재가 혼합된 지하 1층, 지상 2층의 건물이지요. 일제 강점기에는 **경성역**으로 불리다가 해방 후 1947년에 역의 명칭이 **서울역**으로 바뀌게 되었어요. 지금 옛 서울역의 바로 옆에는 고속철도 서울역이 새롭게 준공되었지요. 옛 서울역은 더이상 역으로 사용되지 않고, 미술관이나 박물관 등 시민들을 위한 문화 공간으로 바뀔 예정이에요.

서울 최초의 근대식 공원 탑골 공원

탑골 공원은 조선 고종 때 탁지부 고문이었던 영국인 브라운이 설계하여 조성된 서울 최초의 근대식 공원이에요. **1919년 3·1 운동의 발상지**로, 파고다 공원으로 불리다가 1992년 5월 28일에 탑골 공원으로 이름이 바뀌었어요. 현재 팔각정을 중심으로 국보 제2호인 원각사지 십층 석탑, 보물 제3호인 원각사비 등의 문화재와 독립선언비, 3·1 운동 부조판, 손병희 선생 동상 등이 있어요.

독립투사를 고문한 서대문 형무소 역사관

서대문구 현저동에는 독립문과 서대문 감옥을 정비하고 조성한 서대문 독립 공원이 있어요. 광장의 오른쪽으로 옛 서대문 형무소, 즉 옛 서울 구치소가 있는데 일제에 의해 지어져 1908년 10월에 '경성 감옥'이란 이름으로 문을 열었어요. 일제는 항일 독립투사들을 이곳에 가두고 고문을 하거나 사형을 행하였지요. 입구에는 옛 형무소의 높은 벽의 일부가 남아 있으며, 유관순을 가두었다는 지하 독방도 복원되어 있어요.

일제의 강요로 입은 국민복

일제 강점기 때는 태평양 전쟁으로 의생활에 큰 변화가 생겼어요. 일제가 통제된 의생활을 강요해 우리 한복 대신 국민복(전투복)이라는 옷을 입어야 했지요. 부녀자들도 몸뻬(일본식 여자 바지)를 입었고요. 이 몸뻬는 농어촌의 작업복에, 또 조금 개량되어 사찰에 가는 여신도들의 바지에 지금도 그 형태가 남아 있어요.

일본식 주택이 건설되다

일제 강점기에는 일본식 주택 문화가 들어와 살림채 내부에 모든 주거 공간(현관, 욕실, 화장실, 침실 등)이 함께 있는 일본식 가옥이 보급되었어요.

개항과 더불어 성장한 근대 도시

일제 강점기에는 개항과 더불어 근대 도시가 등장했어요. 행정 도시인 서울·평양·대구는 계속 성장하였고, 부산·인천·원산 등은 새로이 항만 도시로 발전을 하였지요. 흥남과 아오지 같은 광업을 중심으로 하는 새로운 공업 도시도 생겨났어요.

[일제 강점기] 전쟁

일제에게 빼앗긴 나라의 주권을 되찾기 위해 곳곳에서 크고 작은 항일 투쟁이 일어났어요. 그중에서도 간도로 불리는 만주 지역에서는 독립군이 만들어져서 일본군과 큰 전투를 벌여 일본군을 혼내 주기도 하였답니다.

일본군을 크게 물리친 청산리 대첩

1920년 8월 하순, 북로군정서의 주력 부대는 일본군이 북로군정서군을 토벌하려는 작전을 진행하고 있다는 것을 알게 되었어요. 이에 독립군은 청산리의 백운평 골짜기로 군대를 이동시키고 적을 기다렸지요.

10월 21일 오전 9시경, 드디어 일본군이 나타났어요. 그들은 독립군이 뿌려 놓은 식은 말똥을 만져 보고 독립군이 이미 오래전에 백운평을 지나갔다고 판단했고, 1만 명의 일본군이 골짜기로 들어오기 시작했어요.

독립군은 적이 다 들어올 때까지 기다렸다가 공격을 퍼부었어요. 3차로 적의 부대가 몰려들 때까지 무려 2,200여 명의 일본군을 사살했지요.

타격을 받은 일본군이 전열을 가다듬고 장기전 태세에 들어가자, 독립군은 주력 부대가 그대로 백운평에 있는 것처럼 위장하고 밤사이 120리를 강행군하여 갑산촌에 도착함으로써 적의 포위망에서 벗어났어요.

이어 독립군은 시마다가 지휘하는 일본군 부대가 조선인 촌락인 천수평에 있다는 정보를 확인하고, 병력을 투입해서 도망자 4명을 제외한 중대장 이하 전원을 사살하였어요.

또한 시마다 중대장이 가노 연대장에게 보내는 문서를 입수하여 일본군 2만 병력이 어랑촌에 있음을 알고 기선을 제압, 어랑촌 전방의 마록구 고지를 점령하였어요.

이로부터 2주 동안 밤낮에 걸친 전투를 통하여 2,000명의 독립군은 지리적 이점을 충분히 이용해 2만의 일본군 중 1,000여 명을 죽이고 90명의 아군 전사자를 내는 큰 승리를 거두었어요.

청산리 대첩은 김좌진 장군이 이끄는 북로군정서의 2,500명 독립군이 만주 등지에서 3차에 걸친 전투 끝에 5만 명의 일본군을 크게 무찌른, 무장 독립운동 사상 가장 빛나는 전투예요. 이는 지리에 익숙한 독립군이 유리한 작전을 편 까닭도 있겠지만, 나라를 잃은 피 끓는 애국심이 이 같은 승리를 있게 한 것이랍니다.

독립운동의 사기를 높여 준 봉오동 전투

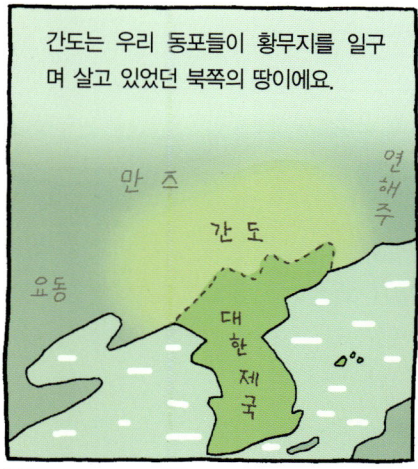

간도는 우리 동포들이 황무지를 일구며 살고 있었던 북쪽의 땅이에요.

이곳 봉오동에는 홍범도가 이끄는 독립군이 지키고 있었어요.

1920년 6월 4일, 30명의 우리 독립군이 두만강을 건너 함경북도 강양의 일본 헌병 순찰대를 공격했어요. 이에 일본군은 삼둔자 마을까지 추격해 왔고, 독립군은 쫓아온 적을 물리쳤지요. 이를 삼둔자 전투라고 해요.

일본군은 반드시 다시 올 것이다. 철저히 대비하라!

화가 난 일본군 대장은 독립군을 추격하라고 명령했어요.

봉오동의 독립군 기지를 소탕하라! 고려령 서쪽 2킬로미터 지점을 향해 전진하라!

고려령은 두만강 가의 아름다운 산으로, 이 고려령을 넘으면 봉오골이 나와요. 이곳의 분지에 우리 동포들의 마을이 있었고, 여기에 홍범도의 독립군이 주둔하고 있었지요.

이 놈들, 어서 오너라!

이제 놈들은 끝났다. 어서 쳐들어가자!

적을 골짜기로 유인해라!

1920년 6월 7일, 봉오골의 주민을 모두 피신시켜 두었던 홍범도는 적을 골짜기 깊숙이 유인하였어요. 4시간의 전투에서 일본군 157명을 죽이고, 300여 명을 크게 다치게 만들었답니다.

3·1 운동이 일어난 후, 수많은 애국 지사들이 독립 투쟁을 벌이기 위하여 만주로 건너갔어요. 이들은 간도와 만주 및 연해주에서 그곳에 사는 100만이 넘는 우리 동포를 발판으로 수많은 무장 독립 단체를 만들어 일제에 대항하였지요. **봉오동 전투는 청산리 대첩의 시작을 알리는 전투였답니다.**

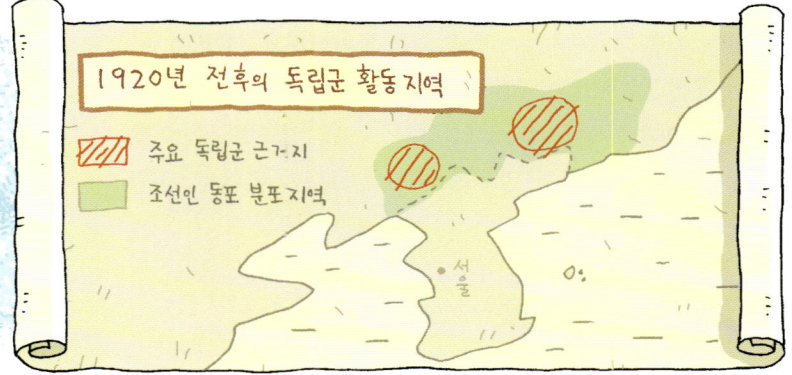

1920년 전후의 독립군 활동 지역
- 주요 독립군 근거지
- 조선인 동포 분포 지역

[일제 강점기] 인물

일제 강점기에는 유관순, 김좌진, 김구 등 나라의 독립을 위해 목숨을 바쳐 일제에 투쟁한 여러 인물들을 비롯하여 어린이날을 만든 방정환, 애국가를 작곡한 안익태 등 여러 인물들이 활동하였어요.

청산리 대첩의 독립군 장군 김좌진

충남 홍성에서 태어난 김좌진은 15세 때 집안의 노비들을 해방시켜 주었고, 집안의 토지를 소작인들에게 나누어 주었어요. 서울에 올라와 육군 무관 학교를 졸업하고 1909년에는 안창호 등과 함께 서북학회를 조직하였지요. 1911년에는 독립운동 자금을 모금하다 일본 경찰에 체포되어 2년 6개월 동안 감옥에 갇혔으며, 1917년에 만주로 망명하였어요. 1919년에 **북로군정서라는 독립군 부대를 창설**, 총사령관이 되었지요. 1920년 10월에는 북로군정서의 군대를 총지휘하며 청산리에서 일본군과 전투를 벌여 큰 승리를 거두었어요. 또한 북만주 독립 군단을 정비하고, 성동 사관 학교를 세워 독립군 간부 양성에 노력하는 등 항일 무장 투쟁을 계속해 나갔어요. 1930년 1월 24일, 공산주의자 박상실의 총에 맞아 순국하였답니다.

목숨 바쳐 대한 독립 만세를 외친 유관순

1919년 3월 1일, 독립 만세 운동이 벌어지자 이화 학당의 학생이었던 만 17세의 유관순은 만세 운동에 참여하여 독립을 외쳤어요. 3·1 운동으로 학교에 휴교령을 내려지자 고향인 천안으로 내려와 아우내 장터에서 만세 운동을 벌이기로 계획하였어요. 4월 1일 장터 어귀에서 태극기를 나누어 주고 3,000명의 인파들과 함께 '대한 독립 만세'를 부르며 아우내 장터를 누비고 다녔어요. 이 과정에

서 유관순의 아버지와 어머니는 일본군에게 피살되고, 유관순은 부상을 입은 채 운동의 주동자로 체포되었지요. 체포된 유관순은 "조선인으로 일본인에게 재판을 받을 수 없다."고 맞서 7년형을 선고받아 8월 1일 서대문 형무소에 갇혔어요. 옥중에서도 대한 독립 만세를 계속 부르다가 악독한 고문과 폭력에 못 이겨 1920년 10월 12일 오전 8시, 만 18세의 나이로 숨을 거두고 말았답니다.

조국을 위해 평생을 바친 김구

1876년 황해도 해주에서 태어난 김구는 교육 사업과 함께 신민회를 조직하고 만주에 무관 학교를 세울 것을 결의하는 등 독립운동을 하다 체포되었어요. 1914년 감옥에서 나와 농촌 계몽 운동을 벌이다가 3·1 운동 후 44세의 나이에 상하이로 망명하였어요.
대한민국 임시 정부에 참여해 경무국장, 국무령 등을 지냈고, 56세에 한인 애국단을 만들어 이봉창, 윤봉길 의사의 의거를 이끌었지요. 65세에는 한국 광복군을 만들어 일본에 대항하였으며, 1945년에 조국이 해방되자 11월 23일 그리던 고국에 돌아왔어요. 그때 우리나라는 북쪽은 소련이, 남쪽은 미국이 다스리고 있었어요. 김구 선생은 통일 국가를 이루기 위해 여러 면으로 열심히 노력을 하다가, 1949년에 통일보다는 권력에 눈이 먼 사람들에 의해 죽음을 맞았어요.

어린이날을 만든 방정환

방정환은 3·1 독립 만세 운동이 일어나자 독립선언문을 돌리다가 경찰에게 붙잡혀 고문을 받고 석방된 후 일본으로 유학을 갔어요. 도쿄 도요대학 철학과에 입학하여 아동 심리와 아동 문학을 공부하였지요. 1921년에는 천도교 소년회를 만들어 "씩씩하고 참된 소년이 됩시다. 그리고 늘 사랑하며 도와 갑시다."라는 표어를 걸고, 어린이에게 존댓말 쓰기 운동을 전개하였어요. 우리나라 최초의 아동 문화 운동 단체인 **색동회**를 조직하여 어린이를 위한 운동을 펼치고, **어린이날**을 만들었어요. 또한 '안데르센 동화', '그림 동화', '아라비안나이트' 등을 번역한 《사랑의 선물》을 출판하였어요. 나라와 민족을 사랑한 우리나라 최초의 아동 문화 운동가로서, 진정으로 어린이를 사랑하는 마음으로 평생을 보낸 방정환은 1931년 33세의 젊은 나이로 세상을 떠나고 말았어요. 1957년에 그의 정신을 기리기 위하여 그의 호를 딴 '소파상'이 만들어졌답니다.

애국가를 작곡한 안익태

3·1 운동으로 옥에 갇힌 사람들을 구출하려는 운동을 한 사실이 발각이 되어 학교에서 쫓겨나 일본 경찰에 쫓기게 된 안익태는 당시 숭실 학교 교장인 마우리 박사의 도움으로 일본 유학 길에 올랐어요.

일본에서 다시 미국으로 건너가 계속 음악 공부를 하여 1935년에 필라델피아 음악 대학을 졸업하고 〈한국 환상곡〉을 작곡하기 시작했어요. 그해 11월에 〈애국가〉를 작곡하였고, 1936년에는 〈한국 환상곡〉을 완성하였지요.

1938년, 아일랜드의 수도 더블린에서 처음으로 〈한국 환상곡〉의 감격적인 연주를 하게 되었지요. 합창 부분의 가사를 우리말로 그대로 부르게 하여 나라 사랑하는 마음을 표현했는데, 그 후에도 어디를 가나 〈한국 환상곡〉 합창 부분은 우리말로 부르게 하였어요.

안익태는 아일랜드의 더블린 국립 교향악단에서 처음 〈한국 환상곡〉을 연주한 이래 파리 콘서트, 런던 필하모니 교향악단의 지휘를 하며 지휘자로서의 명성을 쌓기 시작했어요. 그리고 마침내 스페인 마욜카 교향악단의 상임 지휘자로 활동하면서 세계적 지휘자의 위치에 오르게 되었답니다.

대한민국

일제는 아시아의 여러 나라를 점령하며 태평양 전쟁을 일으켜 미국을 비롯한 연합군과 전쟁을 벌였어요. 그러다가 미군으로부터 원자폭탄 공격을 받고 연합군에게 무조건 항복을 하였지요.

일제가 항복을 하자, 우리나라는 해방을 맞았어요. 그러나 방방곡곡에 해방의 기쁨이 넘쳐흐르는 것도 잠시, 남한과 북한은 이념의 갈등 때문에 둘로 나뉘게 되었지요. 남한에는 대한민국이라는 자유 민주주의 국가가, 북한에는 김일성이 이끄는 공산주의 정권이 들어섰어요.

그리고 1950년, 소련으로부터 군사 무기를 지원받은 북한이 남한을 침략해 왔어요. 동족끼리의 전쟁으로 한반도는 폐허가 되었지만, 온 국민의 피나는 노력으로 다시 일으켜 세웠고, 그 결과 대한민국은 놀라운 경제 성장을 이루게 되었답니다.

[대한민국] 정치

해방을 맞은 한반도는 남과 북으로 나뉘어 서로 다른 이념을 주장하다가 전쟁이 나고 말았어요. 결국 휴전이 성립되었고, 대한민국은 4·19 혁명, 6월 민주 항쟁 등을 거쳐 민주주의 제도가 확립되며 오늘에 이르렀지요.

일제의 패망으로 찾은 광복

태평양 전쟁을 일으키며 미국을 공격한 일본은 히로시마와 나가사키에 원자폭탄 공격을 받고 소련군이 연합군으로 참전하자, 1945년 8월 15일 연합군에게 무조건 항복을 선언하였어요. 이에 한반도에서 일본이 물러났고, 대한민국은 광복을 맞게 되었지요. 광복은 빼앗긴 주권을 도로 찾는다는 말이에요.

신탁 통치로 인한 국론 분열

1945년 12월 모스크바에서 제2차 세계대전을 승리로 이끈 연합국이 모여 **모스크바 3상 회의**를 열었어요. 미국·영국·소련 세 나라의 외무장관이 참석하여 전쟁 후의 문제들을 처리하고자 함이었지요. 이 회의의 결과, 대한민국은 오랫동안 일본의 지배 아래에 있어서 스스로 나라를 다스릴 능력이 없으므로 미·영·중·소 네 나라가 최고 5년 동안 신탁 통치를 하자고 하였어요. 이에 남한의 많은 사람들은 신탁 통치는 또다시 다른 나라의 지배를 받게 되는 것이라며 신탁 통치를 반대하는 운동을 벌였어요. 그러나 소련의 영향 아래에 있던 북한과 남한 내의 공산주의자들은 신탁 통치를 찬성하는 쪽으로 돌아섰고, 전국은 신탁 통치를 반대하는 쪽과 찬성하는 쪽으로 나뉘어 대립하게 되었답니다.

한국 독립에 대한 국제적 보장

카이로 선언 1943. 11. 27
일본은 침략 전쟁에서 얻은 모든 영토를 포기할 것. 적절한 시기에 한국을 독립시킬 것.

테헤란 회담 1943. 11. 28~12. 1
독일에 대한 연합국의 전쟁 방침을 결정. 노르망디 상륙작전을 구체화함.

얄타 협정 1945. 2. 11
소련의 대일전 참가를 결정. 한국에 있어서의 38도선을 확정.

포츠담 선언 1945. 7. 26
군국주의 배제, 일본 군대의 무장 해제. 카이로 선언의 모든 조항 이행(카이로 선언에서 결정한 한국의 독립 확인).

남한에 대한민국 정부 수립

광복을 맞은 후 한반도에는 38도선을 경계로 **북쪽은 소련군**이, **남쪽은 미군**이 임시 행정을 펴는 군정을 실시하였어요. 모스크바 3상 회의에서 결정한 임시 정부 수립 문제는 신탁 통치를 둘러싼 국론 분열로 해결되지 못한 채, 미국은 한반도 정부 수립 문제를 유엔에 넘겼어요. 유엔은 총선거에 의한 정부 수립을 결의하였으나, 소련과 북한은 이 결정에 따르지 않았지요. 결국, 1948년에 남한만의 단독 선거가 실시되어 첫 국회가 구성되었고, 7월 17일에 헌법을 공포하였으며, 이승만이 초대 대통령으로 뽑혔답니다.

민주주의를 위해 시민들이 일어선 4·19 혁명

대한민국의 초대 대통령에 당선된 이승만과 자유당 정권은 '초대 대통령에 한하여 중임(2번 까지만 할 수 있음) 제한을 철폐한다.'는 내용의 대통령 중심제 개헌안을 국회에 발의하여 개헌안을 통과시키고, 다시 대통령 선거에 나와 1956년에 제3대 대통령이 되었어요.

이승만 정부는 1960년 3월에 실시된 제4대 대통령과 부통령 선거에서 자유당 출신인 이기붕을 부통령으로 당선시키기 위해 부정 선거를 펼쳤지요.

이에 1960년 4월 19일, 서울의 대학생들이 '정의와 민주주의를 지키기 위해 일어나야 한다.'는 내용의 선언문을 낭독하고, 뜻을 같이 하는 시민들과 함께 이승만 정권을 몰아내기 위한 운동을 벌였어요.

각 대학의 교수들을 비롯한 수많은 지식인들이 이 운동에 참여했고, 결국 이승만 대통령은 대통령 자리에서 물러났으며, 12년 동안 정권을 차지했던 자유당 정권도 무너지고 말았지요.
부정고·독재에 반대하며 자유 민주주의를 지키기 위해 학생들과 시민들이 일으킨 이 운동을 4·19 혁명이라고 한답니다.

군인들이 무력으로 정권을 잡은 5·16 군사 정변

4·19 혁명으로 이승만 정권이 물러나고 장면 내각이 들어서며 제2공화국이 성립되었어요. 그렇지만 새로 정권을 잡은 민주당 내부의 분열 등 정치 혼란과 사회 불안은 계속되었지요. 이에 나라를 구한다는 명목을 내세워 **박정희**를 중심으로 한 일부 정치 군인들이 1961년 5월 16일에 군대를 동원하여 서울을 점령하고 무력으로 정권을 무너뜨린 뒤 군사 정부를 세웠어요.

광주 시민들이 새 군사 정부에 대항한 5·18 민주화 운동

군사 정변을 일으켜 정권을 잡은 박정희는 1963년에 대통령으로 취임하며 제3공화국을 열었어요.
그러나 정상적인 방법으로는 정권을 계속 유지하기가 어렵다고 판단하여, 1972년 10월에 장기 집권을 목적으로 헌법을 뛰어넘는 특별법인 유신 헌법을 공포하였지요.

그러다가 1979년 10월 박정희 대통령이 죽임을 당하는 사건이 일어났어요. 이 사건을 계기로 국민들은 민주화를 열망하였으나, 일부 군인들이 다시 무력으로 정권을 빼앗고 말았어요.
이에 분노한 국민들이 시위를 벌였고, 군사 정권은 비상 계엄이라는 국민들의 권리를 제한할 수 있는 특별 조치를 선포하였어요.

1980년 5월 18일, '계엄령을 철폐하고 군사 정부는 물러가라!'며 광주에서 시위가 일어났어요. 그러나 정부는 광주 시민들에게 총을 쏘아 수많은 사람들을 죽이며 무력으로 시위를 진압하였어요.
이 운동은 오래도록 '5·18 광주 폭동', '광주 사태' 등으로 불리다가, 1990년대에 민주주의를 위한 투쟁으로 인정받아 '5·18 민주화 운동'으로 불리게 되었답니다.

민주화 선언을 이끈 6월 민주 항쟁

전두환, 노태우 등의 정치 군인들에 의해 세워진 제5공화국은 민주주의를 바라는 학생들과 시민들을 강하게 압박하며 정권을 유지하고 있었어요. 그러다가 1987년 **박종철**이라는 대학생이 경찰의 조사를 받다가 죽는 사건이 발생했어요.
이 사건은 국민의 손으로 직접 대통령을 뽑아야 한다는 6월 항쟁으로 이어졌고, 이를 진압하던 도중 또다시 **이한열**이라는 대학생이 경찰이 쏜 최루탄에 맞아 죽는 사건이 벌어졌어요. 그러자 수많은 시민들이 거리로 나서게 되었고, 마침내 6월 29일에 정부 여당의 노태우 대통령 후보는 국민들의 뜻에 따라 국민들이 직접 선거를 통해 대통령을 뽑는 **대통령 직선제**를 받아들이겠다고 발표하였지요.

[대한민국] 영토

해방과 함께 대한민국의 주권은 되찾았지만 한국 전쟁으로 한반도의 허리에 휴전선이 그어지며 한반도는 둘로 나누어지게 되었어요. 한편 대한민국의 수도 서울은 눈부신 경제 성장과 더불어 세계적인 도시가 되었지요.

광복으로 되찾은 대한민국 영토

일제의 패망으로 해방을 맞은 대한민국은 남북으로 길게 뻗은 반도와 3,200여 개의 섬으로 이루어진 영토를 되찾게 되었어요. 북쪽은 압록강과 두만강을 국경으로 중국의 만주와 러시아의 연해주에 닿아 있고, 동쪽과 남쪽은 동해와 남해를 건너 일본을, 서쪽은 서해를 두고 중국 본토를 향하고 있지요.

한국 전쟁으로 다시 갈라진 한반도

대한민국의 헌법에는 '대한민국의 영토는 한반도와 그에 딸린 섬으로 한다.'라고 되어 있어요. 그렇지만 6·25 전쟁(한국 전쟁)으로 한반도의 허리에 휴전선이 생기면서 대한민국의 실질적인 영토는 휴전선 이남의 땅과 그에 딸린 섬들이 되었지요.

대한민국의 행정 구역은 1특별시, 6광역시, 9도

조선 시대에는 전국이 경기·충청·경상·전라·강원·황해·함경·평안의 8개도로 나뉘어 있다가, 고종이 대한제국을 선포하며 함경·평안·충청·전라·경상도가 각각 남·북도로 나누어 13도로 개편하였어요.
대한민국 정부가 들어선 이후에 서울은 특별시가 되었고, 부산·대구·인천·광주·대전·울산이 직할시를 거쳐 광역시가 되었어요. 제주는 전라남도에서 분리되어 도로 승격되었으며, 대한민국은 현재 1특별시, 6광역시, 9도로 이루어져 있답니다.

대한민국의 수도 서울

서울은 대한민국의 정치·경제·사회·문화 등 모든 활동의 중심지가 되는 수도예요. 경기도에 속해 있다가 8·15 광복 이후 경기도에서 분리되었지요. 1948년에 대한민국 정부가 세워지면서 수도로 결정되었고, 1949년 특별시가 되어 지금까지 대한민국의 수도 기능을 하고 있답니다.

[대한민국] 사회와 경제

한국 전쟁으로 폐허가 된 한반도를 다시 일으켜 세우기 위해 온 국민들이 열심히 일했어요. 공업을 발전시키고 수출을 통해 눈부신 경제 성장을 이룩하였답니다.

6·25 전쟁으로 산업 기반 무너짐

해방 후 남북의 두 정부는 서로 긴장과 대립 속에 팽팽히 맞서고 있었고, 38도선을 경계로 크고 작은 충돌이 계속되었어요. 그리고 1950년 6월 25일, 북한이 남한으로 쳐들어왔어요. 6·25 전쟁으로 산업 시설이 파괴되었고, 전 국토가 **폐허**로 변했지요.

근면·자조·협동의 새마을 운동

제3공화국은 1970년부터 지역 사회 개발 사업을 펼쳤는데, 새마을 운동이라는 이름으로 정부의 절대적인 지원을 받으며 전국적으로 확대되었어요. 근면·자조·협동 정신을 바탕으로 사회 전체의 **의식 개혁 운동**으로까지 발전하였지요.

국민 경제를 건전하게 한 금융 실명제

금융 실명제는 은행 예금이나 증권 투자 등 금융 거래를 할 때 거래를 하는 사람의 실제 이름으로 하는 것을 말해요. 실제 이름으로 정상적이고 합법적으로 금융 거래를 하면 부당한 이익을 얻기 어렵고 공정하게 세금을 부과할 수 있거든요. 1982년에 논의되었고 1993년부터 실시되었어요.

가난을 몰아내기 위한 경제 개발 5개년 계획

6·25 전쟁으로 폐허가 된 나라를 다시 세우기 위해 미국의 원조 아래 **경제 개발 계획**이 세워졌어요. 박정희 군사 정부가 정권을 잡은 제3공화국 때에는 이 땅의 가난을 몰아내고자 '경제 개발 5개년 계획'이라는 종합적인 경제 개발 계획을 실천에 옮겨 1962~1981년까지 4차에 걸쳐 활발하게 진행되었어요.

경공업에서 중공업으로

경제 개발을 시작한 초기에는 주로 노동력이 많이 필요한 신발, 가발, 섬유 등 가벼운 재료를 다루는 경공업이 발달하였어요. 그러다가 1970년 이후로는 철강, 조선, 석유 산업 등 중공업 중심으로 바뀌었답니다.

경제 발전으로 경제 협력 개발 기구 가입

'한강의 기적'이라는 찬사를 들으며 개발 도상국 중에서도 두드러진 경제 발전을 이룬 대한민국은 외국과의 교역 규모도 커졌어요. 그리하여 1996년에는 세계 경제 협력 기구인 '경제 협력 개발 기구(OECD)'에 회원국으로 가입하여 **선진국의 대열**에 당당히 들어서게 되었지요.

경제적 시련 외환 위기

1997년, 대한민국은 대기업들의 지나친 성장 위주의 경영과 금융 기관의 부실로 경제적인 어려움을 겪게 되었어요. 외국인들이 투자한 돈을 되찾아 가고, 국내에서는 수출이 줄어들어 갑자기 **외화가 부족**해져서 외환 위기가 찾아왔어요. 부족한 외화를 국제 통화 기금(IMF, 아이엠에프)에게 빌려 와야 했으며, 우리나라는 국제 통화 기금이 요구하는 경제 정책을 따라야 하였지요.

금 모으기 운동과 경제 개혁

국제 통화 기금이 요구하는 경제 정책에 따라 빚을 많이 지고 있거나 경영 상태가 부실한 기업과 금융 기관이 문을 닫았고, 그곳과 거래를 하는 많은 업체들 역시 문을 닫거나 큰 고통을 겪게 되었어요. 또한 많은 사람들이 일자리를 잃어 실업자가 크게 늘어났고요. 그렇지만 외환 위기를 이겨 내기 위해서 국가와 기업뿐 아니라 국민들까지 모두 힘을 모았어요. 국민들은 금 모으기 운동에 참여하여 부족한 외화를 채우는 데 앞장섰답니다.

세계적인 무역 국가, 세계 경제의 중심 국가

대한민국은 놀라운 경제 성장으로 **세계 무역의 10위권** 안에 드는 무역 국가가 되었지만, 외환 위기를 겪으며 힘든 시기도 보냈어요. 실업자가 늘어나고, 경제적으로 풍족한 계층과 가난한 계층의 차이가 심한 **양극화 현상** 등 여러 가지 사회 문제를 겪고 있기도 해요. 그렇지만 세계 경제를 이끄는 중심 국가가 되기 위해 국가와 기업, 국민 모두가 열심히 노력하고 있답니다.

세계를 깜짝 놀라게 한 2002년 한·일 월드컵

21세기를 여는 첫 월드컵인 2002년 월드컵이 대한민국과 일본에서 공동으로 열렸어요. 대한민국에서는 개막식을 비롯해 서울·부산·대구·인천·대전·전주·광주·울산·수원·서귀포 등 10개 도시에서 경기가 열렸지요. 대한민국은 월드컵에 출전한 지 48년 만에 첫 승을 올렸을 뿐 아니라 승승장구하여 **4강**에 오르는 뛰어난 성적을 기록하여 세계를 깜짝 놀라게 하였어요. 또한 월드컵 대회는 대한민국뿐 아니라 대한민국의 우수한 기술과 상품을 세계에 널리 알리는 기회가 되어 경제 성장에도 많은 도움을 주었답니다.

2002년 월드컵 길거리 응원 물결

2002년 한·일 월드컵에서 대한민국은 축구 경기뿐만 아니라 길거리에서 펼쳐진 응원의 물결로 전 세계의 관심과 칭찬을 받았어요.
붉은악마를 중심으로 온 국민이 거리 거리에서 붉은 옷을 입고 응원을 펼쳤는데, 특히 서울의 광화문과 시청은 대표적인 응원 장소였답니다. 또한 응원이 끝난 후에는 자기가 가져온 쓰레기를 모두 깨끗이 치워 수준 높은 시민 의식을 보여 주었지요.

[대한민국] 생활과 풍습

급속도로 성장한 경제를 바탕으로 생활에도 큰 변화가 생겼어요. 대도시를 중심으로 아파트가 등장하고, 고속도로와 지하철이 생겨났으며, 정보 통신이 놀라운 발전을 하기도 했어요.

도시에 등장한 아파트

1970년대 초, 도시에는 아파트가 생겨나기 시작했어요. 아파트는 한 채의 건물 안에 여러 세대가 살 수 있도록 지은 **공동 주택**이에요. 경제 성장과 함께 도시의 인구가 급격하게 늘어나자 대도시에는 아파트를 비롯한 공동 주택이 늘어나게 되었고, 대도시 주변으로 아파트 단지들이 중심을 이루는 신도시가 건설되기도 하였어요.

자녀를 둘만 낳자 가족 계획

해방 이후 인구가 급격하게 늘어나자, 정부는 1962년부터 출산을 제한하는 가족 계획 사업을 폈어요. 가족 계획 사업이란 정부에서 그 시대의 상황에 맞게 아이를 낳는 수를 조절하는 **인구 정책 사업**이에요. 그러나 2000년대를 넘어서면서부터는 출산율이 너무 낮아져, 오히려 지금은 출산을 적극적으로 장려하고 있답니다.

교통의 발달로 전국 1일 생활권

서울과 부산을 잇는 경부 고속도로를 시작으로 전국을 연결하는 고속도로가 건설되면서 전국 어디든지 하루에 다녀올 수 있는 1일 생활권의 시대를 맞이하였어요. 대도시의 **지하철 개발**과 **고속철도의 개통** 등 교통의 발달은 국민들의 생활을 더욱 편리하게 해 주었고, 산업의 발달에 큰 역할을 하였지요.

세계 1위의 컴퓨터 보급률

정보화 시대를 맞이하여 컴퓨터 보급에 앞장선 대한민국은 1인당 컴퓨터 보급률이 세계 1위를 차지하게 되었어요. 전국 방방곡곡에 컴퓨터가 보급되어 교육과 생활에 큰 도움을 주고 있으며, 컴퓨터의 보급과 통신 기술의 발달로 광통신을 이용한 **초고속 인터넷 사용율도 세계 1위**랍니다.

노인 인구가 늘어난 고령화 사회

고령화란 한 국가의 전체 인구에서 **노인 인구**가 차지하는 비중이 늘어나는 현상을 말해요. 우리나라는 2008년에는 10.1%, 2019년에는 전체 인구 중 노인 인구가 14%를 넘는 고령화 사회가 될 거라고 해요. 고령화 사회의 문제점은 나라 경제의 중심이 되는 청·장년층의 인구보다 사회적 혜택을 받아야 하는 노인층의 인구 비례가 높아져 경제 발전과 복지 정책에 큰 어려움을 주게 된다는 점이에요.

[대한민국] 예술과 문화

올림픽이나 월드컵 같은 세계적인 행사가 치러졌으며, 세계 속에 대한민국의 이름을 떨친 위대한 예술가들의 활약이 돋보이기도 했어요.

세계인의 축제 88 서울 올림픽

'한강의 기적'이라고 불리는 높은 경제 성장을 바탕으로 1988년에는 국제 스포츠 경기인 올림픽이 열려 지구촌 곳곳에 대한민국을 널리 알리게 되었어요. 그 후 여러 분야에 걸쳐 다양한 국제 행사가 벌어졌고, 대한민국은 세계 여러 나라와 어깨를 나란히 하며 국가의 위상을 크게 높였어요.

세계에 이름을 떨친 문화와 예술

브로드웨이에서 큰 관심과 찬사를 받은 《명성황후》와 《난타》, 세계 속에 우리의 소리를 알린 김덕수와 사물놀이패, 세계를 무대로 활동하고 있는 조수미·정트리오·장영주·장한나 등 문화, 예술면에서 대한민국의 이름을 세계에 알리는 다양한 활동들이 펼쳐지고 있어요.

그 밖에도 세계적인 영화제에서 큰 상을 받은 영화와 영화인들, 스포츠로 이름을 날린 운동 선수들이 대한민국을 빛내고 있답니다.

세계에 부는 한류 열풍

1990년대부터 우리의 영화, 텔레비전 드라마, 대중 음악 등이 중국과 일본을 비롯한 아시아에 소개되면서 대한민국의 대중 문화를 좋아하는 사람들이 크게 늘어나기 시작했어요. 특히 2000년 이후에는 대중 문화만이 아니라 김치·라면 등 한국 관련 제품의 수출이 눈에 띄게 늘어났는데, 이러한 모든 현상을 가리켜 '한류'라고 해요. 한류의 열풍이 너무 뜨거워져 심지어는 대중 문화뿐 아니라 나아가 한국인과 한국 자체에 애정을 느껴 한국을 배우려는 젊은이들이 생겨났으며, 한류 열풍은 아시아를 넘어 세계로 향하고 있답니다.

김대중 전 대통령 노벨 평화상 수상

세계에서 가장 권위 있는 문화상으로는 노벨상을 들 수 있어요. 노벨상은 다이너마이트를 발명한 노벨의 유언으로 만들어졌는데, 1901년부터 해마다 물리학, 화학, 생리·의학, 문학, 경제학, 평화 등 6개 부문에 공헌한 사람들에게 상을 수여하고 있어요. 대한민국에서는 2000년에 김대중 전 대통령이 인권과 세계 평화에 기여한 업적을 인정받아 노벨 평화상을 수상하였답니다.

[대한민국] 전쟁

해방 후, 한반도는 이념 때문에 남과 북으로 갈라져 대립했어요. 남한에는 자유 민주주의 정부가, 북한에는 공산주의 정권이 들어섰는데, 1950년에는 같은 동족끼리 싸우고 죽이는 한국 전쟁이 일어났답니다.

동족끼리 총부리를 겨눈 한국 전쟁

태평양 전쟁을 일으킨 일제가 연합군에게 무조건 항복을 선언하며 대한민국은 해방을 맞았어요. 그러나 연합국은 일본군의 무장 해제를 이유로 한반도에 군정을 실시하였어요. 38도선을 경계로 남쪽은 미군이, 북쪽은 소련군이 주둔하게 되었으며, 미국과 소련은 대한민국 정부를 대신해 5년간 나라를 다스리는 신탁 통치를 결정했어요.

처음에는 남한과 북한 모두 신탁 통치를 반대하였지만 북한은 신탁 통치를 찬성하게 되었고, 남한과 북한은 민주주의와 공산주의라는 이념으로 갈리어 각각의 정부를 세워 대립하게 되었어요. 그리고 북한은 소련과 중공의 지원을 받아 무기를 들여와 남한을 공격하여 무력으로 통일시키려 하였지요. 결국, **1950년 6월 25일**에 북한이 38도선을 넘어 남한을 침략했어요.

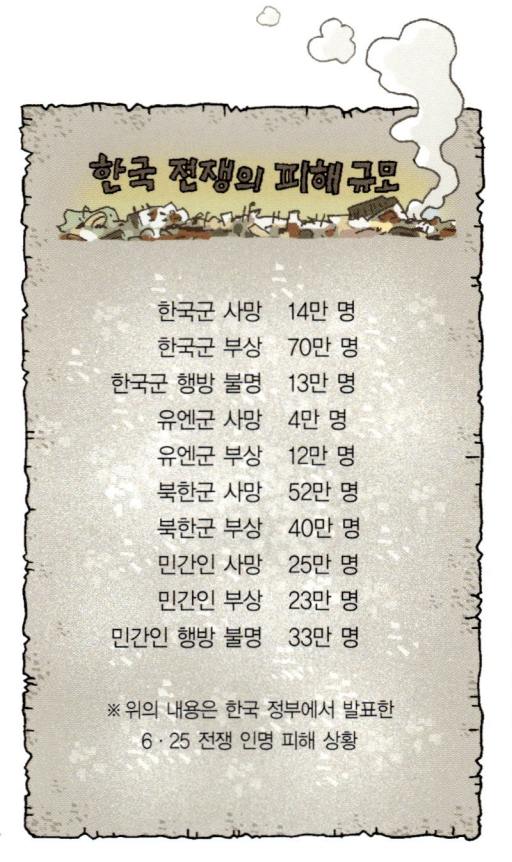

한국 전쟁의 피해 규모

한국군 사망	14만 명
한국군 부상	70만 명
한국군 행방 불명	13만 명
유엔군 사망	4만 명
유엔군 부상	12만 명
북한군 사망	52만 명
북한군 부상	40만 명
민간인 사망	25만 명
민간인 부상	23만 명
민간인 행방 불명	33만 명

※ 위의 내용은 한국 정부에서 발표한 6·25 전쟁 인명 피해 상황

6·25 전쟁, 시작에서 끝까지

1 **1950년 6월 25일 – 북한 공산군의 불법 남침**
6월 25일 새벽 4시경 북한군은 7개 보병 사단, 1개 기갑 여단 및 특수 부대를 포함해 총 10만 명의 병력을 동원하여 불법으로 38도선을 넘어 남한을 침략했어요. 그리고는 막강한 군사력으로 바로 서울을 함락했어요.

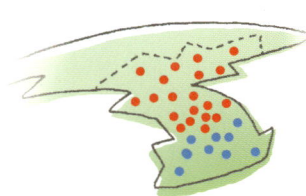

2 **1950년 8월 1일 – 낙동강 방어선까지 후퇴**
북한군의 계속된 공격으로 후퇴하던 국군과 유엔군은 낙동강 전선을 최후의 교두보로 삼아 총반격한다는 작전을 세워 낙동강까지 철수했어요.

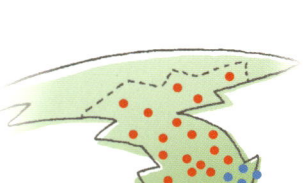

3 **1950년 9월 15일 인천 상륙 작전과 9월 28일 수도 서울 탈환**
낙동강 반격이 시작되었고, 미군의 지휘관인 맥아더 장군은 인천 상륙 작전을 벌여 북한군에게 빼앗긴 지 3개월 만에 수도 서울을 되찾았어요.

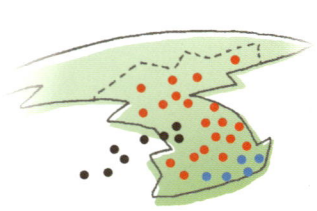

4 국군의 압록강 진격
국군과 유엔군은 달아나는 공산군을 뒤쫓아 38도선을 넘어 10월에는 평양을 거쳐 압록강에 이르렀고, 11월에는 두만강 일대까지 진격하였어요.

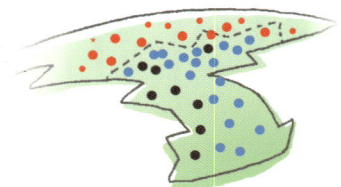

5 중공군 참전
국토 통일을 눈앞에 두었을 때 중공군이 전쟁에 개입하여 인해 전술(많은 수의 병력으로 희생을 무릅쓰고 공격을 되풀이하는 원시적인 전술)로 반격해 왔어요. 이에 우리 국군은 50여 만 명의 중공군에 밀려 후퇴하기 시작하였지요.

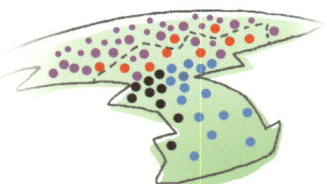

6 1951년 1월 4일 – 1 · 4 후퇴
12월 14일부터 24일 사이에 동부 전선의 국군 12만 명과 피난민 10만 명이 흥남 부두에서 배를 타고 철수했고, 급기야 1월 4일에는 서울을 다시 내줄 수밖에 없었어요. 이것을 '1 · 4 후퇴'라고 하지요.

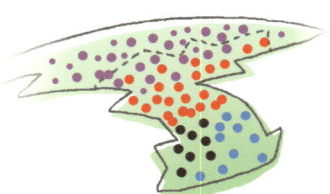

7 1951년 3월 15일 – 수도 다시 탈환
우리 국군은 병력과 장비를 다시 정비하여 반격 작전을 펼쳐 3월 15일에 서울을 되찾았어요. 다시 북으로 진격하려 했으나 적의 강한 대항에 밀려 38도선 부근에서 치열한 전투를 계속해야 했어요.

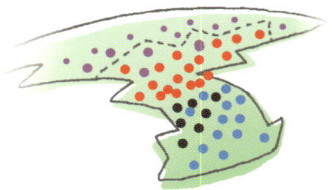

8 1953년 7월 27일 – 휴전과 분단
전쟁에 자신을 잃은 북한이 소련을 통해 휴전을 제의하자, 우리 국민들의 결사적인 반대에도 유엔군의 승인으로 휴전이 이루어졌어요. 1953년 7월 27일에 전쟁이 중지됨으로써 3년 1개월간의 참담했던 6 · 25 전쟁은 종전이 아닌 휴전으로 매듭지어졌어요. 같은 동포끼리 총부리를 겨눈 어처구니없는 이 전쟁은 결국 민족 분단의 비극을 가져오고 말았지요.

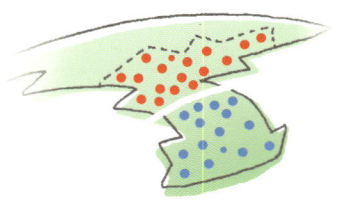

이라크 등 해외에 군대를 보내 세계 평화를 위해 힘쓴 **해외 파병**

6 · 25 전쟁을 치른 후 대한민국은 1964년부터 베트남을 비롯하여 해외 여러 곳에 국군을 파견하였어요. 쿠웨이트, 소말리아, 서부 사하라, 그루지야, 인도, 파키스탄, 앙골라, 동티모르, 아프가니스탄, 이라크 등에 군대를 파견하여 전쟁으로 폐허가 된 도시를 복구하고 의료 시설을 펼치는 등 국제 평화 유지를 위해 애를 쓰고 국가의 위상을 드높이기도 하였어요.

전쟁 257

【대한민국】 과학과 기술

대한민국은 과학과 기술을 발전시켜 강대국이 되기 위해 많은 노력을 기울였어요. 그 결과, 세계 최고의 반도체 생산국이 되었으며, 우리 기술로 인공위성을 만들어 쏘아 올리기도 했어요.

세계 제1의 반도체 생산국

마법의 돌, 전자 산업의 꽃, 산업의 쌀 등으로 불리며 모든 전자 제품의 핵심 부품이 되는 반도체를 개발하기 위해 기업체와 국가 연구소 등이 막대한 자금을 투자하고 눈물 나는 노력을 기울였어요. 그 결과, 일본과 미국 등 선진국들을 제치고 세계를 제패하는 반도체 중심 국가가 되었어요.

인터넷이 방방곡곡 정보 통신 강대국

정보화 시대에 대비하여 정보·통신 산업을 발전시키기 위해 노력한 대한민국은 **컴퓨터 보급률 세계 1위**를 기록하며 정보·통신 분야의 관련 기술과 산업을 크게 발달시켰어요. 컴퓨터의 이용이 생활화되어 '정보의 바다'라고 불리는 인터넷 통신망이 전국 방방곡곡 설치되었으며, 정보 통신 분야의 강대국으로 우뚝 서게 되었지요.

대한민국이 쏘아올린 인공위성 우리별 1호

우리나라는 1992년 8월에 **우리 과학 기술로 만든** 과학 위성인 우리별 1호를 성공적으로 발사하며 우주 항공 분야의 선진국을 향한 힘찬 발걸음을 내딛었어요. 그 후 무궁화 1·2호, 우리별 2·3호 등의 개발에 성공하며 인공위성과 우주 항공 산업 분야의 눈부신 발전을 위해 계속적인 노력을 기울이고 있지요.
2015년에는 세계 10위권의 선진 우주국에 진입한다는 목표를 세우고, '우주 개발 중장기 기본 계획'을 수립하여 실천하고 있답니다.

최고의 기술을 자랑하는 철강·조선·자동차

 자원이 부족한 대한민국은 공업을 발전시키기 위해 큰 노력을 기울였어요. 그 결과 경공업에서 중공업 분야로 산업의 발달을 이루었고, 철강과 조선, 자동차 산업 분야에서 세계 최고의 기술을 자랑하게 되었답니다.

세계 최고 인기 휴대전화와 가전제품

과학 기술에 대한 열정과 끊임없는 연구 개발로 전자 산업을 크게 발달시킨 대한민국은 전자 산업 분야에서 큰 성과를 이루었어요. 특히 휴대전화와 대형 벽걸이 텔레비전 등의 품목은 세계 최고의 품질을 자랑하고 있지요.

한국사 연표

선사 시대와 고조선

기원전

- **약 70만년** – 구석기 시대
  뗀석기 사용
- **8000년경** – 신석기 시대
- **5000년경** – 서울 암사동 유적 형성
- **2333년** – 단군왕검, 고조선 건국
- **1000년** – 청동기 시대
- **500년** – 부여 건국
- **300년** – 대동강 유역에 철기 문화 시작
- **194년** – 준왕을 몰아내고 위만이 고조선 왕이 됨
- **108년** – 고조선 멸망, 한군현 설치

삼국 시대

- **57년** – 박혁거세, 신라 건국
- **37년** – 주몽, 졸본에서 고구려 건국
- **18년** – 온조, 위례성에서 백제 건국

기원후

- **194년** – 고구려, 진대법 실시
- **313년** – 백제와 고구려의 협공으로 낙랑군 멸망
- **371년** – 백제, 고구려의 평양성 공격
- **372년** – 고구려, 불교 전래·태학 설치
- **384년** – 백제, 불교 전래
- **400년** – 고구려 광개토대왕, 신라에 군사 지원
- **405년** – 백제, 한학을 일본에 전함
- **427년** – 고구려 장수왕, 평양 천도
- **433년** – 백제와 신라, 나·제 동맹을 맺음
- **475년** – 고구려, 백제의 한성 점령
  백제 문주왕, 웅진으로 천도
- **494년** – 부여, 고구려에 의해 멸망
- **509년** – 신라, 서라벌에 동시 설치
- **512년** – 신라, 우산국 정벌
- **520년** – 신라, 율령 반포
- **527년** – 신라 법흥왕, 불교 공인·이차돈 순교
- **532년** – 금관가야, 신라에 멸망
- **538년** – 백제 성왕, 사비 천도
- **545년** – 신라, 《국사》 편찬
- **552년** – 백제, 일본에 불교 전래
- **562년** – 신라, 대가야 정복
- **598년** – 수 문제, 고구려 침공
- **612년** – 고구려, 살수에서 수나라 군사 격퇴(살수대첩)
- **642년** – 백제, 대야성 전투 승리
- **645년** – 고구려, 안시성 전투 승리
- **646년** – 고구려, 천리장성 완성
- **660년** – 황산벌 전투, 백제 멸망
- **668년** – 고구려 멸망
- **676년** – 신라, 기벌포 전투 승리·삼국 통일 완성

남북국 시대(통일 신라, 발해)

- 682년 – 신라, 국학 세움
- 685년 – 신라, 9주 5소경 설치
- 698년 – 발해 건국
- 722년 – 신라, 정전 지급
- 732년 – 발해, 당의 등주 공격
- 733년 – 신라, 발해 남부 지방 공격
- 751년 – 신라, 불국사·석굴암 창건
- 756년 – 발해, 상경용천부로 천도
- 771년 – 신라, 성덕 대왕 신종 주조
- 788년 – 신라 원성왕, 독서삼품과 설치
- 801년 – 신라, 탐라국에게 조공을 받음
- 802년 – 신라, 해인사 창건
- 828년 – 신라, 장보고의 요청으로 청해진 설치
- 888년 – 신라, 《삼대목》 편찬
- 918년 – 왕건, 고려 건국
- 926년 – 발해, 거란에 의해 멸망
- 935년 – 신라 멸망

고려

- 936년 – 고려, 후삼국 통일
- 956년 – 노비안검법 시행
- 958년 – 광종, 과거 제도 처음 시행
- 982년 – 최승로, '시무 28조' 올림
- 983년 – 전국에 12목 설치
- 992년 – 국자감 설치
- 993년 – 거란(요) 1차 침입, 서희의 담판으로 해결
- 996년 – 건원중보 주조
- 1010년 – 거란의 2차 침입
- 1018년 – 거란 3차 침입
- 1019년 – 강감찬, 귀주에서 거란군 격퇴(귀주대첩)
- 1097년 – 주전도감 설치
- 1107년 – 윤관, 여진족 정벌하고 9성 축조
- 1112년 – 혜민국 설치
- 1126년 – 이자겸의 난
- 1135년 – 묘청의 서경 천도 운동
- 1145년 – 김부식, 《삼국사기》 편찬
- 1170년 – 정중부, 무신정변
- 1179년 – 경대승, 도방 정치
- 1196년 – 최충헌 집권
- 1231년 – 몽골 1차 침입
- 1232년 – 강화 천도, 몽골의 2차 침입
  김윤후, 처인성에서 살리타 사살
- 1234년 – 금속활자 사용한 《상정고금예문》 간행
- 1236년 – 강화에서 《팔만대장경》 판각 시작(~1251)
- 1238년 – 몽골군, 황룡사 구층 목탑 불태움
- 1259년 – 고려 태자(원종), 몽고에 항복
- 1270년 – 개경으로 환도
  삼별초 전쟁(배중손, 삼별초를 이끌고 대몽항쟁 시작)
- 1274년 – 원과 고려, 1차 일본 정벌
- 1285년 – 일연, 《삼국유사》 편찬
- 1287년 – 이승휴, 《제왕운기》 저술
- 1363년 – 문익점, 원나라에서 목화 씨를 가져옴
- 1376년 – 최영, 홍산에서 왜구 격퇴
- 1377년 – 최무선의 건의로 화통도감 설치
  《직지심체요절》 간행
- 1380년 – 이성계, 황산에서 왜구 격퇴
- 1388년 – 이성계, 위화도 회군
- 1391년 – 과전법 공포
- 1392년 – 고려 멸망, 조선 건국

조선

1402년 – 호패법 실시
1405년 – 의정부의 일을 6조에 귀속시킴
1413년 – 조선 8도의 지방 행정 조직 완성
　　　　　《태조실록》 편찬
1416년 – 4군 설치
1418년 – 세종 즉위
1419년 – 이종무, 쓰시마 섬 정벌
1420년 – 집현전 확장
1429년 – 정초, 《농사직설》 편찬
1434년 – 6진 설치
1441년 – 측우기 발명
1443년 – 훈민정음 창제
1446년 – 훈민정음 반포
1447년 – 〈몽유도원도〉 제작
1453년 – 수양대군이 김종서, 황보인 등을 죽이고
　　　　　정권을 장악(계유정난)
1466년 – 직전법 실시
1469년 – 《경국대전》 완성
1481년 – 노사신, 《동국여지승람》 편찬
1493년 – 성현, 《악학궤범》 완성
1498년 – 상평창 설치
1506년 – 중종 반정
1510년 – 3포 왜란
1519년 – 향약 실시
　　　　　기묘사화
1543년 – 주세붕, 백운동 서원 건립
1555년 – 을묘왜변
1559년 – 임꺽정의 난(~1562)
1583년 – 이이, '10만 양병설'을 건의
1589년 – 붕당 정치 시작
1592년 – 임진왜란(~1598)
　　　　　한산도 대첩
　　　　　진주 대첩
1593년 – 행주 대첩
1597년 – 정유재란
　　　　　명량 대첩
1608년 – 경기도에 대동법 시행
1610년 – 허준, 《동의보감》 완성
1623년 – 인조반정
1627년 – 정묘호란

1636년 – 병자호란
1653년 – 하멜 일행, 제주도 표착
1658년 – 나선 정벌 등 효종의 북벌 정책
　　　　　전라도에 대동법 실시
1678년 – 상평통보 전국에 유통
1696년 – 안용복, 울릉도와 독도가
　　　　　우리 땅임을 일본에 주장
1708년 – 대동법 전국으로 실시
1712년 – 백두산 정계비 건립
1725년 – 영조, 탕평책 실시
1750년 – 균역청을 설치하고 균역법 실시
1763년 – 고구마 전래
1776년 – 규장각 설치
1778년 – 박제가, 《북학의》 저술
1781년 – 규장각 이전
1784년 – 이승훈, 천주교 전도
1786년 – 서학의 금지
1791년 – 육의전 이외 시전의 금난전권 폐지
1796년 – 수원 화성 완성
1801년 – 신유박해
1805년 – 안동 김씨의 세도 정치 시작
1811년 – 홍경래의 난(평안도 농민 전쟁)
1818년 – 정약용, 《목민심서》 저술
1846년 – 김대건 순교
1860년 – 최제우, 동학 창시
1861년 – 김정호, 〈대동여지도〉 제작
1862년 – 농민 항쟁
1863년 – 고종 즉위, 흥선대원군 정권 장악
1865년 – 경복궁 중건
1866년 – 제너럴셔먼호 사건
　　　　　병인양요
1871년 – 신미양요
　　　　　척화비 세움
1875년 – 운요호 사건
1876년 – 강화도 조약(병자수호조약) 체결
　　　　　수신사 1차 파견
1879년 – 지석영, 종두법 전래
1881년 – 일본에 조사시찰단(신사유람단) 파견
　　　　　청에 영선사 파견
1882년 – 임오군란, 청의 간섭 강화
　　　　　제물포 조약 체결

1883년 - 〈한성순보〉 발간
        원산학사 설립
        태극기를 국기로 선정
1884년 - 우정국 설치
        갑신정변
1885년 - 광혜원 설립
        영국군, 거문도 불법 점령
        배제학당 설립
        서울-인천간 전신 개통
1886년 - 육영공원 설립
1889년 - 조병식, 방곡령 선포
1894년 - 갑오 농민 전쟁(동학 농민 운동)
        갑오개혁
        청·일 전쟁 발발
1895년 - 을미사변
        단발령 선포
        항일 의병 운동(을미의병)
1896년 - 서재필, 〈독립신문〉 창간·독립 협회 설립
        아관 파천
        양력 사용

대한 제국

1897년 - 경인선 철도 기공
        대한 제국 선포
1898년 - 만민 공동회 개회
        독립 협회 해산
1899년 - 대한 제국 국제 반포
        경복궁에 전등 설치
        경인선 철도 개통
1901년 - 제주 민란 발생
1904년 - 러·일 전쟁 발발
        한일의정서 강제 체결
        경부선 준공
        항일 의병 운동 재개
1905년 - 을사조약 강제 체결
        장지연, 〈황성신문〉에 '시일야방성대곡' 발표
        손병희, 동학을 천도교로 개칭
1906년 - 대한 자강회 조직
        최익현과 신돌석, 의병 봉기
        이인직, 신소설 발표
        통감부 설치, 이토 히로부미 부임
1907년 - 국채 보상 운동 시작
        헤이그 밀사 파견
        군대 해산
        신민회 결성
        13도 창의군 활동
        한일신협약 체결
1908년 - 전명운과 장인환, 스티븐스 저격
        일본, 동양 척식 주식회사 설립
        원각사 설립
1909년 - 안중근, 이토 히로부미 암살

일제 강점기

- **1910년** – 국권 피탈, 조선총독부 설치
- **1913년** – 안창호, 흥사단 조직
- **1915년** – 대한 광복회 결성
- **1918년** – 토지 조사 사업 완료
  대한 독립 선언서 발표
- **1919년** – 3·1 운동 시작
  대한민국 임시 정부 수립
  의열단 조직
- **1920년** – 김좌진, 청산리 대첩
  홍범도, 봉오동 전투
  〈조선일보〉, 〈동아일보〉 창간
- **1922년** – 민립 대학 설립 운동 추진
  방정환, 어린이날 제정
- **1923년** – 조선 물산 장려회 창립
  일본에서 관동대지진 발생하여 동포 대학살
- **1925년** – 조선 공산당 결성
- **1926년** – 6·10 만세 운동
  나석주, 동양 척식 주식회사에 폭탄을 던짐
  경성 제국 대학 개교
- **1927년** – 신간회 조직
- **1928년** – 한글날 제정
  원산 총파업
- **1929년** – 국민부 조직
  광주 학생 항일 운동
- **1931년** – 일제의 만주 침략
- **1932년** – 이봉창 의거, 윤봉길 의거
- **1933년** – 조선어학회, 〈한글 맞춤법 통일안〉 발표
- **1935년** – 안익태, 〈한국 환상곡〉, 〈애국가〉 작곡
- **1936년** – 손기정, 베를린 올림픽에서 마라톤 우승
  〈동아일보〉, 일장기 삭제 사건
- **1937년** – 중·일 전쟁 시작
  신사 참배 강요
- **1940년** – 창씨개명 실시
  한국 광복군 창설
  〈조선일보〉, 〈동아일보〉 폐간
- **1941년** – 임시 정부, 건국 강령 발표 및 대일 선전 포고
- **1942년** – 조선어학회 사건
- **1943년** – 카이로 회담, 한국의 독립 약속
  일제, 징병제·학병제 실시
- **1945년** – 8·15 광복
  건국 준비 위원회 발족
  미·소 군정 실시
  모스크바 3상 회의 개최

대한민국

- **1946년** – 미·소 공동 위원회 개최
  대구 폭동 사건
  유엔 한국위원단 구성
  북조선 임시 인민 위원회 발족
  제1차 미·소 공동 위원회 소집
  38도선 이북으로 통행 금지
- **1947년** – 제2차 미·소 공동 위원회 개최
  여운형 피살
- **1948년** – 제주도 4·3 사건
  대한민국 정부 수립
  유엔 감시 하에 남한 총선거 실시
  조선 민주주의 인민 공화국 수립
- **1950년** – 6·25 전쟁 발발
  한·미 상호 방위 원조 협정 조인
  중국군, 한국전 개입
- **1953년** – 휴전 협정 조인
- **1957년** – 어린이 헌장 선포
- **1960년** – 3·15 부정 선거
  제2공화국 수립
  제5대 정·부통령 선거 실시
  대통령 이승만, 부통령 이기붕 당선
  마산에서 부정 선거 규탄 시위
  서울 시내 대규모 학생 총궐기
  4·19 혁명
- **1961년** – 5·16 군사 정변
- **1962년** – 제1차 경제 개발 5개년 계획(~1966)
  공용 연호 서기로 변경
- **1963년** – 제3공화국 발족
  박정희 대통령 취임
- **1964년** – 6·3 사태
  베트남 파병
  한일 회담 반대 시위
- **1965년** – 한일협정 조인, 한일 국교정상화
- **1966년** – 불국사 석가탑에서 다라니경 발견
  한미 행정 협정 조인
- **1967년** – 제2차 경제 개발 5개년 계획(~1971)
- **1968년** – 1·21 사태
  국민 교육 헌장 선포
- **1970년** – 새마을 운동 시작
  경부 고속도로 개통
- **1971년** – 무령왕릉 발굴
- **1972년** – 7·4 남북 공동 성명 발표
  유신 헌법 확정
  남북 적십자 회담
  제4공화국 수립

	제3차 경제 개발 5개년 계획(~1976) 《직지심경》 발견
1973년 -	6·23 평화 통일 선언 김대중 피랍 사건 경주 고분에서 신라 금관과 천마도 발굴
1974년 -	육영수 피살 북한 땅굴 발견
1977년 -	제4차 경제 개발 5개년 계획(~1981) 한국 등반대 에베레스트 등정 성공 수출 100억불 달성
1979년 -	10·26 사건 12·12 사태 부·마 항쟁 박정희 대통령 피격 사망
1980년 -	5·18 광주 민주화 운동 한국 방송 공사(KBS), 컬러 텔레비전 첫 방영
1981년 -	제5공화국 출범 전두환 대통령 취임
1982년 -	서울 국제 무역 박람회 개최 KAL기 피격 사건 아웅산 묘소 폭파 암살 사건 야간 통행 금지 전면 해제 정부, 일본에 역사 교과서 왜곡 내용 시정을 요구
1985년 -	남북 이산 가족 고향 방문단 상호 교류 북한, 핵 확산 금지 조약(NPT)에 가입
1986년 -	서울 아시안게임 개최
1987년 -	독립 기념관 개관 6월 민주 항쟁 남극 세종 과학 기지 건설 대통령 직선제 헌법 개정 6·29 선언
1988년 -	노태우 대통령 취임 제24회 서울 올림픽 경기 대회
1991년 -	걸프 전쟁 파병 남북한 유엔 가입
1992년 -	중국과 국교 수립 베트남과 국교 수립 황영조, 바르셀로나올림픽 마라톤 우승 우리별 1호 발사
1993년 -	김영삼 대통령 취임 금융 실명제 실시 소말리아에 유엔평화유지군(PKO) 파견 대전 엑스포 개회 우리별 2호 발사
1994년 -	북한, 김일성 사망 성수대교 붕괴
1995년 -	무궁화 위성 발사 광주 비엔날레 개최 불국사·8만대장경·종묘, 세계 문화유산에 등록 삼풍백화점 붕괴 사고 노태우·전두환, 전직 대통령 비자금 사건 구속 유엔 안전보장이사회 비상임이사국 선출 지방 자치제 확대(자치 단체장 선거) 실시 옛 총독부 건물 해체
1996년 -	2002년 월드컵 한일 공동 개최 결정 경제 개발 협력 기구(OECD) 가입
1997년 -	국제 통화 기금(IMF) 외환 위기 돌입
1998년 -	김대중 대통령 취임 한일 어업 협정 회담
2000년 -	김대중 대통령, 노벨 평화상 수상
2001년 -	국제 통화 기금(IMF)에서 벗어남
2002년 -	한·일 월드컵 공동 개최
2003년 -	노무현 대통령 취임
2005년 -	2005 아시아 태평양 경제 협력체(APEC) 정상 회의 개최
2006년 -	수출 3,000억 달러 돌파
2008년 -	이명박 대통령 취임

찾아보기

ㄱ

가배 ··· 103
가부장 제도 ······································· 184
가야금 ·· 105
가위 ·· 103
가족 계획 ··· 254
가족공동묘제 ······································· 39
각저총 ·· 53
간도 ·· 211
간석기 ·· 12
간의 ·· 204
갑신정변 ··· 213
갑오개혁 ··································· 214, 216
갑오경장 ··· 214
갑인자 ·· 205
강감찬 ······································· 160, 170
강동 6주 ····································· 148, 170
강서대묘 ·· 54
강화도 조약 ······································· 212
개경 ·· 149
개로왕(백제) ································· 47, 71
개성상인 ··· 155
개시 ·· 183
개화 정책 ··· 229
거란 ·· 170
거문고 ·· 55, 67
거문도 사건 ······································· 213
거북선 ·· 197
거간 ··· 99
거중기 ·· 205
거칠부 ·· 95
건원중보 ··· 155
걸사비우 ···································· 132, 140
격구 ·· 138
격몽요결 ··· 206
경국대전 ······························ 175, 178, 186
경기체가 ··· 159
경당 ··· 53
경대승 ·· 152
경덕왕(통일 신라) ···············123, 125, 127
경복궁 ·· 194
경세유표 ··· 207
경순왕(통일 신라) ······························ 115
경제 개발 5개년 계획 ························· 252
경제 협력 개발 기구(OECD) ··············· 252
경제문감 ··· 186
경제육전 ··· 186
경주 ·· 116
계루부 ·· 49
계림대도독부 ······························ 116, 122
계림지 ·· 169
계미자 ·· 205

계백 장군 ······························ 85, 90, 106
계원필경 ··· 128
계유정난 ··· 175
고구려 ·· 42
고국양왕 ·· 45
고국천왕 ······································· 45, 66
고려 ·· 144
고려 불화 ··· 158
고려청자 ··· 162
고려가요 ··· 159
고려대장경 ··· 162
고려도경 ······························ 165, 166, 167
고려양 ·· 164
고령화 사회 ······································· 254
고반여사 ··· 169
고분 벽화 ····································· 54, 65
고선지 ·· 67
고이왕(백제) ·· 71
고인돌 ·· 32, 35
고조선 시대 ··· 20
고종 황제(대한 제국) ························· 210
고종(고려) ··· 147
고종(조선) ··· 218
곡아주 ·· 63
골제 ·· 100
골품 제도 ··· 100
곳간채 ·· 203
공납(조선) ··· 182
공물(고려) ··· 153
공물(발해) ··· 136
공민왕(고려) ······································ 147
공민왕릉 ··· 149
공산성 ·· 86
공양왕(고려) ······································ 147
공업 전습소 본관 ······························· 225
공장 ·· 182
공출 ·· 239
과거 제도(고려) ························· 146, 151
과거 제도(조선) ································· 180
관·혼·상·제 ·· 185
관노부 ·· 49
관례 ··· 78
관산성 전투 ······································· 106
관음사 ·· 149
관찰사 ·· 179
관창 ·· 85, 90
광개토대왕 ························· 45, 46, 48, 61
광개토대왕비 ······························ 47, 48, 61
광무 개혁 ··· 215
광복 ·· 248
광종(고려) ··· 146
광주 학생 항일 운동 ·························· 235
광해군 ·· 176
광혜원 ·· 227
구가 ··· 38
구당서 ·· 64
국내성 ·· 48, 60, 61
국사 ····································· 95, 105, 111
국수 ·· 166
국어문법 ··· 228

국조오례의 ··· 186
국채 보상 운동 ··································· 216
국학 ······································ 121, 129, 187
국한문 혼용체 ···································· 221
군역 ··· 51
군현 제도 ·· 75
궁남지 ·· 72
궁예 ·· 146
권율 ·· 192
귀주대첩 ····································· 160, 170
귀틀집 ·· 41
규장각 ·· 176, 180
균역법 ·· 176
근초고왕(백제) ······························ 71, 73
긁개 ··· 12
금 모으기 운동 ··································· 253
금강삼매경 ··· 111
금강전도 ··· 189
금관가야 ·· 97
금관총 ·· 107
금당벽화 ································ 55, 56, 66
금동대향로 ································ 82, 87, 89
금동불 ·· 83
금령총 ·· 107
금속 활자 ···································· 159, 168
금양잡록 ··· 204
금와왕 ·· 44
금융 실명제 ······································· 252
금입택 ·· 126
기기국 ·· 216
기기창 ·· 227
기마인물상 ··· 104
기벌포 전투 ······································· 122
기와 ··· 82
기인 제도 ··· 151
길거리 응원 ······································· 253
길쌈놀이 ··· 103
김구 ··· 234, 244
김대성 ·· 123, 129
김대중 ·· 255
김부식 ·· 147, 159
김생 ·· 121
김시민 ·· 192
김유신 ·························· 52, 85, 96, 110, 114
김장 ·· 165
김정호 ·· 207
김좌진 ·· 242, 244
김준 ·· 152
김춘추 ······························ 110, 114, 52, 96
김충의 ·· 104
김치 ··· 63
김홍도 ·· 189, 207
껴묻거리(부장품) ································· 53

ㄴ

나·당 전쟁 ··· 122
나·당 연합군 ······································ 106
나석주 ·· 237

ㄴ

낙랑군 ·· 25, 45
난삼(앵삼) ·· 198
난중일기 ·· 207
남대문 ······································ 149, 197
남방식 고인돌 ·· 32
남부여 ·· 72
남시 ·· 118
남시전 ·· 118
내관 ·· 75
내두좌평 ·· 74
내법좌평 ·· 74
내신좌평 ·· 74
노반박사 ·· 78
노벨 평화상 ·· 255
노비안검법 ································ 146, 153
노비환천법 ·· 153
노의 ·· 198
노태우 ·· 250
녹읍 ·· 102
농경문청동기 ·· 34
농사직설 ································ 175, 204
농촌 계몽 운동 ·· 240

ㄷ

다뉴세문경 ·· 35
단군 신화 ·· 22
단군왕검 ·· 22
단발령 ·· 218
단심가 ·· 171
단오 ·· 185
담덕 ·· 45
담징 ································ 47, 55, 56, 66
답추 ·· 138
당나라 ································ 59, 114, 133
당서 ·· 52
당악 ·· 159
대가야 ································ 97, 111
대걸걸중상 ·· 132
대구화상 ·· 121
대대로 ·· 49
대동법 ································ 176, 182
대동여지도 ································ 186, 207
대마도 ································ 177, 190
대몽 항쟁 ·· 161
대문예 ·· 133
대비원 ·· 157
대야성 전투 ·· 84
대왕암(통일 신라) ·· 114
대조영 ································ 132, 140
대중목욕탕 ·· 239
대청 ·· 203
대통령 직선제 ·· 250
대한매일신보 ·· 220
대한민국 ·· 246
대한민국 임시 정부 ·· 234
대한의원 본관 ·· 225
대한 제국 ·· 208
덕수궁 ·· 194

덕수궁 석조전 ·· 224
데릴사위 제도 ································ 52, 79
도병마사 ·· 150
도사 ·· 49
도산서당 ·· 206
도선 ·· 149
도요토미 히데요시 ·· 190
도쿠가와 이에야스 ·· 191
도화서 ·· 207
도화원 ································ 158, 189
독도 ·· 211
독립 협회 ································ 214, 215, 224
독립문 ·· 224
독립신문 ································ 217, 220, 228
독서삼품과 ·· 117
돌괭이 ·· 12
돌사자상 ·· 143
동경용원부 ································ 133, 134
동국여지승람 ································ 175, 186
동국이상국집 ·· 165
동국지도 ·· 186
동국통감 ·· 175
동맹 ·· 52
동명성왕(고구려) ································ 44, 48, 70
동모산 ·· 134
동문선 ·· 75
동북 9성 ·· 148
동서활인원 ·· 183
동성왕(백제) ·· 71
동시 ································ 95, 102, 118
동시전 ································ 102, 118
동양 척식 주식회사 ································ 236, 237
동예 ·· 40
동의보감 ································ 176, 205, 207
동의수세보원 ·· 205
동정 ·· 164
동학 농민 운동 ·· 214
동호문답 ·· 206
두레 ·· 41
두품제 ·· 100
디딜방아 ·· 63
따비 ·· 13
뗀석기 ·· 12

ㄹ

랍 ·· 80
러·일 전쟁 ································ 215, 223
러시아 공사관 ·· 225

ㅁ

마가 ·· 38
마과회통 ································ 205, 207
마루 ·· 64
마립간 ·· 99
마애불 ·· 83
마한 ·· 41

만두 ·· 166
만민 공동회 ·· 215
만월대 ·· 149
만파식적 ·· 114
매소성 전투 ·· 122
맥적 ·· 63
명동성당 ·· 225
명성 황후 ································ 214, 229
모스크바 3상 회의 ·· 248
목민관 ·· 179
목민심서 ·· 207
목은집 ·· 165
목화 ································ 164, 169, 171
몽고풍 ·· 164
몽어류해 ·· 165
몽유도원도 ·· 189
묘청 ·· 147
무관랑 ·· 111
무구정광대다라니경 ·· 127
무령왕(백제) ·· 72
무령왕릉 ································ 72, 86
무신정변 ·· 152
무왕(발해) ·· 133
무왕(백제) ·· 72
무용총 ································ 48, 54, 60
무인 정권 ·· 152
무천 ·· 40
무학대사 ·· 177
문맹 퇴치 운동 ·· 240
문무왕(통일 신라) ·· 114
문왕(발해) ·· 133
문익점 ································ 164, 169, 171
문적원 ·· 135
문제(수나라) ·· 57
문종(조선) ·· 205
문종(고려) ·· 146
문화 통치 ·· 232
물산 장려 운동 ·· 237
미륵반가사유상 ·· 104
미륵사지 석탑 ·· 88
미송리형 토기 ·· 35
미천왕(고구려) ·· 45
미추홀 ·· 70
민며느리 제도 ·· 39
민화 ·· 189

ㅂ

박문국 ·· 227
박사 ·· 78
박연 ·· 67
박정희 ·· 250
박종철 ·· 250
박혁거세 ································ 94, 97
반가 음식 ·· 201
반달돌칼 ·· 13
반도체 ·· 258
발해 ·· 130
발해고 ·· 141

발해관 · 137	사비 · 72, 73	선사 시대 · 8
방곡령 · 216	사신도 · 54, 60	선왕(발해) · 133
방정환 · 245	사신총 · 54	선조성 · 135
배다리 · 205	사심관 제도 · 151, 115	설 · 80
백결선생 · 105	사출도 · 38	설날 · 185
백운화상초록불조직지심체요절 · 163	사헌부 · 178	설총 · 129
백자 · 188	산대놀이 · 188	성골 · 100
백제 · 68	산림경제 · 201	성균관 · 149
번역 문학 · 221	산미 증식 계획 · 237	성덕 대왕 신종 · 120, 125, 127
법률(고구려) · 50	산학계몽 · 204	성덕왕(통일 신라) · 115, 125
법정 · 47	살수대첩 · 47, 58	성왕(백제) · 72, 106
법화원 · 119	삼강행실도 · 186	성종(고려) · 146, 154
법흥왕(신라) · 95	삼국사기 · 52, 55, 72, 79, 108	성종(조선) · 175
벽골제 · 89	123, 147, 159	성학십도 · 206
벽란도 · 155	삼국유사 · 22, 52, 101, 159	세금(고구려) · 50
벽화 고분 · 53	삼국지위지동이전 · 38, 52	세속오계 · 101
변한 · 41	삼년상 · 79	세조(조선) · 175
별기군 · 212, 213	삼대목 · 121	세종대왕 · 175, 186, 196, 206
별당채 · 203	삼로 · 39, 40	세한삼우도 · 158
별무반 · 148	삼별초 · 161	세형동검 · 34
병관좌평 · 74	삼별초 항쟁 · 161	소 · 151
병인박해 · 222	삼사 · 150, 178	소노부 · 49
병인양요 · 222	삼족오 · 55	소도 · 41
병자호란 · 193	삼한 · 41	소손녕 · 170
보부상 · 182	상감 청자 · 162	소수림왕 · 45, 53
보인 · 180	상경 · 139	소주방 · 200
보장왕(고구려) · 47	상경성 터 · 142	속요 · 159
복 · 80	상경용천부 · 133, 134, 139	속육전 · 175
복두 · 126	상대등 · 98	속장경 · 159
봉덕사종 · 120	상명산법 · 204	솔거 · 104
봉오동 전투 · 243	상민 · 181	송막기문 · 138
부곡 · 151	상원사종 · 120	송상 · 155
부석사 무량수전 · 163	상정고금예문 · 159, 168	송악 · 149
부여 · 38, 44	상평창 · 154, 183	쇄국 정책 · 229
부여 능산리 · 89	상평통보 · 176, 183	수나라 · 57, 58
부여 정림사지 오층 석탑 · 88	새마을 운동 · 252	수덕사 대웅전 · 163
부역 · 51	생과방 · 200	수라상 · 200
부역(발해) · 136	생구 · 40	수렵도 · 54, 60
부자 상속 · 45	서경(평양) · 149	수신사 · 212
북방식 고인돌 · 32	서기 · 105	수원 화성 · 196
북학파 · 187	서대문 형무소 역사관 · 241	숙종(조선) · 176
분청사기 · 188	서라벌 · 94, 97, 116	순노부 · 49
분황사탑 · 105, 107	서봉총 · 107	순종(대한 제국) · 210
불국사 · 120, 123, 129	서산 마애 삼존 불상 · 83, 88	승정원 · 178
불국사 삼층 석탑 · 127	서시 · 118	시루 · 63
붉은악마 · 253	서시전 · 118	시무 10조 · 128
비류왕(백제) · 70	서울 · 251	시무 28조 · 146
비변사 · 179	서울 역사 · 241	시비법 · 169
비천도 · 54	서원 · 187	시식 · 201
비파형동검 · 33	서유견문 · 221	시일야 방성 대곡 · 229
	서재필 · 217, 228	시전 · 182
ㅅ	서희 · 148, 170	시정전시과 · 153
	석가탑 · 83, 127	식목도감 · 150
사간원 · 178	석곽묘 · 35	식읍 · 102, 115
사다함 · 111	석관묘 · 35	신간회 · 234
사당채 · 203	석굴암 · 120, 124, 129	신기전 · 205
사랑방 · 203	석등(발해) · 143	신라 · 92
사랑채 · 203	석불사 · 124, 129	신라 금관 · 107
사로국 · 94	석탈해 · 99	신라관 · 119
	선덕여왕(신라) · 96, 97, 107	신라민정문서 · 119

신라방 ··· 119	어사대 ··· 150	위화도 ··· 174
신라소 ··· 119	에밀레종 ··· 120, 125	위화부 ··· 96
신문고 ··· 174	여진 정벌 ··· 160	유관순 ··· 244
신문왕(통일 신라) ··· 114, 117, 121, 129	역(조선) ··· 132	유기 ··· 47
신미양요 ··· 222	역분전 ··· 153	유길준 ··· 221
신민회 ··· 217	역역(고려) ··· 153	유득공 ··· 141
신부 ··· 135	연가7년명 금동여래입상 ··· 55	유리 ··· 99
신분(백제) ··· 76	연개소문 ··· 47, 59, 67, 106	유화 ··· 44
신사 참배 ··· 238	연나라 ··· 30	육의전 ··· 183
신사유람단 ··· 212	영고 ··· 38	윤관 ··· 147, 148, 160, 171
신사임당 ··· 206	영락대왕 ··· 45	윤극영 ··· 240
신소설 ··· 221	영선사 ··· 212	윤봉길 ··· 234
신시 ··· 27	영양왕(고구려) ··· 47, 57, 66	윤작법 ··· 169
신윤복 ··· 189, 207	예부 ··· 96, 135	을미사변 ··· 214
신의군 ··· 161	예종(고려) ··· 147	을사오적 ··· 215
신증동국여지승람 ··· 186	오경박사 ··· 78	을사조약 ··· 215
신집 ··· 47, 105	오봉루 ··· 142	을지문덕 ··· 47, 58, 66
신찬팔도지리지 ··· 186	옥저 ··· 39	을파소 ··· 45, 66
신채호 ··· 229	온돌 ··· 64	음서 ··· 180
신체시 ··· 221	온조왕(백제) ··· 70, 73	음성서 ··· 105
신탁 통치 ··· 248	옹관묘 ··· 35	음식디미방 ··· 201
실학 ··· 187	옹성 ··· 65	의금부 ··· 178
심의 ··· 198	와박사 ··· 78	의박사 ··· 78
쌀 ··· 17	왕건 ··· 115, 146, 149	의방유취 ··· 175, 205
쌍성총관부 ··· 147	왕검성 ··· 25	의부 ··· 135
쌍영총 ··· 54	왕산악 ··· 67	의상 ··· 111
씨름 ··· 53	왕오천축국전 ··· 129	의자왕(백제) ··· 72, 84, 90
	왕인 ··· 90	의정부 ··· 178
⊙	왕자의 난 ··· 174	의창 ··· 154, 183
	외관 ··· 75	이광수 ··· 221
아관 파천 ··· 214	외환 위기 ··· 253	이두 ··· 121, 129
아리랑 ··· 240	요극일 ··· 121	이봉창 ··· 234
아사달 ··· 24, 83	요령식 동검 ··· 33	이사금 ··· 99
아악 ··· 159, 188	욕살 ··· 49	이사부 ··· 111
아좌태자 ··· 91	우가 ··· 38	이성계 ··· 147, 174
아직기 ··· 90	우거왕(고조선) ··· 23, 31	이순신 ··· 190, 191, 207
아파트 ··· 254	우경 ··· 95	이승만 ··· 249
악삭 ··· 80	우륵 ··· 67, 110	이승휴 ··· 159
악학궤범 ··· 175, 188	우별초 ··· 161	이앙법 ··· 169
안견 ··· 189	우보 ··· 49	이의민 ··· 152
안동도호부 ··· 116, 122	우산국 ··· 95, 111	이이 ··· 206
안시성 전투 ··· 59, 67	우정국 ··· 219, 224	이종무 ··· 190
안악2호고분 ··· 54	우중문 ··· 66	이토 히로부미 ··· 215, 228
안악3호고분 ··· 61	운요호 사건 ··· 212	이한열 ··· 250
안압지 ··· 124	운현궁 ··· 224	이황 ··· 206
안익태 ··· 245, 240	움집 ··· 18	인공위성 우리별 1호 ··· 258
안중근 ··· 228	웅녀 ··· 22	인부 ··· 135
안채 ··· 203	웅진 ··· 73	인왕제색도 ··· 189
알영 ··· 94	웅진도독부 ··· 116, 122	인조(조선) ··· 193
앙부일구 ··· 175, 204, 206	원각사 ··· 221	인종(고려) ··· 147
애국가 ··· 245	원광법사 ··· 101	인터넷 ··· 258
야스쿠니 신사 ··· 238	원삼 ··· 198	인해 전술 ··· 257
얄타 회담 ··· 248	원성왕(통일 신라) ··· 117	일관부 ··· 89
양만춘 ··· 59, 67	원자폭탄 ··· 248	일본군 위안부 ··· 239
양반 ··· 181	원화 ··· 103	일본식 성명 강조 ··· 238
양서 ··· 72	원효 ··· 111, 129	일부일처제 ··· 79, 138
양원왕 ··· 67	위기 ··· 80	일연 ··· 159
양제(수나라) ··· 58	위례성 ··· 70, 73	일제 강점기 ··· 230
어린이날 ··· 245	위만 ··· 23, 27	임연 ··· 152
	위사좌평 ··· 74	임오군란 ··· 213

임유무	152
임진왜란	190, 197
임해전지	124

ㅈ

자격루	175, 204, 206
자유당	249
작살	12
장군총	48
장문	182
장문휴	141
장보고	119, 128
장삼	198
장수왕(고구려)	47, 48, 61
장영실	206
장지연	229
저가	38
저포	80
저화	174
적석묘	35
적석총	86
적의	198
전국 1일 생활권	254
전두환	250
전봉준	214
전세(조선)	182
전환국	216, 227
절노부	49
절식	201
정군	180
정당성	135
정동교회	225
정몽주	147, 171
정선	189
정약용	205, 207
정유재란	190
정전	118
정조(조선)	76, 180, 205
정중부	152
정혜 공주 무덤	143
제가 회의	49
제국신문	220
제너럴셔먼호	222
제물포 조약	213
제생원	183
제왕운기	159
제위보	157
제정일치	26
조·용·조(신라)	101
조·조·역역(백제)	77
조공	183
조부	96
조사시찰단	212, 227
조선	172
조선 식산 은행	237
조선 총독부	232
조선경국전	186
조선어연구회	240
조선어학회	240
조선왕조실록	186, 196
조세(고려)	153
조세(발해)	136
조정좌평	74
조지국	216
조혼	156
족외혼	40
졸본성	48
종묘	195
종묘 제례	196
종묘 제례악	196
좌별초	161
좌보	49
주군 제도	99
주먹도끼	12, 13
주몽	44, 48, 61
주몽 신화	44
주시경	196, 228
주자감	135
주자소	174
주작 대로	142
준왕(고조선)	41, 23
중경현덕부	133, 134
중계 무역	29
중대성	135
중방	152
중원고구려비	48, 61
중인	181
중정대	135
중추원	150
지부	135
지증왕(신라)	95
직조국	216
직지	163
직지심체요절	159, 168
진	132
진경산수화	189
진골	100
진대법	45, 50, 154
진성여왕(통일 신라)	96, 115, 121, 128
진연	201
진주 대첩	192
진주성	192
진찬	201
진평왕(신라)	96, 97, 117
진한	41
진흥왕(신라)	95, 97, 110
집사부	98
집현전	179
징병	239
징용	239
쪽구들	64
찍개	12

ㅊ

차차웅	99
창가	221
창경궁	195
창극	221
창덕궁	195
창씨개명	238
책화	40
처인성 전투	161
척화비	222
천거	180
천교도 소년회	245
천군	41
천마도	104
천마총	107
천문령 전투	140
천문석각도	204
천민	181
천산대렵도	147, 158
천상열차분야지도	204
첨성대	105, 107, 109
청·일 전쟁	214, 223
청나라	193
청동 거울	15
청동검	13
청동기	12
청산리 대첩	242
청해진	119, 128
초조대장경	159
최남선	221
최무선	169, 171
최승로	146
최영	174
최우	152
최의	152
최익현	228
최충헌	152
최치원	115, 128
최항	152
추석	185
축국	52
춘추관	150
춘향전	188
출가외인	184
충부	135
취재	180
측우기	175, 197, 204, 206
치성	65
칠정산내외편	204
칠지도	89

ㅋ

카이로 회담	248

ㅌ

타구	138
탈춤	188
탑골 공원	241
탕평책	176

태왕릉 ············· 48, 60	해모수 ················ 24	100일장 ············· 157
태종(당나라) ········· 59	해인사 장경판전 ······ 162	12목 ················· 151
태종(조선) ·········· 174	행랑채 ··············· 203	16관등제 ············· 74
태종 무열왕(신라) ····· 96	행주 대첩 ············ 192	1책 12법 ············· 38
태학 ················ 53	행주산성 ············· 192	22담로 ··············· 75
테헤란 회담 ········· 248	향 ··················· 151	22부 ················· 75
토광묘 ··············· 35	향가 ············ 105, 121	2군 6위 ·············· 152
토기(신석기 시대) ·· 13, 17	향리 ················· 151	2성 6부 ·············· 150
토지 조사 사업 ······ 236	향악 ················· 159	3·1 운동 ······· 210, 233
통감부 ··············· 215	향약집성방 ······ 175, 205	3경 ·················· 151
통일 신라 ··········· 112	향찰 ················· 121	3성 6부 ········ 135, 150
투호 ················· 80	허준 ················· 207	4·19 혁명 ··········· 249
	헌병 경찰 통치 ······· 232	4군 ············· 177, 190
	헤이그 밀사 파견 ····· 215	4절유택 ············· 126
ㅍ	현무도 ··············· 54	5·16 군사 정변 ······ 250
	혜공왕(통일 신라) ···· 125	5·18 민주화 운동 ···· 250
파미르 고원 ·········· 67	혜민국 ··············· 157	5경 ·················· 134
판서 ················ 178	혜민서 ··············· 183	5도 양계 ············· 151
판소리 ·········· 188, 197	혜초 ················· 129	5방 ··················· 75
판옥선 ··············· 197	호류사 ·········· 55, 56, 66	5부 ··················· 49
팔도도 ··············· 186	호패법 ··········· 174, 175	5부제 ················· 74
팔만대장경 ····· 147, 159, 162	혼일강리역대국도지도 ··· 186	5부족 연맹체 ········· 49
평상 ················· 64	혼천의 ········· 175, 204, 206	6·10 만세 운동 ·· 210, 234
평시서 ··············· 182	홍길동전 ········ 176, 188	6·25 전쟁 ······ 251, 256
평양성 ····· 47, 48, 57, 58, 114	홍라녀 ··············· 138	6두품 ················ 100
평양성 전투 ·········· 84	홍문관 ··············· 178	6월 민주 항쟁 ······· 250
평양왕(고구려) ······· 47	홍범도 ··············· 243	6조 ·················· 178
포츠담 회담 ········· 248	홍익인간 ·············· 27	6좌평 ················ 74
포츠머스 조약 ······· 223	화랑 ················· 103	6진 ············· 177, 190
풍납토성 ············· 88	화랑도 ············ 95, 101	88 서울 올림픽 ······ 255
풍속화 ··············· 189	화백 회의 ············ 98	8조금법 ··········· 26, 29
	화성 ················· 176	9서당 10정 ·········· 117
ㅎ	화약 ················· 169	9서당 ················ 114
	화차 ················· 205	9성 ············· 160, 171
하경산수도 ·········· 158	화통도감 ············· 169	9주 5소경 ······· 114, 117
하회탈 ··············· 163	환곡 ················· 183	
학익진 ··············· 191	환두대도 ·············· 89	
한·일 월드컵 ······· 253	환웅 ·················· 22	
한가위 ··············· 103	활옷 ················· 198	
한국 전쟁 ······· 251, 256	황남대총 ············· 107	
한국 환상곡 ········· 245	황룡사 구층 목탑 ····· 82	
한국식 동검 ·········· 34	황산벌 전투 ······ 85, 106	
한국은행 본관 ······· 225	황성신문 ········ 220, 229	
한글 ················ 196	효소왕(통일 신라) ···· 127	
한글 소설 ··········· 188	후금 ·················· 193	
한나라 ················ 31	후시 ·················· 183	
한류 ················ 255	후장 풍속 ············· 53	
한림원 ··············· 150	훈민정음 ········ 186, 196	
한사군 ················ 25	훈요 10조 ············ 146	
한산도 대첩 ········· 191	흑수말갈 ············· 133	
한성순보 ············· 220	흑창 ············ 154, 183	
한식 ················ 185	흑치상지 ·············· 91	
한양 ················ 177	흠흠심서 ············· 207	
한인 애국단 ········· 234	흥덕왕(통일 신라) ···· 128	
한일병합조약 ········ 232	흥선 대원군 ····· 213, 222, 229	
한일신협약 ·········· 210	홍수 ·················· 91	
한일의정서 ··········· 211		
한지 ················ 169		
해동성국 ······· 132, 133, 139		

지은이 **지호진**
전통문화와 문화 관광 관련 잡지에서 기자로 활동하다가
지금은 어린이 책 전문 기획 편집과 집필을 하고 있습니다.
지은 책으로는 《아하! 그땐 이런 경제생활을 했군요》, 《한눈에 반한 우리 문화》,
《유물과 유적으로 보는 한국사 이야기 1·2》, 《어린이를 위한 물은 답을 알고 있다》 등이 있습니다.

지은이 **이혁**
어린이들에게 감동과 호기심을 주는 유익한 그림을 그리고 있습니다.
그린 책으로는 《한 권으로 보는 그림 한국사 백과》, 《한 권으로 보는 그림 문화재 백과》,
《우리 역사 그림 연표》, 《그림 성경 100대 사건》 등이 있으며
쓰고 그린 책으로는 《아하! 그땐 이렇게 살았군요》가 있습니다.

* 194, 195쪽의 사진은 《문화유산일기(안장헌 지음)》 중에서 발췌하였습니다.

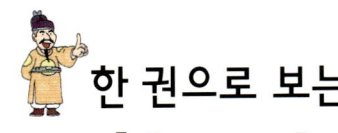

한 권으로 보는
그림 한국사 백과

1쇄 - 2006년 11월 25일
42쇄 - 2021년 10월 5일
글 - 지호진
그림 - 이혁
발행인 - 허진
발행처 - 진선출판사(주)
편집 - 김경미, 이미선, 권지은, 최윤선, 구연화
디자인 - 고은정, 김은희
총무·마케팅 - 유재수, 나미영, 김수연, 허인화
주소 - 서울시 종로구 삼일대로 457 (경운동 88번지) 수운회관 15층
　　　　전화 (02)720-5990 팩스 (02)739-2129
　　　　홈페이지 www.jinsun.co.kr
등록 - 1975년 9월 3일 10-92

※책값은 커버에 있습니다.

글 ⓒ 지호진, 2006
그림 ⓒ 이혁, 2006
편집 ⓒ 진선출판사(주), 2006

ISBN 978-89-7221-510-3 74900
ISBN 978-89-7221-511-0 (세트)

진선아이는 진선출판사의 어린이책 브랜드입니다.
마음과 생각을 키워 주는 책으로 어린이의 맑고 건강한 성장을 돕겠습니다.